DEUTSCH ALS FREMDSPRACHE

Petra Klimaszyk
Isabel Krämer-Kienle

Schritte 2
international

Lehrerhandbuch

D1719272

Hueber Verlag

Quellenverzeichnis
Kopiervorlagen zu den Zwischenspielen: Ulrike Haas, München
Kopiervorlage „Zwischenspiel zu Lektion 11": Zeichnung: Gisela Specht, Weßling
Kopiervorlage L14/E2: Postkarten: Franz Specht, Weßling

Symbole / Piktogramme

 Binnendifferenzierung

!   Achtung/Hinweis

TIPP   Methodisch-didaktischer Tipp

LÄNDER   landeskundliche Informationen
INFO   über Deutschland, Österreich und die Schweiz

6. 5. 4.   Die letzten Ziffern
2017 16 15 14 13   bezeichnen Zahl und Jahr des Druckes.
Alle Drucke dieser Auflage können, da unverändert, nebeneinander benutzt werden.
1. Auflage
© 2006 Hueber Verlag, 85737 Ismaning, Deutschland
Zeichnungen: Jörg Saupe, Düsseldorf
Layout und Satz: Schack, Ismaning
Verlagsredaktion: Daniela Niebisch, Erding
Druck und Bindung: Auer Buch + Medien GmbH, Donauwörth
ISBN 978-3-19-021852-3

Inhalt

Das Lehrerhandbuch – Überblick

Dieses Lehrerhandbuch enthält Hinweise und zusätzliches Material für den Unterricht mit *Schritte international 2*. *Schritte international 2* führt zusammen mit *Schritte international 1* zur Niveaustufe A1 nach dem Gemeinsamen Europäischen Referenzrahmen. Eine ausführliche Konzeptbeschreibung zu *Schritte international* finden Sie im Lehrerhandbuch zu *Schritte international 1* oder als Download im Internet unter www.hueber.de/schritte-international.

Praktische Tipps für den Unterricht mit *Schritte international*

Hier werden einleitend praktische Tipps zum Umgang mit wiederkehrenden Rubriken des Lehrwerks gegeben.

Methodisch-didaktische Hinweise

Die Hinweise zu den einzelnen Lektionen sind klar strukturiert: Zu jeder Episode der Foto-Hörgeschichte und jeder Modulseite A bis E finden Sie ab Seite 12 konkrete Hinweise zum Vorgehen im Unterricht sowie methodische Tipps, Vorschläge zur Binnendifferenzierung, Verweise auf die Übungen im Arbeitsbuch und landeskundliche Informationen.

Kopiervorlagen

Das Lehrerhandbuch bietet durch ein differenziertes Übungsangebot die Möglichkeit, den Unterricht auf die jeweiligen Bedürfnisse eines Kurses und die jeweilige Kursdauer abzustimmen:

- Zahlreiche Zusatzübungen und Spiele zu jeder Lektion erweitern das Angebot des Arbeitsbuchs (siehe Seite 73 ff.).

- Zu jedem Zwischenspiel finden Sie nachbereitende und erweiternde Übungen.

- Wiederholungsübungen und -spiele: Regelmäßige Wiederholungssequenzen sind besonders im Anfängerunterricht wichtig (siehe Seite 106 ff.).

- Testvorlagen zu jeder Lektion: So können Sie oder Ihre TN die Kenntnisse überprüfen (siehe Seite 112 ff.).

Anhang

Hier finden Sie die Transkriptionen aller Hörtexte des Kursbuchs und des Arbeitsbuchs sowie die Lösungen zu den Übungen im Arbeitsbuch und den Tests. Diese können Sie bei Bedarf auch für Ihre TN kopieren und zur Selbstkontrolle bereitstellen.

1. Die Foto-Hörgeschichte

Beginnen Sie den Unterricht nicht direkt mit dem Hören der Geschichte. Die TN lösen zu jeder Episode Aufgaben vor dem Hören, während des Hörens und nach dem Hören. Generell sollten Sie die Geschichte so oft wie nötig vorspielen und ggf. an entscheidenden Passagen stoppen. Achten Sie darauf, jede Episode mindestens einmal durchgehend vorzuspielen.

Hören Sie am Ende jeder Lektion die Geschichte mit den TN noch einmal. Das ermutigt sie, denn sie können erleben, wie viel sie im Vergleich zum allerersten Hören nun schon verstehen, und das fördert die Motivation zum Weiterlernen.

1.1 Aufgaben vor dem Hören

Die Aufgaben vor dem Hören machen eine situative Einordnung der Geschichte möglich. Sie führen neue, für das Verständnis wichtige Wörter der Geschichte ein und lenken die Aufmerksamkeit auf die im Text wichtigen Passagen und Schlüsselwörter. Für die Vorentlastung bieten sich außerdem viele weitere Möglichkeiten:

Fotosalat und Satzsalat
Kopieren Sie die Fotos und schneiden Sie die einzelnen Fotos aus. Achten Sie darauf, die Nummerierung auf den Fotos wegzuschneiden. Die Bücher bleiben geschlossen. Verteilen Sie je ein Fotoset an Kleingruppen mit 3 bis 4 Personen. Die TN legen die Fotos in eine mögliche Reihenfolge, hören die Geschichte mit geschlossenen Büchern und vergleichen die Foto-Hörgeschichte mit ihrer Reihenfolge. Sie korrigieren ggf. ihre Reihenfolge.
Diese Übung kann um Satzkarten erweitert werden: Schreiben Sie zu den Fotos einfache Sätze oder Zitate aus der Geschichte auf Kärtchen, die die TN dann den Fotos zuordnen. Sie können hier auch zwischen geübteren und ungeübteren TN differenzieren, indem Sie geübteren TN weniger Vorgaben und Hilfen an die Hand geben als den ungeübteren.
Auf etwas fortgeschrittenerem Niveau können sich die TN zu ihrer Reihenfolge der Fotos eine kleine Geschichte ausdenken oder Minidialoge schreiben. Ihre Geschichte können sie dann beim Hören mit dem Hörtext vergleichen.

Poster
Jede Foto-Hörgeschichte gibt es auch als großes Poster, das Sie im Kursraum aufhängen können oder ebenfalls für einen Fotosalat verwenden können. Wenn Sie nur ein Poster haben, geben Sie je ein aus dem Poster ausgeschnittenes Foto an eine Kleingruppe. Die Gruppen versuchen dann gemeinsam, den richtigen Platz in der Geschichte für ihr Foto zu finden, und entwickeln eine gemeinsame Reihenfolge. So müssen sich alle beteiligen und mitreden. Alternativ können die TN aus ihrer Gruppe auch je einen TN bestimmen, der sich mit den anderen gewählten TN vor dem Kurs in der richtigen Reihenfolge aufstellen muss, sodass diese acht TN die Reihenfolge der Geschichte bilden und das Foto vor sich halten. Das macht Spaß, weil die TN sich bewegen müssen und womöglich mehrmals umgestellt werden, bis alle mit der Reihenfolge einverstanden sind.

Hypothesen bilden
Verraten Sie den TN nur die Überschrift der Lektion und zeigen Sie ggf. noch eines der Fotos auf Folie. Die TN spekulieren, worum es in der Geschichte gehen könnte (Wo? Wer? Was? Wie viele? Wie? Warum?). Oder sie sehen sich die Fotos im Buch an und stellen Vermutungen über den Verlauf der Handlung an. Das motiviert und macht auf die Geschichte neugierig. Sprechen Sie anfangs auch in Ihrer Sprache und lassen Sie die TN in der Muttersprache kommunizieren. Es ist hier nur wichtig, dass sich die TN intensiv mit der Geschichte beschäftigen. Auch das erleichert das spätere Hören in der Fremdsprache, weil eine bestimmte Hör-Erwartung aufgebaut wird. Die Kommunikation in der Muttersprache sollte mit zunehmenden Deutschkenntnissen der TN immer weniger werden. Fortgeschrittenere Anfänger können sich im Vorfeld Minidialoge zu den Fotos überlegen und ein kleines Rollenspiel machen. Nach dem Hören vergleichen sie dann ihren Text mit dem Hörtext.

Situationsverwandte Bilder/Texte
Vielleicht finden Sie einen passenden Text oder ein Bild / einen Comic, den Sie verwenden können, um in das Thema einzuführen und unbekannten Wortschatz zu klären. Diese Übungsform eignet sich, wenn Sie erst ganz allgemein auf ein Thema hinführen wollen, ohne die Fotos aus der Foto-Hörgeschichte schon zu zeigen. So können Sie z.B. beim Thema „Feste" Glückwunschkarten zu verschiedenen Festen zeigen. Die TN nennen die ihnen bekannten Feste. Dadurch wird das Vorwissen der TN aktiviert.

1.2 Aufgaben während des Hörens

Die TN sollten die Geschichte mindestens einmal durchgehend hören, damit der vollständige Zusammenhang gegeben ist. Dabei ist es nicht wichtig, dass die TN sofort alles erfassen. Sie haben verschiedene Möglichkeiten, den TN das Verstehen zu erleichtern:

Mitzeigen
Beim Wechsel von einem Foto zum nächsten ist ein „Klick" zu hören, der es den TN erleichtert, dem Hörtext zu folgen. Bei jedem Klick können die TN wieder in die Geschichte einsteigen und mithören, falls sie den Faden einmal verloren haben sollten. Als weitere Hilfestellung können Sie zumindest in den ersten Stunden die Foto-Hörgeschichte auch auf eine Folie kopieren und einen TN bitten, am Tageslichtprojektor mitzuzeigen. Die übrigen TN zeigen in ihrem Buch mit, sodass Sie kontrollieren können, ob alle der Geschichte folgen können.

Wort-/Bildkärtchen
Stellen Sie im Vorfeld Kärtchen mit Informationen aus der Foto-Hörgeschichte her (z.B. Lektion 9: zentrale Zitate zu jedem Foto). Die TN hören die Geschichte mit geschlossenen Büchern und legen die Kärtchen während des Hörens in die Reihenfolge, in der die Informationen in der Geschichte vorkommen.

Antizipation
Wenn die TN allgemein wenig Verständnisschwierigkeiten beim Hören haben bzw. wenn die TN schon geübter sind, können Sie die Foto-Geschichte natürlich auch während des Hörens immer wieder stoppen und die TN ermuntern, über den Fort- und Ausgang der Geschichte zu spekulieren. Allerdings sollten Sie die Geschichte im Anschluss auch einmal durchgehend vorspielen.

1.3 Aufgaben nach dem Hören

Die Aufgaben nach dem Hören dienen dem Heraushören von Kernaussagen. Sie überprüfen, ob die Handlung global verstanden wurde. Lesen Sie die Aufgaben gemeinsam mit den TN, klären Sie ggf. unbekannten Wortschatz und spielen Sie die Geschichte noch weitere Male vor, um den TN das Lösen der Aufgaben zu erleichtern. Stoppen Sie die Geschichte ggf. an den entscheidenden Passagen, um den TN Zeit für die Eintragung ihrer Lösung zu geben. Darüber hinaus können Sie die Foto-Hörgeschichte für weitere spielerische Aktivitäten im Unterricht nutzen und so den Wortschatz festigen und erweitern:

Rollenspiele
Vor allem schon geübtere TN können kleine Dialoge zu einem oder mehreren Fotos schreiben. Diese Dialoge werden dann vor dem Plenum als kleine Rollenspiele nachgespielt. Regen Sie die TN auch dazu an, die Geschichte weiterzuentwickeln und eine Fortsetzung zu erfinden.

Pantomime
Stoppen Sie die CD/Kassette beim zweiten oder wiederholten Hören jeweils nach der Rede einer Person. Bitten Sie die TN, in die jeweilige Rolle zu schlüpfen. Lassen Sie die TN pantomimisch darstellen, was sie soeben gehört haben. Fahren Sie dann mit der Foto-Hörgeschichte fort. Wenn die TN schon geübter sind, können die TN die Geschichte pantomimisch mitspielen, während Sie diese noch einmal vorspielen.

Kursteilnehmerdiktat
Die TN betrachten die Fotos. Ermuntern Sie einen TN, einen beliebigen Satz zu einem der Fotos zu sagen, z.B. „Timo liest Zeitung. Koko hustet." Alle TN schreiben diesen Satz auf. Ein anderer TN setzt die Aktivität fort, z.B. „Timo ruft den Tierarzt an." usw. So entsteht eine kleine Geschichte oder ein Dialog. Die TN sollten auch eine Überschrift für ihren gemeinsam erarbeiteten Text finden. Schreiben Sie oder einer der TN auf der Rückseite der Tafel oder auf Folie mit, damit die TN abschließend eine Möglichkeit zur Korrektur ihrer Sätze haben. Diese Übung trainiert nicht nur eine korrekte Orthografie, sondern dient auch der Wiederholung und Festigung von Wortschatz und Redemitteln.

Situationsverwandte Bilder/Texte
Auch nach dem Hören können Sie situationsverwandte Bilder oder Texte zur Vertiefung des Themas der Foto-Hörgeschichte nutzen. Die TN können die Unterschiede zwischen der Foto-Hörgeschichte und dem Text oder der Situation herausarbeiten. So könnte z.B. mithilfe einer Statistik über besonders häufige Berufe bei Lektion 8 dargestellt werden, welche Berufe besonders beliebt sind.

Texte oder Bilder können auch in eine andere Situation überleiten und nach dem Hören der Foto-Hörgeschichte zur Erweiterung eingesetzt werden (z.B. Lektion 13: Einkaufen im Kleidergeschäft; weiterführend: Einkaufen im Schuhgeschäft, Second-Hand-Laden, Supermarkt etc.). Damit werden Wörter und Redemittel in einen anderen Zusammenhang transferiert und erweitert. Sie können so individuell auf die Interessen Ihres Kurses eingehen.

Phonetik

Die Foto-Hörgeschichte bietet sich sehr gut für das Aussprachetraining an, denn sie enthält viele für den Alltag wichtige Redemittel, die sich gut als Formeln merken lassen. Greifen Sie wesentliche Zitate/Passagen aus der Geschichte heraus, spielen Sie diese isoliert vor und lassen Sie die TN diese Sätze nachsprechen. Der Hörspielcharakter und der situative Bezug innerhalb der Foto-Hörgeschichte erleichtern den TN das Memorieren solcher Redemittel. Außerdem lernen die TN, auch emotionale Aspekte (Empörung, Freude, Trauer, Wut, Mitgefühl ...) auszudrücken. Schließlich kommt es nicht nur darauf an, was man sagt, sondern vor allem darauf, wie man es sagt. In jeder Sprache werden ganz unterschiedliche Mittel benutzt, um solche emotionalen Aspekte auszudrücken.

Nicht zuletzt können auch Modalpartikeln wie *doch, aber, eben* etc. unbewusst eingeschleift werden. Die Bedeutung von Modalpartikeln zu erklären ist im Anfängerunterricht schwierig und daher oft wenig sinnvoll. Mit Hilfe der Zitate aus der Foto-Hörgeschichte können die TN diese aber internalisieren und automatisch anwenden, ohne dass Erklärungen erforderlich werden.

2. Variationsaufgaben

Sie finden wiederholt kurze, alltagsbezogene Modelldialoge, die die TN mit vorgegebenen grammatischen Strukturen variieren. Diese Modelldialoge sind durch eine orangefarbene geringelte Linie links neben der Aufgabe für Sie und Ihre TN sofort erkennbar. Durch das Variieren der Modelldialoge bekommen die TN ein Gespür für die neuen Strukturen. Durch das aktive Verwenden und Memorieren werden diese zu beherrschbarem Sprachmaterial. Die TN gewinnen Vertrauen in die Erlernbarkeit des Neuen. Für die Variationsaufgaben bietet sich folgendes Vorgehen an:

- Die TN decken den Modelldialog zu und hören ihn zunächst nur. Falls vorhanden, sehen sie dabei zugehörige Bilder/Fotos an. Wenn Sie die Fotos/Bilder auf Folie kopieren, können die TN die Bücher geschlossen lassen und sich auf die Situation konzentrieren.
- Stoppen Sie den Modelldialog beim zweiten Hören nach jedem einzelnen Sprechpart. Die TN sprechen – immer noch ohne mitzulesen – im Chor nach.
- Die TN hören den ganzen Dialog und lesen mit.
- Die TN lesen und sprechen den Dialog in Partnerarbeit in verteilten Rollen.
- Die TN lesen die Varianten und markieren im Modelldialog die Satzteile, die variiert werden sollen.
- Die TN sprechen den Dialog in Partnerarbeit mit Varianten. Achten Sie darauf, dass die TN den Dialog erst dann mit Varianten sprechen, wenn sie Sprechsicherheit beim Modelldialog erreicht haben. Wichtig ist auch, dass die Partner ihre Sprech(er)rollen abwechseln, damit jeder TN auch einmal Varianten bilden muss.
- Abschließend können einige TN ihre Dialoge im Plenum präsentieren. Hier reichen ein bis zwei Dialoge aus. Es ist nicht nötig, alle Varianten präsentieren zu lassen.

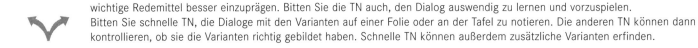

Die TN können den Modelldialog auch schriftlich festhalten, um durch Abschreiben ihre Orthografie zu verbessern und sich wichtige Redemittel besser einzuprägen. Bitten Sie die TN auch, den Dialog auswendig zu lernen und vorzuspielen.
Bitten Sie schnelle TN, die Dialoge mit den Varianten auf einer Folie oder an der Tafel zu notieren. Die anderen TN können dann kontrollieren, ob sie die Varianten richtig gebildet haben. Schnelle TN können außerdem zusätzliche Varianten erfinden.

3. Grammatikspot

Schreiben Sie die Beispiele aus dem Grammatikspot an die Tafel und heben Sie die neuen Strukturen – wie im Grammatikspot – visuell hervor. Verweisen Sie auf die Einführungsaufgabe und zeigen Sie jetzt die dahinterstehende Struktur auf. Nach Möglichkeit sollten Sie dabei grammatische Terminologie nur sparsam verwenden. Die TN sollten das Gefühl haben, Grammatik als Hilfsmittel für das Sprechen zu lernen und nicht als Selbstzweck.

Verweisen Sie auch später immer wieder auf den Grammatikspot. Er soll den TN auch bei den anschließenden Anwendungsaufgaben als Gedächtnisstütze und Orientierungshilfe dienen.

4. Aktivität im Kurs

In den Abschlussaufgaben auf den Seiten A bis C wird der Lernstoff in den persönlichen Bereich der TN übertragen. Sie befragen sich gegenseitig nach ihren Hobbys, ihren Vorlieben und Abneigungen etc. oder üben den Lernstoff durch eine spielerische Aktivität in Kleingruppen. Bei dieser Art von Aufgaben geht es häufig darum, dass die TN selbst Kärtchen, Plakate oder Formulare herstellen, was nicht nur ein sehr gutes Schreibtraining, sondern auch sehr förderlich für das Kursklima ist (Gemeinsam etwas tun!). Die selbst hergestellten Kärtchen dienen wie in der Prüfung *Start Deutsch* als Impuls für kurze Frage-Antwort-Dialoge. Wenn Sie nicht genug Zeit im Unterricht für Bastelarbeiten haben, können Sie zu diesen Aufgaben Kopiervorlagen aus dem Internet unter www.hueber.de/schritte-international herunterladen.

In den Abschlussaufgaben sollten die TN die Gelegenheit haben, frei zu sprechen und sich frei auszudrücken. Vermeiden Sie daher in dieser Phase Korrekturen. Gerade bei den Aktivitäten im Kurs wird auf einen Wechsel der Sozialform geachtet. Versuchen Sie, die TN auch sonst möglichst oft abwechselnd in Stillarbeit, Partnerarbeit oder Kleingruppen arbeiten zu lassen. Es gibt viele Möglichkeiten, Gruppen zu bilden:

Paare:
- Verteilen Sie Kärtchen wie bei Memory, auf denen z.B. Frage und Antwort stehen. TN mit einer Frage suchen den TN mit der passenden Antwort. Dies können Sie später auch mit Verbformen (Infinitiv und Partizip), Gegensatzpaaren, Komposita oder mehrsilbigen Wörtern etc. durchführen.
- Kleben Sie vor dem Unterricht unter oder hinter die Stühle der TN Zettelchen, von denen je zwei die gleiche Farbe haben. Das geht auch mit Bonbons. So können Sie ggf. die Partnerfindung steuern.
- Nehmen Sie ein Bündel Schnüre, Anzahl: die Hälfte Ihrer TN. Die TN fassen je ein Ende einer Schnur, am anderen Ende der Schnur finden sie ihre Partnerin / ihren Partner.
- Das „Atomspiel": die TN stehen auf und bewegen sich frei im Raum, evtl. können Sie Musik dazu vorspielen. Als Stoppzeichen rufen Sie „Atom 2" (alternativ: 3/4/5/...). Die TN finden sich paarweise (bzw. zu Dreier-, Vierer-, Fünfergruppen ...) zusammen.

Gruppen:
- Zerschneiden Sie einen Satz in seine Bestandteile: Die TN müssen den Satz zusammenfügen (z.B. „Und wie heißen Sie?") und bilden eine Gruppe.
- Lassen Sie die TN abzählen (bei einer Gruppe von 21 TN von 1-7, alle Einser gehen zusammen, alle Zweier etc. = sieben Gruppen à drei Personen)
- Zerschneiden Sie eine Postkarte (Bilderpuzzle) oder nehmen Sie Spielkarten und verteilen Sie sie: Die TN suchen die fehlenden Puzzleteile und finden so gleichzeitig ihre Partner.
- Definieren Sie bestimmte Merkmale, z.B. alle mit Brille, alle mit blauen Augen, ... bilden eine Gruppe.

5. Das Zwischenspiel

Beim Zwischenspiel zwischen den Lektionen liegt der Fokus nicht mehr auf dem Üben von bestimmten Strukturen oder dem expliziten Fertigkeitentraining, es hat – wie der Name schon sagt – einen mehr spielerischen Charakter. Die TN sollten den Eindruck haben, dass sie hier nichts lernen „müssen", sondern ihr aus der Lektion erworbenes Wissen anwenden können und außerdem interessante Informationen über die deutschsprachigen Länder erhalten. Deshalb sollten Sie den TN hier die Möglichkeit geben, sich frei zu äußern, und möglichst wenig mit Korrekturen eingreifen.

Wenn Sie wenig Zeit haben, können Sie die Texte des Zwischenspiels mit den TN einfach lesen bzw. hören und die Aufgaben dazu lösen, ohne sie didaktisch aufzubereiten. Für eine ausführlichere Behandlung der Zwischenspiele finden Sie in diesem Lehrerhandbuch Didaktisierungsvorschläge und eine Kopiervorlage als zusätzliches Übungsangebot. Diese Kopiervorlage sowie landeskundliche Hintergrundinformationen und Vorschläge für Internetrecherchen finden Sie auch im Internet unter www.hueber.de/schritte-international.

6. Binnendifferenzierung

6.1 Allgemeine Hinweise

Wichtig: Es ist nicht nötig, dass immer alle alles machen! Teilen Sie die Gruppen nach Kenntnisstand und/oder Neigung ein. Die einzelnen Gruppen können ihre Ergebnisse dem Plenum präsentieren: So lernen die TN miteinander und voneinander.

- Stellen Sie Mindestaufgaben, die von allen TN gelöst werden sollen. Besonders schnelle TN bekommen zusätzliche Aufgaben. Entziehen Sie geübteren TN Hilfen, indem Sie z.B. Schüttelkästen wegschneiden. Dadurch werden diese TN mehr gefordert.
- Binden Sie schnellere TN als Co-Lehrer mit ein: Wenn diese eine Aufgabe beendet haben, können sie die Lösung schon an die Tafel oder auf eine Folie schreiben.
- Stellen Sie Gruppen nach Neigung oder Lerntypen zusammen. Haben Sie beispielsweise visuell und kognitiv orientierte TN, können Sie neue grammatische Formen für visuelle Lerntypen mit Beispielen und Farben an der Tafel präsentieren. Kognitive Lerntypen erhalten eine Tabelle, in der sie Formen selbstständig systematisch eintragen können und sich so ein Schema erarbeiten. Für diesen Lerntyp bieten sich die Übungen im Arbeitsbuch zum selbstentdeckenden Lernen der Grammatik sehr gut an.
- Lassen Sie bei unterschiedlich schwierigen Aufgaben die TN selbst wählen, welche sie übernehmen möchten. Die TN entscheiden dadurch selbst, wie viel sie sich zumuten möchten. Damit vermeiden Sie eine feste Rollenzuweisung, denn ein TN kann sich einmal für die einfachere Aufgabe entscheiden, weil er sich selbst noch unsicher fühlt, ein anderes Mal aber für die schwierigere, weil er sich in diesem Fall schon sicher fühlt.

6.2 Binnendifferenzierung im Kursbuch

Lesen
Nicht alle TN müssen alle Texte lesen: Bei unterschiedlich langen/schwierigen Texten verteilen Sie gezielt die kürzeren/leichteren an ungeübtere TN und die längeren/schwierigeren an geübtere TN bzw. geben Sie den TN die Möglichkeit, selbst zu entscheiden, welchen Text sie bearbeiten möchten.

Hören
Sie können die TN auch hier in Gruppen aufteilen: Jede Gruppe achtet beim Hören auf einen bestimmten Sprecher und beantwortet anschließend Fragen, die sich auf diesen Sprecher beziehen.

Sprechen
TN, die noch Hilfestellung benötigen, können bei Sprechaufgaben auf die Redemittel auf den Kursbuchseiten und auf der Übersichtsseite als Orientierungs- und Nachschlagehilfe zurückgreifen. Geübtere TN sollten das Buch schließen.

Schreiben
Achten Sie auch hier auf Vorlieben der TN. Nicht alle haben Freude am kreativen Erfinden von kurzen Texten. Bieten Sie auch Diktate an (siehe www.hueber.de/schritte-international) oder helfen Sie TN, die Schwierigkeiten beim Schreiben haben, indem Sie ihnen Beispieltexte mit Lücken zum Ausfüllen gegen. Sie können dann die Fertigkeit „Schreiben" allmählich aufbauen.

6.3 Binnendifferenzierung im Arbeitsbuch

Die binnendifferenzierenden Übungen im Arbeitsbuch können im Kurs oder als Hausaufgabe bearbeitet werden. Es empfiehlt sich folgendes Vorgehen:

- Die Basisübungen mit der schwarzen Arbeitsanweisung sollten von allen TN gelöst werden.
- Zusätzlich können die Vertiefungsübungen (blaugraue Arbeitsanweisung) und die Erweiterungsübungen (tiefblaue Arbeitsanweisungen) gelöst werden. Lassen Sie nach Möglichkeit die TN selbst entscheiden, wie viele Aufgaben sie lösen möchten, oder geben Sie bei der Stillarbeit im Kurs einen bestimmten Zeitrahmen vor, in dem die TN die Übungen lösen sollten. So vermeiden Sie, dass nicht so schnelle TN sich unter Druck gesetzt fühlen.

Die schwarzen und blaugrauen Übungen sollten Sie im Plenum kontrollieren – durch Vorlesen im Kurs oder durch Selbstkontrolle der TN mit Hilfe einer Folie, auf der Sie oder ein TN zuvor die Lösungen notiert haben. Erweiterungsübungen führen über den Basiskenntnisstand hinaus. Hier gibt es auch freiere Übungsformen, z.B. das Schreiben von Dialogen anhand von Vorgaben. Die TN können sich bei diesen Übungen selbstständig zu zweit kontrollieren oder Sie verteilen eine Kopie mit den Lösungen. Bei freien Schreibaufgaben sollten Sie die Texte einsammeln und in der folgenden Unterrichtsstunde korrigiert zurückgeben.

7. Das Lerntagebuch

Gehen Sie bei der Arbeit mit dem Lerntagebuch folgendermaßen vor:
*   Machen Sie die Eintragungen zu einer neuen Lerntechnik am Anfang mit den TN gemeinsam, um die Arbeitstechnik zu verdeutlichen. Später können die TN dann selbstständig entscheiden, ob sie diese Lerntechnik anwenden wollen.
*   Aufgaben, die eine eindeutige Lösung haben, z.B. eine Tabelle erstellen, sollten im Kurs kontrolliert werden, indem die Lösung z.B. auf einer Folie präsentiert wird und die TN vergleichen und korrigieren.
*   Achten Sie darauf, dass die TN sich mit der Zeit regelmäßig selbstständig Notizen zu dem machen, was sie im Unterricht gelernt haben.
*   Auf fortgeschrittenerem Niveau kann im Unterricht auch über die verschiedenen Lerntechniken diskutiert werden (Wer wendet was warum an oder nicht an?) und die TN können ihre Tipps austauschen.
*   Regen Sie die TN immer wieder dazu an, auch Dinge im Lerntagebuch zu notieren, die sie außerhalb des Unterrichts gelernt und entdeckt haben und die sie in den Unterricht einbringen könnten.
*   Regen Sie die TN auch dazu an, Ergebnisse von Gruppenarbeiten und Projekten, z.B. aus Internetrecherchen, im Lerntagebuch abzuheften und sich so ein individuelles Tagebuch zusammenzustellen, in dem sie ihre Lernfortschritte dokumentiert haben. Das ist nicht nur eine gute Hilfe zum späteren Nachschlagen und Wiederholen von Lernstoff, sondern auch eine schöne Erinnerung.

Die erste Stunde im Kurs

Materialien
Foto-Hörgeschichten aus *Schritte international 1*
in Kopie oder als Poster

Bevor Sie mit Lektion 8 beginnen, sollten Sie je nach Ausgangssituation Ihres Kurses diese Seite im Unterricht durchnehmen.

Situation 1: Ihr Kurs läuft weiter und alle TN kennen *Schritte international 1*.

In diesem Fall können Sie mit den TN eine kleine Rückschau halten: Die TN lesen die Texte zu Timo, Koko, Anton und Anja und ergänzen in Kleingruppen, was sie sonst noch alles über die Protagonisten der Foto-Hörgeschichte wissen. Stellen Sie Fragen: „Was ist Anjas Hobby?", „Wer tanzt gern?", „Wo wohnt Timo?" etc. Lassen Sie auch die Ereignisse in den Foto-Hörgeschichten Revue passieren, indem Sie z.B. fragen: „Was hat Timo auf dem Markt erlebt?", „Was ist beim Picknick passiert?" etc. Als Gedankenstütze können Sie an die TN Kopien/Poster der Foto-Hörgeschichten aus *Schritte international 1* verteilen.
Variante: Wenn Sie wenig Zeit im Kurs haben, können Sie auch direkt mit Lektion 8 beginnen.

Situation 2: Ein neuer Kurs hat begonnen und einige TN haben schon mit *Schritte international 1* gelernt.

1. Wenn mit *Schritte international 2* ein neuer Kurs beginnt, der sich sowohl aus neuen TN als auch aus TN zusammensetzt, die schon mit *Schritte international 1* Deutsch gelernt haben, sollten die TN zuerst Gelegenheit zum gegenseitigen Kennenlernen haben. Bitten Sie die TN, sich kurz vorzustellen und ein Namensschild aufzustellen. Sammeln Sie dann mit den TN Fragen für ein Partnerinterview an der Tafel: „Woher kommen Sie?", „Wie lange lernen Sie schon Deutsch?" etc. Die TN lesen auch die Steckbriefe und das Beispiel im Buch. Sie befragen dann ihre Partnerin / ihren Partner. Achten Sie darauf, dass möglichst TN zusammenarbeiten, die sich noch nicht kennen. Abschließend stellt jede(r) die Partnerin / den Partner im Plenum vor.
   Variante: Wenn nur wenige neue TN in den Kurs gekommen sind, sammeln Sie zuerst Fragen wie oben beschrieben und bilden Sie einen Kreis. Die neuen TN werden von allen gemeinsam befragt und stellen sich dem Kurs vor.

2. Teilen Sie den Kurs in neue und „alte" TN. Die neu hinzugekommenen TN lesen die Texte im Buch und bekommen so einen ersten Eindruck von den Protagonisten der Foto-Hörgeschichte. Helfen Sie ggf. bei unbekannten Wörtern. Die TN, die die Foto-Hörgeschichten aus *Schritte international 1* bereits kennen, versuchen gemeinsam, die wichtigsten Informationen aus den Foto-Hörgeschichten von *Schritte international 1* zu sammeln, und machen Notizen dazu.
   Es ist nicht notwendig, dass die TN Details sprachlich wiedergeben können. Gehen Sie herum und helfen Sie mit gezielten Fragen wie bei Situation 1.
3. Die TN finden sich in Kleingruppen zusammen, die aus neuen und „alten" TN bestehen. Die TN, die die Foto-Hörgeschichten schon kennen, erzählen, soweit sprachlich möglich, was sie bereits über Timo und die anderen wissen, und zeigen dabei die Geschichten auf den Postern oder auf Kopien.

TIPP

> Kennenlernspiele nehmen die erste Anspannung und tragen zu einer angenehmen Arbeitsatmosphäre im Kurs bei. Die TN bilden z.B. zwei gleich große Kreise, einen Innenkreis und einen Außenkreis. Zwei TN stehen sich also gegenüber. Spielen Sie Musik vor, die beiden Kreise marschieren in jeweils entgegengesetzter Richtung, bis Sie die Musik stoppen. Die TN, die sich nun gegenüberstehen, stellen sich gegenseitig Fragen wie oben im Partnerinterview, bis die Musik wieder einsetzt. Dann gehen sie weiter, bis die Musik wieder stoppt, etc.

Situation 3: Ein neuer Kurs beginnt und die TN kennen *Schritte international 1* alle noch nicht.

1. Wenn die TN sich alle noch nicht kennen und zuvor mit einem anderen Lehrwerk oder ohne Unterricht schon etwas Deutsch gelernt haben, sollten Sie ihnen ebenfalls zunächst Gelegenheit zu einer Vorstellungsrunde und einem kleinen Partnerinterview geben (vgl. Situation 2).
2. Die TN lesen die Texte zu Timo und den anderen Protagonisten im Buch. Stellen Sie sicher, dass die TN die Texte verstanden haben, und fragen Sie: „Wer ist das?", „Woher kommt er?", „Wie alt ist Corinna?", „Ist Timo Antons Bruder?", ... Deuten Sie dabei jeweils auf die Fotos.
3. *fakultativ:* Nutzen Sie die erste Unterrichtsstunde für eine Einstimmung auf das gemeinsame Lernen und spielen Sie den TN alle Foto-Hörgeschichten aus *Schritte international 1* vor. Zeigen Sie dabei jeweils die Fotos als Poster oder auf Kopien. Dies ist nicht nur ein „gemütlicher" Einstieg in den Kurs, sondern die TN, die alle bereits etwas Deutsch gelernt haben, aktivieren ihre Kenntnisse und können Fragen stellen, wenn sie etwas nicht verstanden haben. Es ist auch eine gute Möglichkeit, den Wortschatz und die Strukturen, die in *Schritte international 2* vorausgesetzt werden, aufzugreifen. Sie können dabei rasch feststellen, wo Wiederholungsbedarf besteht.

Materialien
1 Poster der Foto-Hörgeschichte oder Farbkopien
von Foto 2–6

BERUF UND ARBEIT

Folge 8: *Superjob!*
Einstieg in das Thema: Aushilfstätigkeiten

8

1   **Vor dem Hören: Vermutungen äußern**

1. Wenn Sie ein Poster der Foto-Hörgeschichte zur Verfügung haben (erhältlich beim Hueber Verlag, ISBN 978-3-19-820321-7), schneiden Sie vorab die Fotos 2–6 aus und hängen Sie sie an eine Pinnwand. Andernfalls können Sie auch Farbkopien von den Fotos ziehen und diese aufhängen. Die Bücher sind geschlossen. Die TN konzentrieren sich so auf die Fotos an der Pinnwand. Fragen Sie, wer die beiden Personen sind. Die TN spekulieren zunächst frei.
2. Stellen Sie die drei Alternativen aus der Aufgabe im Buch zur Auswahl. Erklären Sie, wenn nötig, das Wort „Geschwister" als „Bruder und Schwester". Die TN stimmen per Handzeichen darüber ab, in welchem Verhältnis die beiden Personen zueinander stehen.
3. Die TN einigen sich, wenn nötig, auf eine Lösung.
4. Die TN betrachten wieder die Fotos an der Pinnwand. Sprechen Sie mit ihnen über Frage b). Fragen Sie auch, was das Problem sein könnte.
5. Fragen Sie, warum Timo mit Rosen kommt. Was ist seine Aufgabe hier? Kennt er die Personen?
6. Schreiben Sie den Titel „Superjob!" an die Tafel. Die TN äußern Vermutungen in ihrer Sprache: Worum geht es in dieser Foto-Hörgeschichte wohl? Was erlebt Timo hier?
7. Die TN öffnen ihr Buch und kreuzen die Lösung zu a) an. *Lösung*: Sie sind verheiratet.

2   **Beim ersten Hören**

1. Die TN sehen sich alle Fotos im Buch an. Bitten Sie sie, beim Hören darauf zu achten, was für Jobs Timo in dieser Geschichte hat. Für welchen Job bekommt er wirklich Geld?
2. Die TN hören die Geschichte ein- oder zweimal durchgehend.
3. Abschlusskontrolle im Plenum.
   Lösungsvorschlag: Timo bekommt (durch Corinna) einen Job im Filmstudio. Im Film hat er auch einen Job: Hier ist er Verkäufer. Er bekommt Geld für die Arbeit im Filmstudio.

3   **Nach dem ersten Hören: Unterschiede zwischen Film und Realität verstehen**

1. Die TN lesen die Aussagen im Buch. Helfen Sie bei Wortschatzfragen.
2. Die TN hören die Geschichte noch einmal so oft wie nötig und lösen die Aufgabe allein oder zu zweit.
3. Abschlusskontrolle im Plenum. *Lösung* (von oben nach unten): R; F; F; F

4   **Nach dem Hören: Details verstehen**

1. Die TN lesen die Aussagen und ergänzen die passenden Wörter.
2. Abschlusskontrolle im Plenum. *Lösung:* a) super; b) viel; c) Monaten

Ich bin **Verkäufer.**

Wortfeld „Berufsbezeichnungen"
Lernziel: Die TN können den eigenen Beruf nennen und eine andere Person nach ihrem Beruf fragen.

Materialien
A1 Kopiervorlage L8/A1; Kärtchen mit den Berufsbezeichnungen
A4 Kopiervorlage zu A4 (im Internet)

A1 **Präsentation des Wortfelds „Berufsbezeichnungen"**

1. Schreiben Sie vorab alle Berufe aus A1 auf Kärtchen. Verteilen Sie durcheinander die Bilder von Kopiervorlage L8/A1 und die Kärtchen an die TN. Jeder TN sollte zumindest eine Wort- oder Bildkarte erhalten. Die Bücher bleiben geschlossen.
2. Die TN gehen im Kursraum umher und suchen die Partnerin / den Partner mit der jeweils passenden Berufsbezeichnung bzw. dem passenden Bild. Gemeinsam hängen die Partner Bild und Kärtchen an die Pinnwand oder mit Tesafilm an die Tafel.
3. Die TN hören die Texte. Die Bücher bleiben weiterhin geschlossen. Stoppen Sie nach jedem Hörtext: Die TN raten, zu welchem Beruf der Text gehört, und zeigen den Beruf an der Pinnwand oder Tafel.
4. Die TN öffnen ihr Buch und hören die Texte noch einmal. Sie tragen die Lösung in ihrem Buch ein. Schreiben Sie die Lösung auch an die Tafel. *Lösung:* 2 A; 3 G; 4 H; 5 F; 6 C; 7 I; 8 J; 9 E; 10 D

A2 **Erweiterung: Männliche und weibliche Berufsbezeichnungen**

1. Die TN sehen sich die Berufe an der Pinnwand an: Wo sind Frauen zu sehen, wo Männer? Wie enden die Berufsbezeichnungen für Frauen häufig? Die TN können sicher selbst feststellen, dass *-in* die typische Endung für weibliche Berufsbezeichnungen ist. Schreiben Sie als Beispiel „Lehrerin" an die Tafel, die TN nennen die männliche Form „Lehrer".
2. Zeigen Sie auf die Kärtchen von „Exportkaufmann" und „Hotelfachmann". Lassen Sie zuerst die TN selbst Ideen für die weibliche Form nennen, bevor Sie auf den Grammatikspot im Buch verweisen.
   Variante: In Kursen mit überwiegend geübten TN können diese auch sofort die Tabelle im Buch ergänzen (siehe Punkt 3). Die Bilder aus A1 helfen ihnen dabei. Fragen Sie die TN in diesem Fall danach, welche Regelmäßigkeiten sie bei den Berufsbezeichnungen entdeckt haben.
3. Die TN ergänzen die Tabelle im Buch.
4. Abschlusskontrolle im Plenum.
   Lösung: Lehrer; Student; Exportkaufmann; Hotelfachfrau; Journalistin; Flugbegleiter; Ärztin; Architektin; Programmierer
5. *fakultativ:* Vielleicht kennen die TN schon andere Berufe auf Deutsch. Sammeln Sie diese an der Tafel.

Arbeitsbuch 1–2: in Stillarbeit oder als Hausaufgabe

A3 **Aktivität im Kurs: Beruferaten**

Die TN überlegen sich einen Beruf und notieren ihn verdeckt auf einem Zettel. Es muss sich nicht um den tatsächlichen Beruf des TN handeln! Je ein TN zeichnet den Beruf dann an die Tafel. Die anderen raten.
Variante: Anstatt den Beruf zu zeichnen können die TN ihren Beruf auch pantomimisch vorführen.

A4 **Anwendungsaufgabe: Nach dem Beruf fragen und den eigenen Beruf nennen**

1. Sagen Sie betont: „Ich bin Lehrerin. Und Sie? Was ist Ihr Beruf?" Machen Sie deutlich, dass die TN ihren Beruf auf einem Blatt Papier notieren sollen. Sicher wissen einige schon das Wort für ihren Beruf auf Deutsch. Die anderen suchen im Wörterbuch.
   Manchmal findet sich nicht so leicht eine deutsche Entsprechung für einen Beruf. Lassen Sie sich in diesem Fall vom TN ihre/seine Tätigkeit erklären und finden Sie gemeinsam eine Entsprechung im Deutschen, die die Tätigkeit annähernd beschreibt.
2. Zwei TN lesen die Musterdialoge vor.
3. Verweisen Sie auf den Grammatikspot. Lesen Sie die Redemittel mit jeweils einem Beispiel vor. Machen Sie dabei die Verwendung von *als* (Ich bin Lehrerin, aber ich arbeite *als* Verkäuferin.) deutlich.
4. Die TN fragen zunächst ihre Partnerin / ihren Partner, dann weitere TN nach dem Beruf.
   fakultativ: Verwenden Sie die Kopiervorlage zu A4 (im Internet) und befragen Sie zunächst zwei TN exemplarisch zu ihrer beruflichen Situation. Fahren Sie dann fort, wie oben beschrieben.

TIPP

> Denken Sie daran, dass die Aufgaben und Übungen eines jeden Lehrwerks nur die Rahmenbedingungen für Ihren Kurs schaffen können, die an die Gegebenheiten und Bedürfnisse des jeweiligen Kurses angepasst werden müssen. Sprechen Sie bei Interesse weiter über die Berufe (Was macht ein Mechaniker? Was ist wichtig für einen Lehrer? ...). Wichtig ist, dass die TN den Bezug zu sich und ihrer Lebenswelt sehen und über ein Thema in dem Maße sprechen dürfen, wie es ihnen wichtig ist.

Arbeitsbuch 3–5: in Stillarbeit oder als Hausaufgabe

PHONETIK **Arbeitsbuch 6–8:** im Kurs: Die TN hören die Berufe in Übung 6 und sprechen im Chor nach. Spielen Sie die CD noch einmal vor und bitten Sie die TN, genau darauf zu achten, bei welchen „r" im Wort gar kein „r" zu hören ist. Fällt den TN eine Systematik auf? Erklären Sie: Der Buchstabe „r" steht im Deutschen für zwei unterschiedliche Laute. Am Wort- und am Silbenanfang oder nach kurzen Vokalen hört und spricht man „r", am Wort- und Silbenende hört man eine Mischung aus offenem „e" und kurzem „a".

Es gibt noch weitere Regeln für das vokalisch gesprochene „r". Bleiben Sie vorerst bei der im Deutschen sehr häufigen Wortendung auf *-er*.
Üben Sie mit Hilfe von Übung 7 und 8 den Unterschied von offenem „e" und der Endung „er". Die TN sprechen in Partnerarbeit die Sätze in Übung 7 und 8.

Materialien
B1 Kopiervorlage L8/B1
B3 Kopiervorlage L8/B3
B4 Fotos der TN, kleines Album/Schreibheft,
    Klebstoff; Kopiervorlage zu B4 (im Internet)

Ich bin **seit** zwei Monaten hier.

Temporale Angaben: *Wann, Wie lange, Seit, Seit wann, Vor*
Lernziel: Die TN können zeitliche Angaben zu ihrem Lebenslauf machen.

B   **8**

B1   **Variation: Präsentation der temporalen Präpositionen *seit* und *vor***

1. Gehen Sie vor wie auf Seite 8 beschrieben. Es bietet sich an, dass die TN zuerst nur Modelldialog a) bearbeiten.
2. Schreiben Sie an die Tafel:

Machen Sie deutlich, dass „seit" einen Zeitraum angibt, der in der Vergangenheit begonnen hat und bis heute andauert.

3. Die TN variieren Modelldialog b). Ergänzen Sie das Tafelbild und machen Sie deutlich, dass „vor" einen Zeitpunkt, einen Moment, in der Vergangenheit angibt:

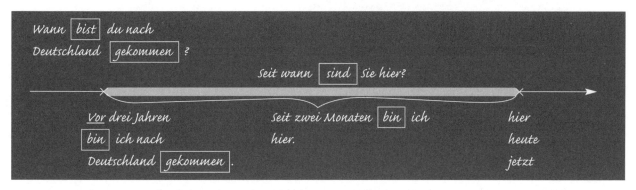

4. *fakultativ:* Wenn Sie mit den TN die temporalen Präpositionen vertiefen wollen, verteilen Sie die Kopiervorlage L8/B1 als Arbeitsblatt. *Lösung:* 1 *Wann:* vor zwei Jahren, am Dienstag, um neun Uhr, 1968; *Seit wann:* seit drei Monaten; *Wie lange:* seit drei Monaten, zwei Stunden, von Montag bis Freitag; 2 a) Vor ...; b) Wie lange ...? – Seit ...; c) Wann ...? – 1969.; d) Seit wann ...? – Seit ... e) Wann ...? – 1994.; f) Wann ...? – Vor ...; g) Wie lange ...? – Zehn Jahre.; h) vor ...; i) Wie lange ...? – Seit ...

Arbeitsbuch 9: in Stillarbeit

B2   **Anwendungsaufgabe zu den temporalen Präpositionen *seit* und *vor***

1. Die TN lesen die Bewerbung von Edyta Skumbin. Helfen Sie bei Wortschatzfragen.
2. Ein TN liest die Aufgabe und das erste Beispiel vor.
3. Die TN formulieren in Partnerarbeit die Fragen des Personalchefs. Gehen Sie herum und helfen Sie bei Schwierigkeiten.
4. TN, die besonders schnell mit der Aufgabe fertig sind, können die Fragen an die Tafel schreiben, denn insbesondere als Hilfe für Aufgabe B3 ist es wichtig, die Fragen auch sichtbar für alle zu notieren.
5. Abschlusskontrolle im Plenum.
   Lösung: 3 Wann haben Sie bei „Föbis" gearbeitet? 4 Seit wann lernen Sie Deutsch? 5 Wann sind Sie geboren?

8 **B**

Ich bin **seit** zwei Monaten hier.

Temporale Angaben: *Wann, Wie lange, Seit, Seit wann, Vor*
Lernziel: Die TN können zeitliche Angaben zu ihrem Lebenslauf machen.

Materialien
B3 Kopiervorlage L8/B3
B4 Fotos der TN, kleines Album/Schreibheft,
Klebstoff; Kopiervorlage zu B4 (im Internet)

B3   **Erweiterung: Präsentation des Dativs bei temporalen Präpositionen**

1. Die TN lesen die möglichen Antworten zu den Fragen aus B2. Sie hören das Telefongespräch und ordnen den Antworten die passende Frage zu.
2. Abschlusskontrolle im Plenum. Während die TN den gesamten Text noch einmal hören, schreibt ein geübter TN die richtigen Antworten zu den Fragen, die ja bereits an der Tafel stehen.
   Lösung: 1 Vor drei Monaten. 2 Bei „Marketing & Media" arbeite ich jetzt seit einem Monat. 3 Bei „Föbis" – das war genau vor einem Jahr. 4 Schon vier Jahre. 5 1983.
3. Unterstreichen Sie die temporalen Angaben in den Sätzen.
4. Umkreisen Sie auch die Artikelendungen nach „vor" und „seit". Verweisen Sie auf den Grammatikspot und schreiben Sie an die Tafel:

> ### Wann?/Wie lange?
>
> der Monat → vor/seit ein(em) Monat
>
> das Jahr → vor/seit ein(em) Jahr
>
> die Woche → vor/seit ein(er) Woche
>
> die Jahre → vor/seit drei Jahre(n)

   Weisen Sie auch auf den Infospot hin und erklären Sie, dass auf die Frage „Wie lange?" mit „seit" und Dativ geantwortet werden kann oder nur mit der Zeitangabe im Nominativ.
5. *fakultativ:* Die TN legen aus den Puzzleteilen (Kopiervorlage L8/B3) passende Fragen und Antworten. Es sind mehrere Lösungen möglich.

Arbeitsbuch 10–14: in Stillarbeit oder als Hausaufgabe; **16–18:** in Stillarbeit oder als Hausaufgabe

LERN
TAGEBUCH

Arbeitsbuch 15: Die TN machen sich in einer Übersicht die bekannten temporalen Präpositionen bewusst („am", „um" siehe *Schritte international 1*, Lektion 5) und erweitern die Skizze um die neu gelernten Präpositionen „vor" und „seit". Sie ergänzen die vorgegebenen Beispiele und erfinden weitere. Die Übersicht macht den TN bewusst, wann welche Präposition benutzt wird. Besonders wichtig ist es daher, die Präpositionen immer in Verbindung mit einem Beispielsatz zu lernen.

B4   **Aktivität im Kurs: Ein Kursalbum gestalten**

Hinweis: Möglicherweise kennen sich die TN in Ihrem Kurs noch nicht so gut, weil mit *Schritte international 2* ein neuer Kurs begonnen hat. In diesem Fall ist ein kleines Kursalbum zu Beginn des Kurses eine schöne Möglichkeit, sich näher kennen zu lernen. Aber auch wenn die TN bereits einen Kurs miteinander verbracht haben, haben sie hier die Möglichkeit, noch Neues über die anderen TN zu erfahren, beispielsweise über den beruflichen Werdegang der Partnerin / des Partners.

1. Um über die Vergangenheit berichten zu können, brauchen die TN Jahreszahlen. Verweisen Sie daher vorab auf den Infospot und machen Sie den TN bewusst, dass bis zum Jahr 2000 alle Zahlen als Hunderterzahlen gesprochen werden.
2. Verweisen Sie auf die Redemittel, um den TN eine Anregung für ihre Interviewfragen zu geben. Die TN interviewen sich in Partnerarbeit. Erarbeiten Sie mit den TN einen Fragenkatalog mit ausformulierten Fragen. Wenn Sie wenig Zeit haben, können Sie auf die Kopiervorlage zu B4 (im Internet) zurückgreifen. Geübte TN können sich ohne Hilfestellung befragen.
3. Wenn die TN mit dem Interview fertig sind, sollten sie einen kleinen Text über ihre Partnerin / ihren Partner schreiben und gestalten. Vielleicht bringen die TN ja Fotos von sich mit, sodass ein richtig schöner Text mit Bildern entsteht.
4. Heften Sie die entstandenen Texte als „Album" zusammen. Die TN können in den Pausen über ihre Partner im Kurs nachlesen. Oder Sie kopieren das „Album" für jeden TN. Dadurch haben die TN für später eine schöne Erinnerung an den Kurs.

Materialien	Ich **hatte** keinen Stift.	C		8

Materialien
C1 Poster der Foto-Hörgeschichte (Foto 1 und Foto 7)
C4 Fotos von einer Reise, einem Fest ...; Kopiervorlage zu C4 (im Internet)

Ich **hatte** keinen Stift.
Präteritum von *sein* und *haben*
Lernziel: Die TN können aus ihrer Vergangenheit berichten.

C1 **Präsentation des Präteritums von *sein* und *haben***

1. Wenn Sie das Poster zur Foto-Hörgeschichte zur Verfügung haben, schneiden Sie Foto 1 und Foto 7 aus und hängen Sie sie an eine Pinnwand oder die Tafel. Die TN hören die Ausschnitte aus der Geschichte bei geschlossenen Büchern; zeigen Sie dabei auf das jeweils passende Foto, um den TN die Situation noch einmal vor Augen zu führen.
2. Die TN öffnen ihr Buch. Sie hören die Gespräche noch einmal und ergänzen sie im Buch.
3. Abschlusskontrolle im Plenum. *Lösung:* a) hatte, bin; b) war, warst, war
4. Verweisen Sie auf den Grammatikspot. Besonders wenn die TN schon Englisch gelernt haben, werden sie kein Problem haben, die unregelmäßigen Vergangenheitsformen von „sein" und „haben" zu erkennen. Weisen Sie auch auf die fehlende Personalendung in der 1. und 3. Person Singular. Dieses Phänomen kennen die TN schon von den Modalverben „können" und „wollen" (*Schritte international 1,* Lektion 7).

C2 **Anwendungsaufgabe zum Präteritum von *sein* und *haben***

1. Die TN betrachten die Bilder. Aktivieren Sie das Vorwissen der TN und fragen Sie: „Was sehen Sie auf den Bildern?", „Was ist Jan von Beruf?" usw.
2. Die TN lesen die Sätze in Ruhe durch und bringen sie mit Hilfe der Bilder in die richtige Reihenfolge. Dadurch entsteht Jans „Lebensgeschichte".
   Variante: Die TN überlegen jeweils zu viert, in welche Reihenfolge die Sätze gehören. Drei TN pro Gruppe spielen dann die Szenen pantomimisch vor (einer ist Jan, die anderen sind die Hilfsköche), der vierte TN liest dazu die passenden Sätze vor. Lassen Sie mindestens zwei Gruppen im Plenum vorspielen.
3. Die TN hören die Erzählung und vergleichen. Abschlusskontrolle im Plenum.
   Lösung: B Dann hatte ich eine kleine Firma ...; C Nach drei Jahren hatte ich eine große Firma ...; D Ich war sehr müde ...; E Heute bin ich wieder glücklich ...

C3 **Erweiterung: Konjugation von *sein* und *haben* im Präteritum**

1. Die TN erzählen sich Jans Lebensgeschichte in Kleingruppen zunächst mündlich und schreiben dann gemeinsam die Lebensgeschichte auf. Besonders schnelle TN bearbeiten die Aufgabe in Partnerarbeit mündlich. Sie können, wenn sie die Aktivität beendet haben, eine ähnliche Geschichte erfinden und aufschreiben.
2. Verweisen Sie mit Hilfe des Grammatikspots auch auf die übrigen Formen von „sein" und „haben" im Präteritum.

C4 **Aktivität im Kurs: Über ein vergangenes Ereignis (Reise/Fest) sprechen**

1. Bitten Sie die TN vorab, Fotos von einer Reise, einem Fest oder wichtigen Ereignissen mitzubringen. Bringen Sie am besten selbst ein Foto von einer Reise, einer Party oder einer anderen Freizeitaktivität mit und stellen Sie dieses dem Kurs vor. Schreiben Sie ein paar Fragewörter an die Tafel (*Wann? Wo? Wie lange?*) und erzählen Sie, z.B.: „Ich habe Urlaub gemacht. Das war vor zwei Jahren. Da waren eine Freundin und ich in Südafrika ... Wir waren zwei Wochen dort."
2. Zwei TN lesen den Beispieldialog vor. Verweisen Sie auch auf die Redemittel und die Bilder zu den Wörtern „Meer", „Berge", „Land", „See".
   Es geht hier nicht darum, den Dativ und Akkusativ bei verschiedenen Präpositionen zu erklären. Die Ausdrücke sollen den TN hier als Formeln zur Verfügung stehen.
3. Die TN erzählen in Gruppen von 3–4 TN über ihre mitgebrachten Fotos oder sie erzählen sich von einem besonderen Erlebnis.
4. Wer möchte, kann sein Foto/Erlebnis im Plenum präsentieren. Die TN hängen ihre Fotos nach der Aktivität im Kursraum auf. Dazu können die TN auch die Kopiervorlage zu C4 (im Internet) verwenden.

TIPP

Sicher möchten die TN auch Dinge erzählen, die sie eigentlich sprachlich noch gar nicht realisieren können. Ermutigen Sie die TN, die Sprache auszuprobieren: Die TN können Wortschatz gegenseitig erfragen oder im Wörterbuch nachsehen. Ermuntern Sie die TN auch, ruhig mal einen Satz falsch zu bilden: Im Allgemeinen versteht der Gesprächspartner trotzdem, was gemeint ist, und kann außerdem meist weiterhelfen. Wenn die TN an einem Thema sehr interessiert sind, können Sie natürlich mit den TN auch weitere Redemittel und Wörter erarbeiten. Achten Sie in diesem Zusammenhang aber gemeinsam mit den TN darauf, Sätze so einfach wie möglich bzw. nach den bekannten Mustern zu strukturieren und nach Möglichkeit den Wortschatz zu benutzen, der bekannt ist, oder ein Wort ggf. zu umschreiben. Sie vermeiden so Überforderungen. Der Schwerpunkt sollte bei diesen Aktivitäten darauf liegen, dass die TN lernen, frei und ohne Hemmung zu sprechen. Sie erwerben dabei Strategien, sich trotz sprachlicher Unsicherheiten auszudrücken (z.B. durch eine Wortumschreibung). Und: Der Wortschatz und die Konstruktionen, die durch solche kommunikativen Bedürfnisse erworben werden, prägen sich durch die unmittelbare Notwendigkeit besser ein.

Arbeitsbuch 19: als Hausaufgabe: Die TN machen sich selbstständig die unregelmäßigen Präteritumformen von „sein" und „haben" bewusst. **20–22:** in Stillarbeit oder als Hausaufgabe

8

D Praktikumsbörse

Anzeigen lesen

Lernziel: Die TN können aus Lesetexten wichtige Informationen entnehmen und Stellenanzeigen verstehen.

Materialien
D2 Kopiervorlage L8/D2

D1 Lesestrategie: Wichtige Informationen farbig kennzeichnen

1. Die TN lesen die Aufgabe und den ersten Text. Bitten Sie einen geübten TN, die wichtigen, markierten Aussagen über Teresa in eigenen Worten wiederzugeben. So üben die TN, sich auf das Wesentliche zu konzentrieren und selbstständig zu formulieren, statt nur vorzulesen.
2. Lesen Sie die Monatsnamen im Kasten vor. Wenn die TN eine europäische Muttersprache haben, werden ihnen die Monatsnamen vertraut erscheinen. Verweisen Sie auch auf den Infospot.
3. Die TN arbeiten zu zweit. Jeder TN liest einen der beiden kurzen Texte und markiert in zwei Farben die Kernaussagen. Diese Technik haben die TN in *Schritte international 1* bereits geübt (z.B. Lektion 4, Lernschritt E; Lektion 7, Lernschritt E). Die Partner berichten einander die wesentlichen Informationen aus „ihrem" Text.
4. Zeigen Sie auf den Grammatikspot und erklären Sie, dass die Präposition „für" mit dem Akkusativ steht. Die TN haben den Akkusativ als Objektkasus schon in *Schritte international 1* kennen gelernt.

! Führen Sie bitte keine weiteren Präpositionen mit dem Akkusativ ein, diese folgen später.

Arbeitsbuch 23–24: als Hausaufgabe

D2 Leseverstehen: Passende Praktikumsstellen finden

1. Die TN lesen in Stillarbeit die Anzeigen aus dem Internet. Sie markieren mit Farbstiften, um was für eine Firma es sich handelt, für welche Tätigkeit sie einen Praktikanten suchen und wann das Praktikum sein soll.
2. Die TN ordnen den Personen aus D1 die passende Praktikumsstelle zu.
3. Abschlusskontrolle im Plenum. Bitten Sie die TN, ihre Auswahl zu begründen, z.B.: „Für Teresa passt Anzeige A. Sie spricht Spanisch und studiert Wirtschaft ..."
   Lösung: Teresa: Anzeige A; Sue: Anzeige D; Caroline: Anzeige C
4. *fakultativ:* Die TN finden sich paarweise zusammen. Verteilen Sie an jedes Paar die Kopiervorlage L8/D2. Ein TN ist A und sucht einen Job, der andere ist B und bietet Stellen an. Die beiden sprechen „am Telefon" über den Job. Spielen Sie als Anregung ggf. noch einmal das Telefongespräch aus B3 vor.

Arbeitsbuch 25: als Hausaufgabe

PRÜFUNG **Arbeitsbuch 26:** Im Prüfungsteil Hören, Teil 3, der Prüfung *Start Deutsch 1* hören die TN kurze Ansagen oder Nachrichten auf dem Anrufbeantworter. Zu jeder Ansage lesen sie am besten <u>vor</u> dem ersten Hören die Frage. <u>Nach</u> dem Hören lesen die TN die drei möglichen Antworten, entscheiden sich für eine davon und markieren diese. <u>Während</u> des zweiten Hörens kontrollieren und korrigieren sie ggf. ihre Lösungen.

Kurztexte
Lernziel: Die TN können kurze Berufsbeschreibungen verstehen.

E1   **Vor dem Lesen: Texte mit Hilfe von Bildern verstehen**

1. Zeigen Sie den TN, wie ihnen Bilder beim Verstehen eines Textes helfen können: Die TN betrachten die Bilder und sprechen in ihrer Sprache darüber, was die Personen beruflich machen und was ihre Aufgaben sind. Indem sie sich in der Muttersprache mit dem Text beschäftigen, erleichtern sie sich das anschließende Lesen.
2. Die TN ordnen die Berufe zu. Übersetzen Sie sie, wenn nötig, zunächst in die Muttersprache der TN.
3. Abschlusskontrolle im Plenum. *Lösung:* 2 Schäfer; 3 Fahrradkurier; 4 Puppenspieler

E2   **Leseverstehen: Wichtige Informationen verstehen**

1. Die TN lesen die Texte. Erlauben Sie keine Wörterbücher, um den TN ein Gefühl dafür zu geben, dass sie einen Text auch mit Hilfe ihrer Lese-Erwartung und bestimmten Schlüsselwörtern verstehen können. Die TN können auch alle bekannten Wörter in den Texten unterstreichen und so feststellen, dass sie schon sehr viel verstehen können.
Variante: Um den TN das Lesen unbekannter Texte zu erleichtern, können Sie mit ihnen das Erkennen bekannter Wörter trainieren. Dazu müssen Sie bekannte (Schlüssel)Wörter vorher mit Tippex teilweise – oder auch ganz – entfernen. Die TN versuchen, die Wörter zu erkennen und zu ergänzen. In dieser Aufgabe bieten sich zum Beispiel die Wörter *Ausbildung, Beruf, Kenntnisse, arbeiten, Kinder* an.
Hinweis: Ausführliche Hinweise zum Umgang mit Lesetexten finden Sie auch in *Schritte international 1,* Lehrerhandbuch, Seite 64.
2. Die TN lesen die Aussagen zu ihrem Text / zu allen Texten und kreuzen ihre Lösungen an. Stellen Sie sicher, dass die TN alle Aussagen genau verstanden haben und helfen Sie jetzt ggf. bei Wortschatzfragen.
3. Abschlusskontrolle im Plenum. Lassen Sie die TN bei falschen Aussagen begründen, warum diese falsch sind.
Lösung: 1 richtig; richtig; 2 falsch; falsch; 3 falsch; falsch; 4 richtig; falsch

Arbeitsbuch 27: im Kurs

LERN TAGEBUCH **Arbeitsbuch 28:** Die TN notieren wichtige Redemittel, die sie in dieser Lektion gelernt haben, und schreiben jeweils die individuelle, persönliche Antwort dazu. So wird ein persönlicher Bezug hergestellt, der das Behalten der Fragen und Antworten erleichtert. Die TN sollten außerdem lernen, sich wichtige Redemittel als ganze Formeln zu notieren und zu memorieren. Die sprachliche Analyse hilft z.B. bei Formeln wie „Was sind Sie von Beruf?" nicht weiter.

Einen Test zu Lektion 8 finden Sie auf Seite 112 f. Weisen Sie die TN auf die interaktiven Übungen auf ihrer Arbeitsbuch-CD hin. Die TN können mit diesen Übungen den Stoff der Lektion selbstständig wiederholen und sich ggf. auch auf den Test vorbereiten.

Zwischenspiel 8
Schöne Bilder – falsche Schilder
Landeskunde: Traditionelle Berufe

Materialien
1 *Variante:* Texte zu den Berufen als Kärtchen;
Kopiervorlage „Zwischenspiel zu Lektion 8"

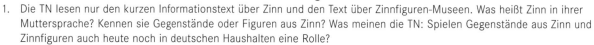

1   Landeskunde: Informationen über die Geschichte der Zinnfiguren

1. Die TN lesen nur den kurzen Informationstext über Zinn und den Text über Zinnfiguren-Museen. Was heißt Zinn in ihrer Muttersprache? Kennen sie Gegenstände oder Figuren aus Zinn? Was meinen die TN: Spielen Gegenstände aus Zinn und Zinnfiguren auch heute noch in deutschen Haushalten eine Rolle?
2. *fakultativ:* Wenn es an ihrer Schule einen Computerraum gibt, regen Sie eine Internetrecherche an: Die TN suchen die genannten Museen im Internet – sie sind alle dort zu finden – und laden ein paar Beispiele für Zinnfiguren oder Gegenstände herunter. Sie stellen ihre Bilder vor. Geübte oder besonders interessierte TN können auch versuchen, einige Informationen über die Figuren und/oder das Museum zu lesen und im Kurs zu präsentieren.
3. Die TN sehen die Zinnbilder an. Fragen Sie, welche Berufe zu sehen sind. Die TN nennen die Berufsbezeichnungen auf Deutsch, falls sie ihnen bekannt sind, oder in der Muttersprache. Gehen Sie noch nicht weiter darauf ein.
4. Die TN lesen die Aufgabe im Buch. Sie lesen die kurzen Beschreibungen der Berufe und ordnen sie dem passenden Zinnschild zu.
   Variante: Wenn Sie das Rätsel spielerischer gestalten wollen oder viele haptisch lernende TN haben, können Sie die kurzen Texte als Kärtchen auf festen Karton kopieren. Die TN lesen die Texte auf den Kärtchen und legen sie zu dem passenden Schild.
5. Sie tragen die Buchstaben in die Lösungskästchen ein und erhalten so das Lösungswort „Fotograf".
6. Zur Vertiefung können Sie die Kopiervorlage „Zwischenspiel zu Lektion 8" verteilen. Die TN lösen Übung 1 und 2 in Stillarbeit oder als Hausaufgabe.
   Lösung: 1 b) Schmiedearbeiten machen; c) Schuhe reparieren; d) ein Haus bauen; e) Autos reparieren; f) Fleisch und Wurst verkaufen; g) Haare waschen, schneiden und frisieren; h) Elektrogeräte reparieren; 2 b) der Schmied; c) der Schuster; d) der Maurer; e) der Mechaniker; f) der Fleischer; g) der Friseur; h) der Elektriker
7. *fakultativ:* Wenn die TN Freude an spielerischen Aktivitäten haben, spielen Sie Pantomime mit ihnen. Die TN überlegen sich einen Beruf aus Lektion 8 oder dem Zwischenspiel und spielen ihn im Kurs vor. Wer den Beruf als Erstes errät, ist als Nächster dran.
   Variante: In großen Kursen können die TN auch in kleinen Gruppen spielen.

2   Über traditionelle Berufe sprechen

1. Weisen Sie die TN noch einmal auf die Texte zu den Berufen hin. Welche gibt es heute noch in den deutschsprachigen Ländern, welche gibt es nicht mehr so oft? Wie ist das im Heimatland der TN: Was machen sie, wenn sie Brot kaufen möchten, das Auto oder die Schuhe kaputt sind? Gibt es andere traditionelle Berufe, die heute nur noch selten sind?
2. *fakultativ:* Die TN finden sich paarweise zusammen, möglichst so, dass ein TN gern zeichnet, der andere lieber schreibt. Jedes Paar zeichnet zu einem Beruf ihrer Wahl ein „Zinnschild" und schreibt einen kurzen Text auf Deutsch dazu. Vielleicht finden die TN ja ganz außergewöhnliche Berufe, die es nur in ihrem Land gibt oder die es früher gegeben hat. Gehen Sie herum und helfen Sie bei Wortschatzfragen. Die Paare hängen ihr Schild mit dem Text zur Ansicht für alle im Kursraum auf.

LÄNDER INFO   Wie in vielen europäischen Ländern haben es kleine Einzelhändler, Fleischer und Bäcker in den deutschsprachigen Ländern immer schwerer, sich gegen große Supermarktketten zu behaupten. Fleischereien und Bäckereien gibt es zwar überall, auch kleine Lebensmittelläden, Tante-Emma-Läden genannt, kann man auf dem Land noch finden. Trotzdem ist es oft bequemer, Lebensmittel und Haushaltsgegenstände im Supermarkt zu kaufen, wo man alles, was man braucht, an einem Ort bekommt.

Weitere Materialien für noch mehr Abwechslung im Unterricht finden Sie unter www.hueber.de/schritte-international.

Materialien	IN EINER FREMDEN STADT	

Materialien
1 Fotos, Stadtplan, Prospekte über München
2 einsprachige Wörterbücher
3 Kopiervorlage L9/3

Folge 9: *Gemütlichkeit*
Einstieg in das Thema: Als Tourist unterwegs

1

Vor dem Hören: Das Vorwissen aktivieren

1. Lesen Sie mit den TN Aufgabe 1 und die Beispiele in den Sprechblasen. Zeigen Sie auch auf Foto 1 und fragen Sie die TN, wie die große Kirche im Hintergrund heißt (= Frauenkirche). Bringen Sie weitere Bilder und Prospekte oder einen Stadtplan von München mit in den Unterricht.
2. Die TN erzählen auch mithilfe der mitgebrachten Bilder und Prospekte, was sie über München wissen und ob sie oder ein Freund schon einmal dort waren. Regen Sie sie an, so viel wie möglich auf Deutsch zu sagen, und helfen Sie bei Wortschatzproblemen.
   Variante: Wenn die TN schon sehr selbstständig ihre Deutschkenntnisse ausprobieren, geben Sie ihnen vor dem Kursgespräch Zeit, die Bilder und Prospekte in Ruhe zu betrachten. Sie entscheiden sich für eine (ihnen bekannte) Sehenswürdigkeit und schlagen wichtige Wörter nach, sodass sie im Kursgespräch ohne Ihre Hilfe sprechen können. Die TN stellen „ihre" Sehenswürdigkeit dem Plenum vor.

2

Vor dem Hören: Ein Schlüsselwort verstehen

1. Die TN betrachten die Fotos: Was könnte „Gemütlichkeit" bedeuten? Was hat das Wort mit der Geschichte zu tun? Die TN äußern ihre Vermutungen in ihrer Sprache.
2. Achten Sie darauf, dass mehrere Wörterbücher vorhanden sind, und stellen Sie für geübte TN einsprachige Wörterbücher (z.B. das Hueber Wörterbuch Deutsch als Fremdsprache) zur Verfügung. Die TN sehen nach, welche Erklärung sie zu „Gemütlichkeit" oder einem anderen Wort aus derselben Familie finden. Schreiben Sie das muttersprachliche Wort / die Erklärung an die Tafel, damit Sie nach dem Hören der Foto-Hörgeschichte darauf zurückgreifen können.

3

Beim ersten Hören

1. Schneiden Sie die Kärtchen auf der Kopiervorlage L9/3 mit den Fragen Timos und den Definitionen aus. Die TN erhalten paarweise die Satzkärtchen und ordnen Sie während des Hörens dem jeweils passenden Foto zu. Geübte TN erhalten keine Kärtchen, sondern einen Hörauftrag: Was möchte Timo wissen? Können die Personen ihm helfen?
2. Sprechen Sie mit den TN über den Hörauftrag. Auch wer Kärtchen zu den Fotos gelegt hat, kann mit deren Hilfe eine Antwort darauf finden.
   Lösungsvorschlag: Timo fragt: „Was ist Gemütlichkeit?" Die Männer wissen es auch nicht genau. Jeder hat eine andere Meinung. Die junge Frau zeigt Timo: Ausruhen ist gemütlich.
3. Fragen Sie die TN kurz, ob sie verstanden haben, was „gemütlich" ist, und verweisen Sie auch auf die Übersetzung bzw. Erklärung an der Tafel. Gibt es überhaupt eine eindeutige Erklärung?

4

Nach dem ersten Hören: Wichtige Informationen verstehen

1. Die TN lesen die Zitate aus der Foto-Hörgeschichte und ordnen mithilfe ihrer Kärtchen und aus der Erinnerung zu.
2. Spielen Sie die Foto-Hörgeschichte noch einmal vor. Die TN ergänzen, was ihnen noch fehlt.
3. Abschlusskontrolle im Plenum.
   Lösung: Timo: Ich verstehe dieses Wort nicht. Das habe ich nicht verstanden. Können Sie das bitte wiederholen. Können Sie mir helfen? Mann 1: Das ist nicht einfach. „Gemütlichkeit" ... das ist ... na ja, das bedeutet eben „gemütlich sein", verstehen Sie? Gehen Sie doch mal zur Touristeninformation am Marienplatz. Mann 2: Im Hofbräuhaus findet man die echte, original bayerische „Gemütlichkeit". Frau: Aber hier ist es so richtig schön gemütlich, stimmt's?

5

Über „Gemütlichkeit" sprechen

Erinnern Sie noch einmal an die Frage aus Aufgabe 2: Gibt es eine eindeutige Erklärung für „Gemütlichkeit"? Die TN erzählen, was sie gemütlich finden.

A

Er **muss** ins Hofbräuhaus **gehen**!

Das Modalverb *müssen*; das Pronomen *man*
Lernziel: Die TN können ausdrücken, was sie notwendigerweise tun müssen.

Materialien
A1 Plakat mit Sätzen, Formen von „müssen" auf
  Kärtchen, Tesastreifen
A2 das Bild auf Folie; Kopiervorlage L9/A2
A3 das Foto auf Folie; Kopiervorlage L9/A3
A4 Kopiervorlage zu A4 (im Internet)

A1   Präsentation des Modalverbs *müssen*

1. Die TN betrachten die Fotos im Buch und lesen die Zitate in Stillarbeit. Sie ordnen in Partnerarbeit die Fotos den Zitaten zu.
2. Abschlusskontrolle im Plenum.
   Lösung: A Timo, du musst unbedingt in die Allianz Arena gehen ...; B Timo, hast du den Dom schon gesehen? ... D Herr Arhonen, Sie müssen unbedingt einen Ausflug ...
3. Bereiten Sie ein Plakat vor, auf dem die Zitate der Aufgabe ohne Modalverb stehen. Lassen Sie aber bitte genug Platz für das Modalverb. Schreiben Sie die konjugierten Formen von „müssen" mit einer anderen Farbe auf Kärtchen und verteilen Sie diese an sechs TN. Diese kleben ihre Kärtchen mit vorbereiteten Tesastreifen in die Lücke des passenden Satzes auf das Plakat. Unterstreichen Sie in den Sätzen die Personalpronomen ebenfalls farbig und markieren Sie in einem nächsten Schritt auch die Verben am Satzende. Erinnern Sie die TN an die Satzklammer (*Schritte international 1,* Lektion 5 und Lektion 7) und verweisen Sie auch auf die Grammatikspots. Die TN schreiben die Zitate in ihr Heft oder Lerntagebuch und markieren die Satzteile wie auf dem Plakat. Hängen Sie das Plakat im Kursraum auf. Die TN haben dadurch in der anschließenden Übungsphase eine Hilfestellung bzw. können auch Sie bei Fehlern auf das Plakat verweisen, anstatt selbst zu korrigieren.

A2   Anwendungsaufgabe zu *müssen*

1. Die Bücher sind geschlossen. Zeigen Sie das Bild auf einer Folie. Die TN betrachten das Bild. Fragen Sie, wo diese Situation stattfindet und wer hier spricht. Was möchte der Mann wohl?
2. Zwei TN lesen das Beispiel vor.
3. Die TN sprechen in Partnerarbeit kurze Dialoge. Weisen Sie die TN, wenn nötig, darauf hin, dass sie sich für eine Rolle entscheiden und sich nur auf ihren entsprechenden Kasten konzentrieren sollen. Wenn die TN noch Schwierigkeiten mit der Aufgabe haben, sollten Sie einen zweiten Durchgang machen: Die TN tauschen ihre Rollen und sprechen die Dialoge noch einmal.
4. *fakultativ:* Die TN wählen zu zweit oder zu dritt eine Situation von Kopiervorlage L9/A2 aus und spielen diese miteinander durch. Gehen Sie herum und helfen Sie bei Schwierigkeiten.

Arbeitsbuch 1: als Hausaufgabe: Die TN machen sich selbstständig bewusst, welche Formen von „müssen" zu welchem Personalpronomen gehören und welche Formen gleich aussehen. Das dürfte ihnen keine Schwierigkeiten bereiten, da sie schon die Modalverben „wollen"/„können" kennen.

A3   Präsentation des Pronomens *man*

1. Die Bücher bleiben geschlossen. Legen Sie die Folie auf und fragen Sie die TN, wer im Hörtext wohl spricht, wo die beiden Personen sich befinden und was sie wohl sagen.
2. Die TN hören den Text und überprüfen ihre Unterlagen.
3. Ein TN liest die Sätze im Buch vor. Fragen Sie, was man nacheinander am Fahrkartenautomat machen muss. Die TN hören noch einmal und nummerieren die Reihenfolge.
   Lösung: 2 Erwachsener/Kind auswählen; 3 bezahlen; 4 die Fahrkarte und das Wechselgeld nehmen; 5 die Fahrkarte stempeln
4. Schreiben Sie den ersten Satz an die Tafel:
   Unterstreichen Sie „man" und verweisen Sie auf den Grammatikspot. Machen Sie deutlich, dass „man" jeder sein kann und nichts mit dem Wort „Mann" zu tun hat.

   Zuerst muss <u>man</u> das Ziel wählen.

5. Zeigen Sie mit Hilfe eines Tafelbildes, wie man einen Text durch Zeitadverbien in eine chronologische Reihenfolge bringen kann. Diese „kleinen Wörter" sind für das flüssige Erzählen von längeren Zusammenhängen sehr wichtig und sollten von den TN unbedingt beherrscht werden.

   zuerst → dann → danach → ... → zum Schluss

   Ein TN bildet ein Beispiel für den zweiten Satz. Schreiben Sie auch diesen an die Tafel.

6. Die TN schreiben und sprechen den Text in Partnerarbeit. Geübte TN können zusätzlich eine Art Hinweistafel für TN machen, die zu spät in den Unterricht kommen: „Zuerst muss man eine gute Entschuldigung haben. Dann muss man die Jacke ausziehen. ..."
7. Abschlusskontrolle im Plenum. Die geübten TN präsentieren außerdem ihre Hinweistafeln.
   Lösung: Zuerst muss man das Ziel wählen. Dann muss man Erwachsener/Kind auswählen. Danach muss man bezahlen und dann die Fahrkarte und das Wechselgeld nehmen. Zum Schluss muss man die Fahrkarte stempeln.

Materialien	
A1	Plakat mit Sätzen, Formen von „müssen" auf Kärtchen, Tesastreifen
A2	das Bild auf Folie; Kopiervorlage L9/A2
A3	das Foto auf Folie; Kopiervorlage L9/A3
A4	Kopiervorlage zu A4 (im Internet)

Er **muss** ins Hofbräuhaus **gehen**!

Das Modalverb *müssen*; das Pronomen *man*
Lernziel: Die TN können ausdrücken, was sie notwendigerweise tun müssen.

A 9

8. Verteilen Sie die Kopiervorlage L9/A3. Die TN schreiben auf, was Tina, Bruno und Sara von Montag bis Freitag tun müssen und was Bruno und Sara am Wochenende tun können. Sie übertragen die Sätze in eine Tabelle, die die Klammerstellung der Modalverben noch einmal verdeutlicht. TN, die schneller fertig sind, überlegen zusätzlich (c), was Tina am Wochenende tun kann.
Musterlösung: a) Sara <u>muss</u> jeden Vormittag in die Schule <u>gehen</u>. Von Montag bis Freitag <u>muss</u> Bruno früh <u>aufstehen</u>. Tina <u>muss</u> jeden Tag die Wohnung <u>aufräumen</u>. Am Nachmittag <u>muss</u> Sara die Hausaufgaben <u>machen</u>. Bruno <u>muss</u> von 7 Uhr morgens bis 7 Uhr abends im Laden <u>arbeiten</u>. b) Sara <u>kann</u> ihre Freundin anrufen. Sie <u>kann</u> das ganze Wochenende <u>spielen</u>. Am Wochenende <u>kann</u> Bruno den ganzen Tag <u>fernsehen</u>. c) (Tina <u>kann</u> am Wochenende lange <u>schlafen</u>. Sie <u>kann</u> auch eine Freundin <u>treffen</u>. …)

Arbeitsbuch 2–5: als Hausaufgabe

A4   Aktivität im Kurs: Über Pflichten in Beruf und Alltag sprechen

1. Ein TN liest die Beispielsätze in den Sprechblasen vor.
2. Sagen Sie: „Ich bin Lehrerin" und fragen Sie die TN: „Was ist wichtig für diesen Beruf? Was muss ich tun?" Die TN finden gemeinsam Beispiele für die notwendigen Eigenschaften oder Pflichten eines Lehrers: „Sie müssen die Tafel putzen", „Sie müssen die Grammatik gut kennen" etc. Schreiben Sie die Antworten der TN an die Tafel.
3. Die TN überlegen in Stillarbeit, was sie im Privat- oder Berufsleben alles tun müssen, und erzählen in Kleingruppen von 4–5 TN über sich. Wenn die TN noch ein paar Ideen brauchen, kopieren Sie die Kopiervorlage zu A4 (im Internet).

PHONETIK   **Arbeitsbuch 6:** im Kurs: Verdeutlichen Sie anhand dieser Übung, wie eine Aussage mit Modalverb durch die Verschiebung des Satzakzents nuanciert werden kann. Bei neutraler Betonung liegt der Satzakzent auf dem Verb im Infinitiv am Satzende. Will man seine Aussage bekräftigen oder verstärken, kann der Akzent aber auch auf das Modalverb gelegt werden. Die TN hören, markieren die Betonung und sprechen nach. Wenn die TN Lust haben, können sie eigene Mini-Dialoge erfinden und im Kurs mit der passenden Betonung vorspielen.

LERN
TAGEBUCH   **Arbeitsbuch 7:** Die TN konjugieren die bereits bekannten Modalverben. Weisen Sie ggf. nochmals darauf hin, dass bei den Modalverben die 1. Person und die 3. Person Singular gleich sind und ohne Endung gebildet werden.

9  **B** | **Gehen Sie** doch zur Touristeninformation.
Imperativ
Lernziel: Die TN können Aufforderungen und Ratschläge verstehen und selber einen Ratschlag geben.

Materialien
B3 Plakate
B5 rote/gelbe Papierstreifen, Ball; Kopiervorlage zu B5 (im Internet)

B1 **Präsentation des Imperativs in der 3. Person Plural**

1. Ein TN liest das erste Beispiel vor. Die TN lösen die übrigen Beispiele in Stillarbeit.
2. Abschlusskontrolle im Plenum. *Lösung:* b) Fragen Sie dort bitte mal nach. c) Kaufen Sie dort einen Stadtplan. d) Reservieren Sie dort Tickets für eine Stadtrundfahrt.
3. Verweisen Sie auf den Grammatikspot. Lesen Sie das Beispiel mit unterschiedlicher Stimme vor. Lesen Sie das Beispiel einmal ohne „bitte" und mit harter Stimme vor, lesen Sie es dann mit „bitte" und mit weicher Stimme und freundlichem Gesichtsausdruck. Zeigen Sie, dass es in beiden Fällen um eine Aufforderung geht, die zweite Variante aber freundlicher ist. Machen Sie deutlich, dass Aufforderungen ohne das Wörtchen „bitte" im Allgemeinen zu hart klingen und an einen Befehlston erinnern. Zur Verdeutlichung können Sie im Stechschritt im Kursraum umhermarschieren und auch die übrigen Beispiele im Befehlston vortragen. Das sorgt meist für allgemeine Erheiterung.

B2 **Anwendungsaufgabe zum Imperativ in der 3. Person Plural**

1. Die TN lösen die Aufgabe in Stillarbeit. Weisen Sie nochmals auf die wichtige Bedeutung des Wörtchens „bitte" hin: „Bitte" macht eine Aufforderung freundlich; ohne „bitte" erscheint eine Aufforderung insbesondere in diesen Kontexten sogar unhöflich!
2. Abschlusskontrolle im Plenum.
   Lösung: B Warten Sie bitte einen Moment. C Bezahlen Sie bitte an der Kasse. D Zeigen Sie bitte den Pass.

PHONETIK **Arbeitsbuch 8–9:** im Kurs: Imperativsätze in der 3. Person Plural sehen genauso aus wie Ja-/Nein-Fragen. Der Unterschied liegt in der Satzmelodie. Bei Ja-/Nein-Fragen geht die Stimme am Ende leicht nach oben, das haben die TN schon geübt (*Schritte international 1,* Lektion 3). Beim Imperativ geht die Stimme am Ende nach unten. Machen Sie die Bewegung mit der Hand mit (siehe *Schritte international 1,* Lehrerhandbuch, Seite 20, 21).

B3 **Präsentation des Imperativs in der 2. Person Singular und Plural**

1. Die TN betrachten das Bild. Fragen Sie: „Wer sitzt da im Auto?", „Wohin fährt die Familie?" und „Was wollen sie machen?"
2. Ein TN liest das erste Beispiel. Ein anderer TN versucht, das zweite Beispiel im Plenum zu lösen. Die TN ordnen dann in Stillarbeit die Sätze zu. Abschlusskontrolle im Plenum.
   Lösung: b) Immer müssen wir leise sein! c) Dann nimm eine Flasche Wasser. d) Dann esst einen Apfel. e) Warum? Ich fahre doch nur 90. f) Sieh doch im Korb nach.
3. Schreiben Sie die Beispiele des Grammatikspots an die Tafel und zeigen Sie die Bildung des Imperativs auf.

> *~~Du~~ machst das Fenster zu.* → *Mach das Fenster zu!*   *~~Ihr~~ esst einen Apfel.* → *Esst einen Apfel!*
>
> *~~Du~~ siehst im Korb nach.* → *Sieh im Korb nach!*   *~~Ihr~~ trinkt Tee.* → *Trinkt Tee!*
>
> *~~Du~~ fährst nicht so schnell.* → *Fahr nicht so schnell!*

4. Verweisen Sie auf die Grammatikspots im Buch und auf die besonderen Formen von „sein".
5. *fakultativ:* TN, die noch einmal in Ruhe die Formen des Imperativs durchgehen wollen, können die Aufgaben A2 und A3 auf Seite 20 in Imperative umformen (z.B. Da müssen Sie zur Abendkasse gehen. → Gehen Sie (bitte) zur Abendkasse.) und die Beispiele auf Plakate schreiben, die im Kursraum aufgehängt werden. Spielfreudige TN können in Vierergruppen die Situation aus B3 in der Gruppe nach- und im Plenum später vorspielen.

Arbeitsbuch 10: als Hausaufgabe: Hier können die TN sich die Bildung des Imperativs selbstständig erarbeiten. Wenn Sie viele geübte TN im Kurs haben, können Sie die Übung auch statt einer Erklärung an der Tafel (siehe oben) einsetzen.

B4 **Variation: Anwendungsaufgabe zum Imperativ in der 2. Person Singular und Plural**
Gehen Sie vor wie auf Seite 8 beschrieben.

TIPP
> Modalpartikeln wie „doch", „aber", „etwa" etc. sind von ihrer Bedeutung auf dem Niveau A1 kaum zu erklären. Durch die häufige Anwendung, z.B. in Variationsaufgaben, und einen festen Kontext können sie sich jedoch sehr gut einschleifen. Achten Sie gezielt darauf, dass die TN bei Aufforderungen und Ratschlägen die Partikeln „doch" und „doch mal" benutzen.

Arbeitsbuch 11–14: in Stillarbeit oder als Hausaufgabe

Materialien		**Gehen Sie** doch zur	B		9
B3 Plakate		Touristeninformation.			
B5 rote/gelbe Papierstreifen, Ball; Kopiervorlage zu					
B5 (im Internet)		Imperativ			
		Lernziel: Die TN können Aufforderungen und Ratschläge verstehen und selber einen Ratschlag geben.			

B5   **Aktivität im Kurs: Probleme nennen und Ratschläge geben**

1. Zwei TN lesen die Beispiele im Buch vor. Schreiben Sie an die Tafel:

Problem   *Ratschlag*

Ich habe Durst.   *Trink doch ein Glas Wasser.*

    Verweisen Sie auch auf den Infospot.

2. Teilen Sie an die TN Papierstreifen aus. Jeder TN bekommt einen roten und einen gelben. Die TN schreiben auf die roten Papierstreifen ein Problem (z.B. wie im Buch). Gehen Sie herum und helfen Sie bei Schwierigkeiten.

3. Jeweils ein TN liest sein Problem vor und sucht sich mithilfe des Balls eine Person, die ihr/ihm einen Ratschlag geben soll. Dieser TN schreibt einen Ratschlag auf seinen gelben Papierstreifen und hängt beide Streifen an die Pinnwand. Der TN, der den Ratschlag gegeben hat, liest nun „sein" Problem vor und sucht sich einen Partner usw. Wenn Sie wenig Zeit im Kurs haben, verteilen Sie die aus der Kopiervorlage zu B5 (im Internet) ausgeschnittenen Kärtchen.

PRÜFUNG   **Arbeitsbuch 15:** Im Prüfungsteil Sprechen, Teil 3, der Prüfung *Start Deutsch 1* sollen die TN Bitten äußern und darauf reagieren. Dazu stehen ihnen Handlungskarten mit Worten oder Piktogrammen zur Verfügung, die als Impulsgeber für die Bitte dienen. Die TN formulieren in Partnerarbeit abwechselnd Bitten und reagieren darauf. Gehen Sie herum und helfen Sie bei Schwierigkeiten.

    ! In der Prüfung haben die TN keine Hilfen durch vorgegebene Redemittel mehr.

9   **C**   **Darf** ich Sie etwas **fragen**?

Das Modalverb *dürfen*

Lernziel: Die TN können sagen, was erlaubt und was verboten ist.

Materialien
C4 Plakate
Kopiervorlage zu C4 (im Internet)

C1   Präsentation des Modalverbs *dürfen*

1. Die TN betrachten die Fotos. Fragen Sie: „Was möchte die Person? Was möchten die Personen?" (z.B. A: Die Person möchte eine Auskunft. B: Die Kinder möchten fernsehen.).
2. Die TN versuchen, die Fragen dem passenden Foto zuzuordnen. Geben Sie vorerst noch keine Erklärung zu „dürfen"!
3. Abschlusskontrolle im Plenum. *Lösung* (von oben nach unten): D; C; B; A
4. Erklären Sie, dass „dürfen" verwendet wird, wenn man um Erlaubnis bittet, und fragen Sie die TN, wie die gefragten Personen auf den Fotos reagieren könnten, mit Ja oder Nein?
5. Notieren Sie die Fragen und die Antworten der TN an der Tafel und schreiben Sie die Antworten als vollständige Sätze:

Darf ich Sie etwas fragen? *Darf Leo auch mitkommen?*	☺ **Erlaubnis**	*Ja. Sie dürfen gern fragen.* *Ja. Er darf mitkommen.*
Dürfen wir fernsehen? *Darf man hier parken?*	☹ **Verbot**	*Nein. Ihr dürft jetzt nicht fernsehen.* *Nein. Hier darf man nicht parken.*

6. Die TN schreiben zum Vergleich die Fragen und Antworten auf Englisch und/oder in der Muttersprache. Was fällt auf? Welches Wort wird für „dürfen" / „nicht dürfen" verwendet?
   Hinweis: In einigen Sprachen gibt es keinen Unterschied zwischen „können" und „dürfen" bzw. „nicht müssen" und „nicht dürfen". Sollten die TN Schwierigkeiten bei der adäquaten Verwendung von „dürfen" / „nicht dürfen" haben, geben Sie ihnen als Merkhilfe die Sätze „Es ist erlaubt …" / „Es ist verboten …" an die Hand. Diese sollten als Substitutionsform von „dürfen" / „nicht dürfen" immer passen.
7. Weisen Sie die TN, wenn nötig, auch hier auf die unregelmäßigen Formen des Modalverbs im Singular hin.

C2   Variation: Anwendungsaufgabe zu *nicht dürfen*

Mit dieser Aufgabe können die TN sehr gut sehen, dass das verneinende Äquivalent von „müssen" nicht „nicht müssen", sondern „nicht dürfen" ist. Gehen Sie vor wie auf Seite 8 beschrieben. TN, die schneller fertig sind, überlegen sich eine neue Situation und schreiben Mini-Dialoge dazu.

Arbeitsbuch 16: als Hausaufgabe

C3   Anwendungsaufgabe zum Modalverb *dürfen*

1. Die TN betrachten die Schilder. Ein TN liest den Beispielsatz zu Schild A vor. Machen Sie mit den TN Beispiel B.
2. Die TN machen die Übung mündlich in Partnerarbeit.
3. Abschlusskontrolle im Plenum.
   Lösung: B Hier darf man rauchen. C Hier darf man nicht essen. D Hier darf man nicht fotografieren. E Hier darf man parken. F Hier darf man nicht telefonieren.

Arbeitsbuch 17: als Hausaufgabe

LERN
TAGEBUCH

Arbeitsbuch 18: Die TN ergänzen ihre Darstellung der Modalverben um das Modalverb „dürfen" und verdeutlichen sich die Unterschiede der Endungen im Singular zu den regelmäßigen Verben.

C4   Aktivität im Kurs: Über Regeln sprechen

1. Fragen Sie die TN, ob es in ihrer Familie bestimmte Regeln gibt, an die sich alle Mitglieder halten müssen, und sammeln Sie einige Beispiele der TN.
2. Die TN finden sich in Kleingruppen von 3–4 TN zusammen und stellen sich vor, sie lebten vier Wochen lang in einer Wohngemeinschaft. Welche Regeln gibt es für die Bewohner? Zeigen Sie das Musterplakat im Buch oder kopieren Sie die Kopiervorlage zu C4 (im Internet). Die Gruppen erstellen ein eigenes Plakat für ihre Wohngemeinschaft.
3. Die Gruppen hängen ihr Plakat auf und stellen es den anderen Gruppen vor. Es macht nichts, wenn dabei die einzelnen Regeln nur vorgelesen werden. Regen Sie die Zuhörer an, nachzuhaken: „Warum habt ihr diese Regel? Warum ist das wichtig / verboten / nicht erlaubt? Wer in der Gruppe war für/gegen diese Regel?"
4. *fakultativ:* Als Hausaufgabe schreiben die TN Sätze zu den Regeln in ihrer Familie und wer für was zuständig ist. Wer möchte, kann auch etwas zu den Regeln am Arbeitsplatz schreiben.

Materialien
D1 verschiedene Informationsbroschüren, Zeit-
    schriften (z.B. eine Fernsehzeitung, Fahrpläne, ...
D2 das Bild auf Folie
D3 Informationsbroschüren über andere Sehens-
    würdigkeiten (z.B. aus Wien oder München)

Informationsbroschüren

Prospekte und Informationsbroschüren
Lernziel: Die TN können Informationsbroschüren verstehen.

D   9

Lesestrategie 1: Selektives Lesen üben

1. Die Bücher bleiben geschlossen. Zeigen Sie den TN die mitgebrachten Zeitschriften und Broschüren und fragen Sie die TN –
   auch in ihrer Sprache – , wann und zu welchem Zweck sie diese Broschüren und Zeitschriften benutzen würden und was sie
   dort lesen würden. Was würden sie dort suchen oder finden wollen? Es sollte klar herausgearbeitet werden, dass es bei
   dieser Textsorte nur auf bestimmte Informationen ankommt, auf die man sich konzentriert. Wort für Wort würde man hier
   nicht lesen. Stellen Sie notfalls die Suggestivfrage, ob die TN eine Fernsehzeitung von vorn bis hinten lesen würden.
2. Die TN öffnen ihr Buch und lesen die Begriffe über den Texten. Stellen Sie sicher, dass die TN diese verstehen.
3. Die TN lesen die drei Informationsbroschüren. Erinnern Sie sie daran, dass sie nur herausfinden wollen, zu welchen Themen
   sie eine Auskunft erhalten, und erlauben Sie keine Wörterbücher. Geben Sie auch eine geringe Lesezeit vor.
4. Abschlusskontrolle im Plenum.
   Lösung: Öffnungszeiten; Eintritt; Preise; Konzerte; Turmbesteigungen; Führungen

Lesestrategie 2: Selektives Lesen üben

1. Die Bücher sind wieder geschlossen. Zeigen Sie das Bild auf einer Folie und fragen Sie die TN zur Erinnerung, wann und
   warum man eine Informationsbroschüre benutzen würde, nämlich, weil man eine Frage hat und dort die Antwort sucht.
2. Zeigen Sie auf das Bild. Die TN nennen Fragen, die die Reisegruppe zum Stephansdom haben könnte. Sammeln Sie diese an
   der Tafel.

3. Die TN öffnen ihr Buch und vergleichen die Fragen der Reisegruppe mit ihren Fragen. Die TN suchen die Antworten ggf.
   noch einmal in den Texten und beantworten die Fragen im Plenum. Geübte TN können sich in einer extra Gruppe
   zusammenfinden und die Fragen in der Gruppe beantworten. Sie korrigieren sich selbstständig gegenseitig.

Aktivität im Kurs: Informationen erfragen

1. Die TN sammeln in Partnerarbeit weitere Fragen zum Stephansdom.
2. Sie gehen paarweise im Kursraum umher und stellen ihre Fragen anderen Paaren.
   Variante: Wenn Sie diese Aktivität erweitern möchten, stellen Sie den TN Informationen, z.B. aus dem Internet, zu anderen
   Sehenswürdigkeiten in Wien oder München zur Verfügung. München bietet sich an, weil die TN hier schon ihr Vorwissen
   mobilisiert haben und daher mit einigen Sehenswürdigkeiten vertraut sein dürften. Die TN finden sich paarweise zusammen:
   Ein TN sammelt Fragen, die er zu dieser Sehenswürdigkeit hat, der andere sucht in der Broschüre oder im Infoblatt, ob die
   Antwort dort auffindbar ist. Wichtig ist, dass diese TN vorher keine Gelegenheit erhalten, die Broschüre schon zu lesen.
   Lesen ist hier nicht mehr Sprachübung, sondern eine authentische Tätigkeit!

Arbeitsbuch 19–20: als Hausaufgabe; **21:** im Kurs

Arbeitsbuch 22: Insbesondere für visuelle Lerntypen kann es hilfreich sein sich neue Wörter, wann immer möglich, durch eine
Zeichnung zu merken: Die TN zeichnen zu einem bestimmten Wort ein Bild oder eine Situation, die das Wort verdeutlicht. Üben
Sie das mit den TN anhand schwieriger Wörter in Lektion 8 und Lektion 9.

9   **E**   An der Hotelrezeption
Kurze Gespräche im Hotel
Lernziel: Die TN können um Informationen und Erklärungen bitten und nachfragen, wenn sie etwas nicht verstehen.

Materialien
E3 Kopiervorlage L9/E3
Test zu Lektion 9
Wiederholung zu Lektion 8 und Lektion 9

E1   **Hörverstehen 1: Den globalen Inhalt eines Gesprächs verstehen**

1. Die TN lesen die Anzeigen.
2. Fragen Sie, welche Wörter in den Anzeigen im Hörtext wieder vorkommen könnten oder ihnen helfen könnten, im Gespräch die richtige Zuordnung zu finden. Die TN markieren diese Schlüsselwörter in den Anzeigen.
3. Die TN hören den Anfang des Gesprächs und kreuzen ihre Lösung an.
4. Abschlusskontrolle im Plenum. *Lösung:* Hotel Rose
5. Fragen Sie nach, welche Wörter bei der Lösung geholfen haben (z.B. Einzelzimmer). Gab es andere Hilfen?

E2   **Hörverstehen 2: Ein Gespräch genau verstehen**

1. Die TN hören das Gespräch so oft wie nötig und kreuzen ihre Lösungen an.
2. Abschlusskontrolle im Plenum.
   Lösung: richtig: a), b), d), g), h), i); falsch: c), e), f)

E3   **Aktivität im Kurs: Rollenspiel**

1. Die Sprachmittlung ist ein Themenbereich, der im Europäischen Referenzrahmen als ein wichtiges Lernziel genannt ist: Die TN sollten fähig sein, um Verständnishilfen zu bitten und selbst etwas zu erklären. Üben Sie Strategien zur Verständnissicherung mithilfe von Kopiervorlage L9/E3. Fragen Sie auch, was es außer Umschreibungen noch für Möglichkeiten gibt, etwas zu erklären (z.B. etwas pantomimisch vormachen, den Gegenstand zeigen, Beispiele geben, z.B. Apfel, Birne, Orange für Obst).
   Lösung: <u>Um Erklärung bitten:</u> Darf ich Sie etwas fragen? Können Sie mir helfen? Ich brauche eine Auskunft. Ich verstehe dieses Wort nicht. Das habe ich nicht verstanden. Können Sie das bitte wiederholen? Können Sie mir das bitte erklären. Wie bitte? Was ist denn das? Was bedeutet ...? Können Sie mir das (Wort) bitte aufschreiben? <u>Etwas erklären:</u> Das bedeutet ...; Das ist ganz einfach ist. Das ist ...; Das heißt so viel wie ...; Na ja, zum Beispiel ...; Wie erkläre ich das? Also, das ist zum Beispiel ...; Hier, sehen Sie mal, *das* ist gemütlich!
2. Spielen Sie vor dem Rollenspiel noch einmal das Gespräch aus E2 vor. Die TN lesen während des Hörens im Dialoggerüst mit.
3. Die TN finden sich paarweise zusammen und schreiben und sprechen ein Gespräch an der Rezeption. Für unsichere TN können Sie als Hilfestellung die Transkription des Hörtextes aus E2 zur Verfügung stellen. Achten Sie aber darauf, dass die TN ihr Gespräch eigenständig abwandeln.
4. Wer möchte, kann das Rollenspiel dem Plenum vorspielen.

Arbeitsbuch 23–24: als Hausaufgabe

PRÜFUNG   **Arbeitsbuch 25:** Im Prüfungsteil Schreiben, Teil 1, der Prüfung *Start Deutsch 1* ergänzen die TN ein Formular mit fünf fehlenden persönlichen Daten. Die TN müssen sich die notwendigen Informationen dazu aus einem Begleittext heraussuchen.

Einen Test zu Lektion 9 finden Sie auf Seite 114 f. Weisen Sie die TN auf die interaktiven Übungen auf ihrer Arbeitsbuch-CD hin. Die TN können mit diesen Übungen den Stoff der Lektion selbstständig wiederholen und sich ggf. auch auf den Test vorbereiten. Wenn Sie mit den TN den Stoff von Lektion 8 und Lektion 9 wiederholen möchten, verteilen Sie die Kopiervorlage „Wiederholung zu Lektion 8 und Lektion 9" (Seite 106–107).

Zwischenspiel 9
Da tanzt die ganze Stadt!
Landeskunde: Der Karneval

1　**Leseverstehen: Landeskundliche Informationen entnehmen**

1. Die TN betrachten die Doppelseite. Sie konzentrieren sich auf die Fotos und Symbole sowie auf den Titel der Seite, lesen die Texte aber noch nicht.
2. Erklären Sie: Titel und Bilder geben die ersten Hinweise auf den Inhalt eines Textes. Die TN überlegen, was in den Texten wohl steht. Die TN können auch versuchen, W-Fragen zu formulieren über das, was sie im Text zu lesen hoffen (z.B. Wer sind die Personen? Wann ziehen sie diese Kleidung an? Wo ist das Fest? Was feiern die Leute?).
3. Die TN lesen den Text im gelben Kasten auf Seite 26 und prüfen, ob sie Antworten auf ihre Fragen finden.
4. Verteilen Sie die Kopiervorlage „Zwischenspiel zu Lektion 9". Die TN bearbeiten die Übungen 1 und 2.
   Variante: Wenn Sie den Unterricht weniger gelenkt gestalten wollen, können die TN die Übungen auch als Hausaufgabe bearbeiten.
   Lösung: 1 c); 2 b) 5; c) 6; d) 1; e) 4; f) 2
5. Fragen Sie die TN, welche Informationen sie zusätzlich über die Karnevalsstädte Düsseldorf, Köln, Mainz und Basel erhalten. Die TN suchen und nennen die Informationen auf Seite 27.

2　**Hörverstehen: Eine Radiosendung genau hören**

1. Spielen Sie den Hörtext einmal durchgehend vor, damit die TN sich auf die Situation einstimmen können.
2. Die TN lesen die Aufgabe im Buch und hören noch einmal. Spielen Sie den Radioausschnitt ggf. mehrmals und auch in Abschnitten vor, da die TN hier schon sehr genau hören müssen.
3. Die TN tragen ihre Lösung in die Tabelle ein.
4. Abschlusskontrolle im Plenum.
   Lösung: Der Karneval beginnt im November (Radio: Dezember / am 12. Dezember um 12 Uhr und 12 Minuten); Der Fluss in Düsseldorf heißt Rhein (Radio: Elbe); Der Karneval dauert bis Februar (Radio: zehn Tage); „Fasching" sagt man in Bayern und Österreich (Radio: im Norden)
5. Die TN lesen als Hausaufgabe den Text über den Rhein.

TIPP　Die TN behalten landeskundliche Fakten schneller und besser, wenn sie sich dieses Wissen selbst erarbeiten. Um sich Kenntnisse über eine Stadt (oder auch ein Bundesland) anzueignen, ist die Stadt-Rallye eine spielerische Form. Gehen Sie folgendermaßen vor:

1. Die TN bilden zwei oder drei Gruppen und sollen einen eigenen Spielplan für die Stadt-Rallye erstellen. In dieser Lektion bieten sich z.B. München, Wien oder eine Karnevalsstadt an, da die TN zu diesen Städten schon erste Kenntnisse haben. Teilen Sie an die Gruppen einen möglichst einfach strukturierten und großen Stadtplan der gewählten Städte aus.
2. Geben Sie den TN Zeit, sich Informationen über Sehenswürdigkeiten dieser Städte zu besorgen und Daten zu sammeln. Dazu können die TN Informationen aus dem Lehrwerk kopieren und ausschneiden, deutschsprachige Zeitungen, Städteführer und das Internet durchsuchen, Touristenbüros in den deutschsprachigen Ländern anschreiben oder sich Material von einer Brieffreundin / einem Brieffreund schicken lassen.
   Variante: Wenn Sie wenig Zeit im Kurs haben, können Sie das Bild- und Textmaterial auch selbst besorgen und mitbringen.
3. Die TN sichten das Informationsmaterial, wählen einige Sehenswürdigkeiten aus, kleben ein Bild davon auf eine Karte und schreiben Informationen darüber dazu.
4. Auf dem Stadtplan wird eine Rallye-Strecke, also Felder z.B. in Form von mit Linien verbundenen Kreisen, eingezeichnet. Die Strecke sollte von Sehenswürdigkeit zu Sehenswürdigkeit führen.
5. *fakultativ:* Wenn genug Zeit ist und die TN sehr kreativ sind, können auch Ereignisfelder eingezeichnet werden. Die TN müssen dann auch auf Karten schreiben, was auf diesen Ereignisfeldern zu tun ist (z.B. einmal aussetzen, zwei Felder zurückgehen).
6. Die Gruppen geben ihren Spielplan mit den Karten einer anderen Gruppe. Diese spielt das Spiel und lernt dabei die Stadt und ihre Sehenswürdigkeiten kennen: Jeder Spieler zieht mehrere Karten mit Sehenswürdigkeiten, diese muss er auf seiner Städtereise besichtigen. Die Spieler würfen und rücken von Feld zu Feld. Wenn ein Spieler an eine seiner Sehenswürdigkeiten kommt, liest er die Karte vor und legt sie beiseite. Das Spiel ist zu Ende, wenn der erste Spieler keine Karten mit Sehenswürdigkeiten mehr hat.
   Ein solches Spiel erscheint zu Anfang vielleicht aufwändig, der Lerneffekt ist aber sehr groß, weil die TN sich intensiv mit dem Themenbereich auseinander setzen. Das Spiel kann immer wieder mit abgewandelten Regeln oder noch neuen Informationen über die Sehenswürdigkeiten ergänzt und verändert werden. Wenn die TN viel Freude daran haben, können sie so eine Rallye auch einmal für ihre eigene Heimatstadt ausarbeiten unter dem Gesichtspunkt, was sie deutschen Besuchern in ihrer Stadt zeigen würden.

Weitere Materialien für noch mehr Abwechslung im Unterricht finden Sie unter www.hueber.de/schritte-international.

1 **Vor dem Hören: Schlüsselinformationen verstehen**

1. In dieser Foto-Hörgeschichte gibt es viele neue Wörter, die die TN vorab verstehen sollten, um sich später ganz auf die Geschichte konzentrieren zu können. Schreiben Sie daher folgende Wörter je auf ein großes farbiges Papier: der Mensch, gesund (die Gesundheit), krank (die Krankheit), tot, das Auge, der Schmerz, der Tierarzt, husten, wehtun, dick.

2. Die TN bilden einen Stuhlkreis. Legen Sie die Blätter mit den Wörtern in der Mitte aus. Die TN lesen die Wörter. Fragen Sie nach, ob sie welche davon kennen. Wenn nein, nehmen Sie nach und nach immer ein Blatt und erklären Sie das Wort, am besten durch Zeigen (z.B. auf ihre Augen) und mithilfe von Umschreibungen und pantomimisch. Sprechen Sie die Wörter auch vor, die TN sprechen nach.

3. Die TN öffnen ihr Buch. Sie betrachten die Fotos und lesen Aufgabe a). Fragen Sie, was „Psittakose" ist. Den TN ist vielleicht die Endung *-ose* bekannt, da sie häufig bei Krankheitsbildern vorkommt. Verweisen Sie, wenn nötig, auch auf die Fotos 1 und 5.

4. Die TN entscheiden sich für eine Lösung. *Lösung:* Eine Papageienkrankheit.

5. Die TN lesen Aufgabe b). Sie betrachten noch einmal die Fotos und diskutieren mit der Partnerin / dem Partner. Gemeinsam entscheiden sie sich für eine Lösung. Lassen Sie beide Antworten zunächst gelten. Die TN können die richtige Lösung später beim Hören selbst überprüfen.
Lösung: Die Krankheit bekommen auch Menschen. Es gibt schon drei Tote.

2 **Vor dem Hören: Schlüsselwörter verstehen**

1. Lesen Sie mit den TN die beiden kurzen Texte. Da Sie die wichtigen, unbekannten Wörter schon vorab erklärt haben, werden die TN keine Schwierigkeiten haben, die richtige Zuordnung zu finden.

2. Abschlusskontrolle im Plenum. *Lösung:* A Der Papagei ist wieder gesund. … B Der Papagei ist krank. …

3 **Beim ersten Hören**

1. Spielen Sie die Geschichte einmal durchgehend vor, damit die TN sich einhören können. Sie betrachten dabei die Fotos.

2. Verteilen Sie die Schlüsselwörter auf Papier aus Aufgabe 1 an zehn geübte TN. Sie stellen sich vor dem Kurs auf. Spielen Sie die Geschichte noch einmal vor, die TN mit den Wortschildern heben ihr Schild immer dann hoch, wenn das Wort im Hörtext vorkommt. Diese Aktivität eignet sich, um das Wiedererkennen von Schlüsselwörtern in einem unbekannten Hörtext zu üben. Wer kein Schild hat, konzentriert sich auf die Frage, ob die Papageienkrankheit nur Papageien oder auch Menschen bekommen (Lösung siehe oben).

4 **Nach dem ersten Hören: Den wesentlichen Inhalt verstehen**

1. Die TN lesen die Aufgabe. Helfen Sie, wenn nötig, bei unbekannten Wörtern.

2. Die TN beantworten aus dem Gedächtnis die Fragen, an die sie sich ohne weiteres Hören erinnern können.

3. Die TN hören die Foto-Hörgeschichte noch einmal und kreuzen die restlichen Lösungen an.

4. Abschlusskontrolle im Plenum.
Lösung: a) Sie ist Tierärztin. b) Er hat in einer Zeitschrift etwas über die Papageienkrankheit gelesen. … c) Er glaubt, er ist selbst auch schon krank. d) Anja denkt, Koko ist nicht krank. …

5. *fakultativ:* Unterhalten Sie sich mit den TN noch weiter über die Geschichte, z.B. darüber, wie die TN Timos Nervosität empfinden. Ist das eine Überreaktion? Wie finden sie Anjas Reaktion darauf? Wie gehen die TN selbst mit Unwohlsein und Krankheiten um? Kennen sie einen Hypochonder wie Timo, der glaubt, krank zu sein, obwohl er gesund ist?

Meine **Augen** tun auch schon ein bisschen weh.

A **10**

Wortfeld „Körperteile", Possessivartikel *dein, Ihr*
Lernziel: Die TN können Körperteile benennen und über Schmerzen sprechen.

A1 Präsentation des Wortfelds „Körperteile"; Anwendungsaufgabe: Über Schmerzen sprechen

1. *fakultativ:* Wenn die TN schon Englisch als erste Fremdsprache gelernt haben, verteilen Sie die Kopiervorlage L10/A1. Die TN ordnen zunächst alle Wörter zu, die auf Deutsch ähnlich wie im Englischen klingen oder vom Schriftbild her so aussehen. Fragen Sie bei der anschließenden Kontrolle auch, was den TN bei der Zuordnung geholfen hat: das Schrift- oder das Lautbild. Die TN lernen in Übung 2 Wörter kennen, die auf Englisch und Deutsch verschieden sind. Sprechen Sie die deutschen Wörter mit den TN zusammen.

2. Die TN öffnen ihr Buch. Falls Sie die Kopiervorlage zur Einführung des Wortschatzes nicht verwendet haben, z.B. weil die TN keine Englischkenntnisse haben, sollten Sie Zeit zum Betrachten der Zeichnung geben. Sprechen Sie die Wörter vor, die TN sprechen nach.

3. Machen Sie pantomimisch das Beispiel „Meine Augen" vor und machen Sie auch ein Beispiel im Singular. Erinnern Sie die TN an den Possessivartikel „mein" (*Schritte international 1*, Lektion 2).

4. Damit sich die Wörter mit dem korrekten Artikel einschleifen, stehen die TN nacheinander auf, zeigen auf ein Körperteil und sprechen dazu, z.B.: „Meine Hand."

5. Schreiben Sie an die Tafel:

> *Meine Augen tun weh.*
>
> *Mein Hals tut weh.*
>
> *Meine Nase tut weh.*

6. Die TN betrachten die Zeichnungen A bis F. Sie sprechen in Dreiergruppen und korrigieren sich ggf. gegenseitig. Gehen Sie herum und helfen Sie bei Schwierigkeiten.
   Lösung: B Mein Bein tut weh. C Mein Kopf tut weh. D Mein Fuß tut weh. E Meine Hand tut weh. F Mein Bauch tut weh.

7. *fakultativ:* Die TN üben die neuen Wörter in einem Hördiktat. Dazu diktieren sie sich in Partnerarbeit gegenseitig die Wörter. Die Partnerin / Der Partner zeichnet das diktierte Wort.

TIPP

Zeigen Sie den TN, wie man mit Vokabelkärtchen Wortschatz lernen kann. Bringen Sie dazu einige Karten als Beispiel mit und zeichnen Sie z.B. auf die Vorderseite ein Auge und schreiben Sie auf die Rückseite „das Auge, -n". Oder schreiben Sie auf eine Seite das jeweilige Körperteil und auf die Rückseite z.B. das englische Wort. Die TN notieren später noch die muttersprachliche Entsprechung auf der Rückseite. Sie können auch auf der Vorderseite das Wort im Singular und auf der Rückseite im Plural notieren. Oder Sie notieren auf der Vorderseite ein Nomen, beispielsweise „das Auge", und auf der Rückseite passende Verben, hier z.B. sehen, ansehen, fernsehen, lesen etc. Die TN fertigen anschließend in Kleingruppen selbst Lernkarten für das Wortfeld „Körper" an und üben damit in der Gruppe, indem sie sich gegenseitig abfragen. Legen Sie für den Kurs z.B. aus Teebeutelschachteln kleine Karteikästen an. Die TN basteln zukünftig für jedes neue Wortfeld selbst Karten und legen sie in einer Schachtel im Kursraum ab. Wer einmal mit einer Aufgabe schneller fertig ist als die anderen, kann sich dann in die „Vokabelecke" begeben und mit Hilfe der Kärtchen selbstständig Wortschatz wiederholen.

Arbeitsbuch 1–2: als Hausaufgabe

A2 Variation: Präsentation der Possessivartikel *dein* und *Ihr*

1. Die TN sehen sich das Bild zu Dialog a) an. Fragen Sie: „Was tut der Frau weh?"
2. Die TN hören den ersten Musterdialog und lesen mit.
3. Sehen Sie sich mit den TN die Wörter an, die variiert werden sollen, und notieren Sie, wenn nötig, die Wörter noch einmal mit dem Artikel an der Tafel oder verweisen Sie auf die Abbildung in A1. Es ist wichtig, dass die TN den richtigen Artikel kennen, um bei der Variation die richtige Form bilden zu können.
4. Machen Sie mit einem geübten TN die erste Variante mit *Ihr Bein* vor. Achten Sie dabei auf die korrekte Verwendung des Possessivartikels. Verweisen Sie an dieser Stelle auf das Tafelbild (siehe A1) und ergänzen Sie *Ihr* und *Ihre*. Verweisen Sie auch auf den Grammatikspot.
5. Die TN variieren den Dialog in Partnerarbeit.
6. Verfahren Sie mit Beispiel b) genauso.

Arbeitsbuch 3: in Stillarbeit; **4:** als Hausaufgabe

A3 Aktivität im Kurs: Kettenspiel

1. Die TN sehen sich das Beispiel im Buch an. Stellen Sie sicher, dass alle die Spielregel verstanden haben.
2. Die TN bilden einen Kreis und spielen das Spiel. In großen Kursen sollten Sie zwei oder drei Gruppen bilden.

10 **B** Wie sehen denn **seine** Augen aus?

Possessivartikel *sein, ihr, unser* und *euer*

Lernziel: Die TN können über das körperliche Befinden anderer sprechen.

Materialien
B1 Kopiervorlage L10/B1

B1 **Präsentation der Possessivartikel *sein* und *ihr***

1. Lesen Sie gemeinsam mit den TN, welche Possessivartikel in die Lücken eingesetzt werden können. Geben Sie an dieser Stelle noch keine Erklärungen.
2. Die TN hören die beiden Dialoge jeweils so oft wie nötig und ergänzen die Lücken.
3. Abschlusskontrolle im Plenum. Die TN lesen die beiden Dialoge mit verteilten Rollen. *Lösung:* a) seine – sein; b) ihre – ihr
4. Schreiben Sie an die Tafel:

Machen Sie anhand des Tafelbildes noch einmal deutlich, dass sich die Possessivartikel genauso wie „ein-" bzw. „kein-" nach dem Wort richten, vor dem sie stehen. Gehen Sie dann mit Hilfe eines zweiten Tafelbildes darauf ein, dass sich die Possessivartikel auch im Hinblick auf die Bezugsperson verändern.

> **Ich** bin krank.   **Mein** Bein tut weh.   ich – mein
>
> **Koko** ist krank.   **Sein** Kopf tut weh.   er – sein
>
> **Corinna** ist krank.   **Ihr** Hals tut weh.   sie – ihr

5. Verweisen Sie auch auf den Grammatikspot.
6. *fakultativ:* Wenn Sie mit den TN an dieser Stelle den Unterschied von „sein" und „ihr" üben möchten, verteilen Sie die Kopiervorlage L10/B1.
   Lösung: a) Ihre; b) meine, Ihre; c) meine, meine, mein, meine; d) Sein; e) Sein; f) Ihr; g) seine; h) Sein

B2 **Anwendungsaufgabe zu den Possessivartikeln *sein* und *ihr***

1. Die TN sehen sich in Stillarbeit Beispiel A an. Fragen Sie: „Ist das ein Mann oder eine Frau?", damit vorab klar wird, ob „sein" oder „ihr" passt.
2. Wenn Sie viele ungeübte TN im Kurs haben, können Sie die TN auch bei den übrigen drei Bildern fragen, ob es sich um eine Frau oder einen Mann handelt, um sie für die Verwendung von „sein" und „ihr" zu sensibilisieren. Anschließend notieren die TN in Partnerarbeit passende Sätze zu den Bildern C bis E. Gehen Sie herum und helfen Sie bei Schwierigkeiten.
3. Abschlusskontrolle im Plenum.
   Lösung: B Ihr Rücken tut weh. C Ihre Ohren tun weh. D Seine Hand tut weh. E Ihr Bein tut weh.

Arbeitsbuch 5–6: in Stillarbeit: Die TN verdeutlichen sich selbstständig die Bezüge des Possessivartikels.; **7–8:** als Hausaufgabe

B3 **Erweiterung der Possessivartikel: *unser, euer***

1. Die TN sehen sich die Bilder an.
2. Spielen Sie die drei Minidialoge vor. Die TN ordnen diese den Bildern zu. *Lösung:* C; A; B
3. Verweisen Sie an dieser Stelle auf den Grammatikspot. Schreiben Sie die Beispiele und den jeweiligen Artikel (*der/das/die*) an die Tafel. Weisen Sie die TN darauf hin, dass bei „euer" sowohl bei der femininen Form als auch bei der Pluralform das *-e* wegfällt. Zusätzlich können Sie die Bedeutung von „euer" und „unser" veranschaulichen, indem Sie jeweils ein Beispiel an die Tafel schreiben:

> **Ilhan und ich**   = wir   **Wir** haben ein Auto. Das ist **unser** Auto.
>
> **Yusuf und du**   = ihr   **Ihr** habt ein Auto. Das ist **euer** Auto.

Wie sehen denn **seine** Augen aus?

Possessivartikel *sein, ihr, unser* und *euer*
Lernziel: Die TN können über das körperliche Befinden anderer sprechen.

B4   **Anwendungsaufgabe zu den Possessivartikeln *unser* und *euer***
1. Die TN hören die Dialoge. Stoppen Sie die CD/Kassette nach jedem Dialog, damit die TN Zeit haben, die Lücken zu ergänzen.
2. Anschließend hören die TN die drei Dialoge noch einmal durchgehend und korrigieren ihre Lösungen selbstständig.
    Lösung: A Ihre; B Unsere; C Euer

LERN
TAGEBUCH

Arbeitsbuch 9: Erarbeiten Sie zusammen mit den TN den Eintrag ins Lerntagebuch. Dazu ergänzen Sie zunächst gemeinsam die Possessivartikel und fordern die TN anschließend auf, zu jedem Beispiel einen Satz zu bilden.

Arbeitsbuch 10: als Hausaufgabe; **11–12:** im Kurs, da hier die Possessivartikel im Akkusativ erarbeitet werden

B5   **Aktivität im Kurs: Monsterspiel**
1. Zeigen Sie die Beispiele im Buch. Die TN zeichnen ein eigenes, möglichst verrücktes Monster. Sie achten darauf, dass ihre Partnerin / ihr Partner das Monster nicht sehen kann.
    Hinweis: Wenn die TN Hemmungen beim Zeichnen haben, weisen Sie sie darauf hin, dass es hier nicht auf zeichnerische Fähigkeiten ankommt. Die Zeichnungen können sehr einfach sein.
2. Die TN beschreiben sich gegenseitig ihr Monster. Der andere zeichnet das Monster nach der Beschreibung.
3. Die Partner vergleichen ihre Zeichnungen: Sind die Zeichnungen ähnlich?
4. *fakultativ:* Wenn die TN mögen, können sie die Zeichnungen im Kursraum aufhängen.

Arbeitsbuch 13–14: als Hausaufgabe: Hier können die TN die Akkusativformen der Possessivartikel noch einmal vertiefen.

10   C   **Anja sagt, wir sollen zu Hause bleiben.**

Das Modalverb *sollen*
Lernziel: Die TN können Anweisungen und Ratschläge geben.

Materialien
C4 Kopiervorlage L10/C4
C5 Kopiervorlage zu C5 (im Internet)

C1   **Präsentation des Modalverbs *sollen***

1. Die TN hören das Beispiel und lesen mit. Verweisen Sie an dieser Stelle auf den Grammatikspot und machen Sie den Zusammenhang zwischen den Sätzen „Bleibt bitte zu Hause!" (direkte Aufforderung) und „Anja sagt, wir sollen zu Hause bleiben." (Wiedergabe einer Aufforderung durch Dritte) deutlich. Die Satzklammer ist den TN von den anderen Modalverben und dem Perfekt her bereits bekannt (siehe *Schritte international 1*, Lektion 7, und *Schritte international 2*, Lektion 9).
2. Machen Sie ggf. ein oder zwei weitere Beispiele mit den TN gemeinsam.
3. Die TN bearbeiten die übrigen Sätze in Kleingruppen mit je drei TN: TN 1 liest die direkte Aufforderung von Anja vor, TN 2 fragt mit „Wie bitte? Ich habe das nicht verstanden!" nach und TN 3 übernimmt die Rolle Timos und formuliert den Satz mit „sollen" um. Die TN wechseln während der Übung reihum die Rollen. Auf diese Weise wird auch die Bedeutung von „sollen" gut deutlich. Schnelle Gruppen können sich weitere Beispiele ausdenken.
4. Abschlusskontrolle im Plenum.
   Lösung: a) Anja sagt, wir sollen nicht rausgehen. b) ..., wir sollen nicht nervös sein. c) ..., wir sollen ein bisschen Musik hören. d) ..., wir sollen bitte vorsichtig sein.

C2   **Variation: Anwendungsaufgabe zum Modalverb *sollen***

1. Die TN sehen sich das Bild an. Klären Sie gemeinsam die Situation, indem Sie z.B. fragen: „Wo sind die Personen?", „Wie geht es dem Mann/ihm?" und „Was macht die Frau?"
2. Gehen Sie weiter vor wie auf Seite 8 beschrieben. Weisen Sie auch auf den Grammatikspot hin, insbesondere auf die endungslosen Formen in der 1. und 3. Person Singular, einem Charakteristikum der Modalverben. Machen Sie die TN außerdem darauf aufmerksam, dass die Formen der 1. und 3. Person Singular von „sollen" – wie bei den anderen Modalverben – (siehe *Schritte international 1*, Lektion 7, und *Schritte international 2*, Lektion 9) identisch sind.

Arbeitsbuch 15–17: in Stillarbeit oder als Hausaufgabe: In Übung 15 erarbeiten sich die TN die Konjugation von „sollen".

C3   **Hörverstehen: Gesundheitsprobleme und Ratschläge verstehen**

1. Sehen Sie mit den TN gemeinsam die Tabelle an und klären Sie, wenn nötig, die Begriffe „Anrufer", „Gesundheitsproblem" und „Rat" anhand des ersten Beispiels. Fragen Sie: „Wer ruft an?", „Was ist sein Problem?" und „Was soll Herr Lex tun?"
2. Die TN hören das erste Gespräch und vergleichen noch einmal mit den Vorgaben im Buch.
3. Die TN hören die anderen beiden Dialoge so oft wie nötig und machen Notizen.
4. Abschlusskontrolle im Plenum.
   Lösung: Herr Lex: viel Obst und Gemüse essen; Christine: Kopfschmerzen, Pausen machen, jede Stunde das Fenster öffnen; Herr Maier: nervös, schlecht schlafen, keinen Hunger haben, Urlaub machen, Sport machen

C4   **Schreiben: Anwendungsaufgabe zu *sollen***

1. Lesen Sie gemeinsam mit den TN noch einmal die drei Ratschläge, die Herr Lex in C3 bekommt. Die TN sehen sich auch den Beispielsatz an.
2. Die TN bilden in Stillarbeit die anderen Sätze nach demselben Muster.
3. Abschlusskontrolle im Plenum.
   Lösung: ... spazieren gehen und viel Obst und Gemüse essen. Christine soll mehr Pausen machen. Sie soll auch jede Stunde das Fenster öffnen. Herr Maier soll Urlaub machen. Er soll auch Sport machen.
4. *fakultativ:* Zur Vertiefung können die TN die Kopiervorlage L10/C4 bearbeiten.
   Lösung: a) ... soll (einen) Kamillentee trinken. b) ... soll nicht so lange am Computer arbeiten und mal eine Pause machen. c) ... soll am Abend nicht so lange fernsehen und mal früh ins Bett gehen. d) ... soll beim Arzt anrufen und einen Termin machen. e) ... sollen nicht so viele Süßigkeiten essen und immer die Zähne putzen.

Arbeitsbuch 18: in Stillarbeit (für schnelle TN)

C5   **Aktivität im Kurs: Gesundheitstipps geben**

1. Die TN lesen in Stillarbeit die Beispiele. Klären Sie ggf. unbekannten Wortschatz.
2. Lesen Sie gemeinsam mit den TN das Beispiel und machen Sie zusammen ein oder zwei weitere Beispiele.
3. Die TN finden sich in Kleingruppen von 3–4 Personen zusammen und geben sich gegenseitig Ratschläge. Die TN konzentrieren sich auf die Beispiele im Buch und wiederholen diese ggf. in der Gruppe. Wenn Sie den TN weitere Beispiele an die Hand geben möchten, kopieren Sie die Kopiervorlage zu C5 (im Internet) und verteilen Sie die „Problemkärtchen" sowie die Liste der Tipps. Geübte TN können sich selbstständig weitere Gesundheitsprobleme ausdenken.
   Variante: Sie können die Aufgabe auch im Plenum bearbeiten. Dazu kopieren Sie die Kopiervorlage zu C5 (im Internet) mehrmals. Teilen Sie den Kurs in zwei Gruppen. Die TN der einen Gruppe erhalten jeweils unterschiedliche Karten mit Gesundheitsproblemen. Die TN der anderen Gruppe bekommen die Liste mit Ratschlägen. Ein TN mit Kärtchen sagt, welches Problem sie/er oder seine Freundin etc. hat, jemand aus der anderen Gruppe gibt einen passenden Rat.

Materialien
D2 Kärtchen mit den Begriffen, die zu einem
offiziellen Brief gehören; den Brief auf einem
Plakat
D4 Kopiervorlage zu D4 (im Internet)

Eine Anfrage schreiben
Anzeigen und Anfragen
Lernziel: Die TN können eine Anfrage schreiben.

D

10

D1 Leseverstehen 1: Anzeigen lesen

1. Die TN lesen die Anzeigen. Machen Sie sie, wenn nötig, darauf aufmerksam, dass sie mit Hilfe ihrer Englischkenntnisse und internationaler Wörter einen Kontext sehr gut erschließen können. Wenn die TN noch unsicher sind oder Sie das Textverstehen bewusst machen möchten, können die TN international ähnliche Wörter beim Lesen markieren (z.B. Therapie, Konzentrationsproblem, Depression, Stress, Kontakt ...).
2. Fragen Sie einzelne TN, von welcher Therapie sie schon einmal gehört haben und welche sie interessant finden.
3. *fakultativ:* Wenn die TN Interesse am Thema zeigen, können sie auch weitere Therapieformen sammeln. Vielleicht haben die TN sogar Lust, eigene Anzeigen für spezielle Therapieformen zu gestalten.

D2 Leseverstehen 2: Eine Anfrage lesen; Präsentation eines Briefaufbaus

1. Geben Sie den TN zunächst Gelegenheit, den Brief im Buch zu lesen. Erklären Sie an dieser Stelle keinen Wortschatz.
2. Während die TN lesen, hängen Sie die vorbereiteten Kärtchen mit den Wörtern aus der Spalte neben dem Brief und den vergrößerten Brief an der Tafel oder einer Pinnwand auf.
3. Die TN lesen die Begriffe auf den Kärtchen. Sie kommen nacheinander nach vorne, nehmen einen Begriff und heften ihn an die passende Stelle. Lassen Sie die TN selbst entscheiden, welchen Begriff sie nehmen und helfen Sie am Ende bei den unbekannten, übrig gebliebenen Begriffen.
4. Die TN haben jetzt ein vollständiges Muster und die richtige Reihenfolge von den Bausteinen eines offiziellen Briefes. Machen Sie deutlich, dass ein offizieller Brief diese Formalia einhalten sollte.
   Lösung: die Postleitzahl: 96049 oder 82234; die Hausnummer: 1 oder 2; der Ort: Bamberg oder Weßling; die Straße: Hohenzollernstraße oder Seefeldstraße; der Empfänger: Reiterhof Tilly; der Betreff: Reittherapie; die Anrede: Sehr geehrte Damen und Herren; das Datum: 21. September 20..; die Unterschrift: Maria Kerner (handschriftlich); der Gruß: Mit freundlichen Grüßen

D3 Leseverstehen 3: Den wesentlichen Inhalt verstehen

1. Die TN lesen den Brief von Frau Kerner noch einmal und markieren die Antworten auf die drei Fragen.
   Variante: Wenn Sie viele sprachlerngewohnte TN im Kurs haben, können die TN selbst prüfen lassen, ob sie sich beim Lesen schon auf das Wesentliche beschränken können. Zeigen Sie in diesem Fall nicht die Fragen aus der Aufgabe. Die TN lesen stattdessen den Brief noch einmal und versuchen selbstständig drei Fragen zu formulieren, die das Wesentliche des Inhalts widerspiegeln. Abschließend vergleichen sie mit den Fragen im Buch.
2. Abschlusskontrolle im Plenum.
   Lösung: 1 Reittherapie; 2 Schlafstörungen; 3 Wie viel kostet eine Reitstunde? Wann beginnt der nächste Kurs?

Arbeitsbuch 19: im Kurs: Diese Übung dient als Vorübung zu D4 und sollte gemeinsam im Kurs erarbeitet werden.

D4 Eine Anfrage schreiben

1. Die TN wählen eine Situation und schreiben einen Brief. Erinnern Sie an die Formalia, die es einzuhalten gilt, oder kopieren Sie für die TN, die noch Schwierigkeiten haben, die Kopiervorlage zu D4 (im Internet).
2. Sammeln Sie die Briefe ein und korrigieren Sie sie. Die TN sehen sich die Korrekturen an und schreiben den Brief noch einmal richtig ab. Sie können ihren Brief im Lerntagebuch abheften und haben so immer einen Musterbrief zur Hand, an dem sie sich bei späteren offiziellen Schreiben orientieren können.
3. *fakultativ:* Wenn Sie den TN den authentischen Gebrauch solcher Anfragen verdeutlichen möchten, regen Sie die TN dazu an, selbst interessante Therapie-Angebote auf deutschen Internetseiten zu suchen und selbstständig Fragen zu finden, die sie gern beantwortet haben möchten. Sie schreiben dann einen Brief an die jeweilige Einrichtung, den sie auch abschicken können, aber nicht müssen.

10   E   **Terminvereinbarung**

Telefongespräche

Lernziel: Die TN können telefonisch einen Termin vereinbaren, ändern oder absagen.

Materialien
E4 farbiger Karton; Kopiervorlage L10/E4
Test zu Lektion 10

E1   **Hörverstehen: Anrufe zur Terminvereinbarung**

1. Fragen Sie: „Wo rufen die Person an?" und „Was möchten Sie?"
2. Die TN lesen zuerst die Antworten bei a) und b). Fragen Sie: „Was ist ein Termin?" Wenn kein TN die Frage beantworten kann, erklären Sie den Begriff anhand eines Beispiels. Sagen Sie: „Ich bin krank. Ich möchte zum Arzt gehen. Beim Arzt warten immer viele Leute. Ich rufe an und frage: Wann kann ich kommen? Ich bekomme einen Termin, zum Beispiel heute um fünf Uhr."
3. Die TN hören die Gespräche so oft wie nötig und kreuzen ihre Lösungen an. Anschließend vergleichen sie mit ihrer Partnerin / ihrem Partner.
4. Abschlusskontrolle im Plenum. *Lösung:* a) 1 In einem Fitnessstudio. 2 Bei einer Masseurin. 3 in einer Arztpraxis. b) 1 Einen Termin vereinbaren. 2 Einen Termin absagen. 3 Einen Termin ändern.

E2   **Hörverstehen: Redemittel für die telefonische Terminvereinbarung**

1. Die TN lesen die Ausdrücke im Schüttelkasten.
2. In Partnerarbeit ergänzen sie zunächst die Lücken. Der Kontext hilft ihnen dabei.
3. Die TN hören ein Gespräch aus E1 noch einmal und lesen mit. Sie überprüfen ihre Lösungen und korrigieren sie ggf. selbstständig.
   Lösung: mein Name ist – Es ist dringend – einen Termin frei – das passt gut
4. Die TN lesen und/oder spielen den Dialog in Partnerarbeit mit verteilten Rollen, damit das Dialogmuster memoriert wird. Den TN werden hier wesentliche Redemittel an die Hand gegeben, die sie für Telefonate mit einer Arztpraxis benötigen.

E3   **Wortschatz: Redemittel für die telefonische Terminvereinbarung**

1. Erinnern Sie die TN an die Telefongespräche aus E1 und fragen Sie noch einmal, was das Anliegen der Anrufer jeweils war.
2. Die TN lesen die Redemittel und tragen sie allein oder zu zweit in die passende Spalte der Tabelle ein.
3. Abschlusskontrolle im Plenum.
   Lösung: einen Termin vereinbaren: Ich brauche bitte einen Termin für eine Rückenmassage. Haben Sie am Dienstag noch einen Termin frei? Kann ich bitte schon heute kommen? Es ist dringend. Brauche ich da einen Termin oder kann ich einfach vorbeikommen? einen Termin ändern: Ich möchte den Termin bitte verschieben. Kann ich den Termin auf Dienstag verschieben? einen Termin absagen: Ich muss/möchte den Termin absagen. Ich kann jetzt doch nicht kommen. Ich kann leider nicht kommen.

E4   **Aktivität im Kurs: Rollenspiel**

1. Kopieren Sie die zwei Gesprächssituationen mehrmals auf farbigen Karton. Zerschneiden Sie die Kopien so, dass jedes Paar die Karten zu einer Situation erhält. Zusätzlich können Sie die Gesprächssituationen der Kopiervorlage L10/E4 verteilen. Dann gibt es nicht zu oft dasselbe Telefongespräch und die Präsentation, bei der dann ggf. auch alle Paare ihre Telefonate vorspielen können, bleibt für alle bis zum Schluss interessant.
2. Die TN schreiben mit Hilfe der Redemittel aus E2 und E3 ein Telefongespräch. Gehen Sie herum und helfen Sie bei Schwierigkeiten.
3. Wer möchte, kann das Gespräch im Plenum vorspielen. *Hinweis:* Damit die Situation möglichst authentisch wird, bitten Sie die TN, zwei ausgeschaltete Handys für die Präsentation zur Verfügung zu stellen. Die Benutzung von Requisiten macht den TN erfahrungsgemäß nicht nur Spaß, sondern nimmt ihnen auch ein bisschen die Nervosität vor dem Spiel.

Arbeitsbuch 20: als Hausaufgabe

PRÜFUNG   **Arbeitsbuch 21:** Im Prüfungsteil Hören, Teil 1, der Prüfung *Start Deutsch 1* hören die TN sechs Gespräche zwischen zwei Personen und lösen dazu jeweils eine Aufgabe.

PHONETIK   **Arbeitsbuch 22:** Hier können Sie mit den TN den Laut „h" üben, falls dieser in der Sprache der TN nicht vorkommt. Bitten Sie die TN, sich vorzustellen, sie würden joggen und dabei stark ausatmen: „Hhhuuhh". Die TN atmen aus. Atmen Sie wieder und lassen Sie den Atem in das Wort „Haus" übergehen. Die TN machen es Ihnen nach. Eine andere Möglichkeit ist, dass die TN sich ein Blatt Papier vor den Mund halten und „aus" sagen. Das Papier sollte sich nicht bewegen. Dann atmen die TN aus „Hhhhaus", das Papier bewegt sich. Die TN hören die Beispiele auf der CD und sprechen nach.
Den Vokalneueinsatz sollten die TN üben, wenn in ihrer Sprache die Wörter verbunden werden (z.B. Französisch, Italienisch). Dazu hören die TN die CD und machen an allen Stellen, wo eine kurze Sprechpause zu hören ist, einen Schrägstrich. Sie hören noch einmal und sprechen nach. Dabei machen sie ganz bewusst Sprechpausen zwischen den Wörtern. Um das zu trainieren, können sie auch zwischen den Wörtern einmal in die Hände klatschen, also: am – Klatschen – Abend usw.

Einen Test zu Lektion 10 finden Sie auf Seite 116 f. Weisen Sie die TN auf die interaktiven Übungen auf ihrer Arbeitsbuch-CD hin. Die TN können mit diesen Übungen den Stoff der Lektion selbstständig wiederholen und sich ggf. auch auf den Test vorbereiten.

Zwischenspiel 10
Das hat Hand und Fuß!
Redewendungen

1   **Wortschatz: Redewendungen im wörtlichen Sinn**

1. Kopieren Sie die Zeichnungen der Seite möglichst in Farbe und kleben Sie sie einzeln auf festen Karton, um sie stabiler zu machen. Auch laminieren ist eine gute Möglichkeit.
2. Die Bücher bleiben geschlossen. Zeigen Sie den TN die Bilder nacheinander und fragen Sie: „Was passiert hier? Warum ist das Bild komisch? Was könnten die Personen sagen?" Die TN äußern ihre Meinungen und Vermutungen.
3. Die TN öffnen ihr Buch und lesen den Erklärungstext. Fragen Sie die TN, ob sie in ihrer Sprache Redewendungen kennen, die mit Körperteilen zu tun haben. Die TN sammeln Beispiele.
4. Sie lesen die Redewendungen A bis H und ordnen sie in Partnerarbeit dem jeweils passenden Bild zu.
5. Abschlusskontrolle im Plenum. *Lösung:* A 5; B 6; C 1; D 2; E 8; F 7; G 4; H 3
6. Die TN erhalten die Kopiervorlage „Zwischenspiel zu Lektion 10" und ordnen die Redewendungen der passenden Bedeutung zu (Übung 1). Sprachlerngeübte TN können ohne Kopiervorlage versuchen, eigene Umschreibungen für die Redewendungen zu finden. Stellen Sie dazu ggf. einsprachige Wörterbücher zur Verfügung. Sie stellen ihre Vorschläge dem Plenum vor. Die TN mit Kopiervorlage vergleichen die Vorschläge mit ihren Lösungen der Übung und korrigieren die TN ohne Kopiervorlage ggf.
   Lösung: a) Nimm das nicht! b) Das ist sehr wichtig. Daran musst du wirklich denken! c) Alles soll immer jetzt gleich und sofort passieren, denkst du. e) Immer siehst du nur das Schlechte! f) Das stimmt doch nicht, oder? g) Das ist meine Privatsache und nicht deine. h) Dort ist es ruhig und wir können allein sprechen.
7. *fakultativ:* Es gibt zahlreiche weitere Redewendungen mit Körperteilen. Allein in Verbindung mit „Nase" kann man mehr als 20 Wendungen und Ausdrücke finden (z.B. an der Nase herumführen, auf die Nase binden, etwas/die Würmer aus der Nase ziehen usw.). Wenn die TN Spaß an diesen Redewendungen haben, teilen Sie sie in Gruppen nach Körperteil (z.B. fünf Gruppen zu „Nase", „Auge", „Hand", „Ohr" und „Bein"). Die Gruppen suchen zu „ihrem" Körperteil in einem einsprachigen Wörterbuch oder dem Duden Redewendungen (Band 11) und schreiben kurze Erklärungen zu ihrer Bedeutung oder zeichnen ein Bild nach dem Vorbild des Kursbuchs. Die Erklärungen und Zeichnungen werden im Kursraum aufgehängt.

2   **Rollenspiel: Redewendungen aktiv anwenden**

1. Die TN lösen Übung 2 auf der Kopiervorlage „Zwischenspiel zu Lektion 10".
2. Abschlusskontrolle im Plenum.
   Lösung: a) Dir mache ich Beine. b) Musst du deine Nase überall hineinstecken?
3. Die TN schreiben zu zweit oder zu dritt nach dem Muster der Kopiervorlage eigene Gespräche. Vereinbaren Sie mit den TN vorab, ob nur die Redewendungen aus dem Kursbuch verwendet werden sollen oder auch die selbst entdeckten und erklärten Redewendungen.
4. Die TN spielen ihre Gespräche vor. Wenn nicht genug Zeit ist, dass alle ein kurzes Gespräch vorspielen, können Sie sich auf ein paar Beispiele besonders spielfreudiger TN beschränken. Die anderen hängen ihre Dialoge im Kursraum auf.

TIPP

> Eine gute Möglichkeit des Wortschatztrainings ist das Sprechdomino. Dazu schreiben Sie mit den Wendungen des Zwischenspiels zweiteilige Dominokarten: in ein Feld den Beginn einer Redewendung, in das zweite Feld ein Verb, z.B. seine Nase in etwas ... - ... hineinstecken. Jeder TN bekommt ein Dominokärtchen. Ein TN beginnt und liest den Ausdruck auf seinem Kärtchen vor, z.B. „seine Nase in etwas ..." Wer auf seinem Kärtchen das passende Verb hat, nennt dieses und beginnt wieder mit „seinem" Ausdruck. Die Reaktion sollte sehr schnell erfolgen. Achten Sie darauf, dass die TN mit der Zeit immer schneller werden. Diese Aktivität kann für verschiedenste Nomen-Verb-Verbindungen und idiomatische Ausdrücke verwendet werden. Wenn die Übung schwieriger sein soll, können Sie auch nur Kärtchen mit dem ersten Element verteilen, die TN ergänzen das passende zweite Element frei (vgl. auch Tipp Seite 31).

Weitere Materialien für noch mehr Abwechslung im Unterricht finden Sie unter www.hueber.de/schritte-international.

IN DER STADT UNTERWEGS

Folge 11: *Fremde Männer*
Einstieg in das Thema: Wegbeschreibung und Orientierung im Bahnhof

Materialien
2 *Variante:* Plakate, dicke Stifte
3 Kärtchen mit Aussagen zur Foto-Hörgeschichte;
Variante: Poster der Foto-Hörgeschichte

1

Vor dem Hören: Vermutungen äußern

1. Die TN sehen sich die Fotos an und konzentrieren sich besonders auf die Fotos 1 und 2. Sie stellen Vermutungen darüber an, wo Timo ist und wer das kleine Mädchen ist, das bisher in der Foto-Hörgeschichte noch keine Rolle gespielt hat. Achten Sie darauf, dass die TN Deutsch sprechen. Die Sprechanteile auf Deutsch sollten zunehmend mehr Gewicht erhalten. Hier haben die TN außerdem Hilfen durch die Aussagen im Buch. Erklären Sie ggf. das Wort „fremd".
2. Die TN kreuzen ihre Lösungen an. Sie werden erst nach dem Hören der Foto-Hörgeschichte ergänzt.
Lösung: a) Am Bahnhof. b) Eine Fremde. Timo kennt das Mädchen nicht.

2

Vor dem Hören: Das Vorwissen aktivieren

In der Foto-Hörgeschichte spielen eine Bäckerei und ein Buchladen eine Rolle. Stellen Sie vorab sicher, dass die TN die Wörter kennen. Die TN nennen Beispiele für Produkte, die man in diesen beiden Läden bekommt.
Variante: Wenn Sie einen ausführlicheren Einstieg auch zur Wortschatzwiederholung und -vertiefung wünschen, nutzen Sie folgende Variante als Einstieg in Lektion 11: Die Bücher sind geschlossen. Fragen Sie: „Was kann man am Bahnhof und am Flughafen kaufen? Was für Geschäfte gibt es dort? Haben Sie schon mal etwas am Bahnhof oder Flughafen gekauft?" Sie können auch fragen, ob die TN sich häufiger an einem Bahnhof oder Flughafen aufhalten (z.B. aus beruflichen Gründen). Die TN teilen sich in zwei Gruppen. Sie erstellen eine Wörter-Collage zum Thema Bahnhof bzw. Flughafen und sammeln dabei alles, was es am Bahnhof bzw. am Flughafen gibt, was man dort tun kann. Gehen Sie herum und helfen Sie bei Wortschatzfragen. Wenn Sie sich für diese Variante entscheiden, können Sie Übung 2 überspringen.

3

Beim ersten Hören

1. Die TN hören die Geschichte einmal durchgehend, um sich einzuhören.
2. Jeder TN erhält acht Kärtchen mit Aussagen über die Foto-Hörgeschichte (z.B. <u>Foto 1</u>: Timo liest Zeitung und fällt über ein Mädchen. <u>Foto 2</u>: Das Mädchen ist aber nicht böse. <u>Foto 3</u>: Ihre Mutter ist beim Bäcker, aber plötzlich ist sie weg. <u>Foto 4</u>: Das Mädchen hat Angst. Timo will helfen. <u>Foto 5</u>: Timo fragt nach dem Buchladen. Vielleicht ist die Mutter noch dort. <u>Foto 6</u>: Das Mädchen will Timo ihren Namen nicht sagen. Sie muss zuerst ihre Mutter anrufen und fragen. <u>Foto 7</u>: Das Mädchen ruft ihre Mutter an und sagt, wo sie sind. <u>Foto 8</u>: Das Mädchen heißt Hanna.). Sie ordnen die Kärtchen beim Hören dem jeweils passenden Foto zu. Geübte TN erhalten keine Kärtchen. Sie sehen sich die Fotos 4 und 8 an und achten beim Hören auf die Frage, warum das Mädchen auf Foto 4 traurig, auf Foto 8 fröhlich ist.
3. Abschlusskontrolle im Plenum: Ein TN mit Kärtchen hängt seine Kärtchen in der passenden Reihenfolge an die Tafel oder Pinnwand. Die anderen vergleichen mit ihrer Reihenfolge. Auch die geübten TN ohne Kärtchen haben so eine komplette Inhaltsangabe der Geschichte. Sie beantworten zusätzlich die Frage zu Hanna.
Variante: Wenn Sie ein Poster der Foto-Hörgeschichte zur Verfügung haben, lassen Sie die Kärtchen an die Fotos auf dem Poster heften.
Lösungsvorschlag: Auf Foto 4 ist Hanna traurig. Sie findet ihre Mutter nicht mehr und hat Angst. Auf Foto 8 ist Hanna wieder froh. Ihre Mutter kommt bald und holt Hanna. Sie darf mit Timo sprechen.

4

Nach dem ersten Hören: Den wesentlichen Inhalt verstehen

1. Die TN lesen die Aussagen im Buch. Helfen Sie bei Wortschatzfragen.
2. Die TN kreuzen ihre Lösungen an. Spielen Sie die Foto-Hörgeschichte ggf. noch einmal vor.
3. Abschlusskontrolle im Plenum:
Lösung: richtig: a) Zuerst waren sie zu Hause, dann im Buchladen und dann in der Bäckerei. b) Hanna hat ihre Mutter verloren. c) Hanna ruft ihre Mutter mit Timos Handy an.

5

Nach dem Hören: Über das Verhalten der Protagonisten sprechen

1. Spielen Sie, wenn nötig, noch einmal Track 53 vor. Fragen Sie, warum Hanna ihren Namen nicht nennen will. Das sollten die TN auf Deutsch bewältigen.
2. Fragen Sie die TN, wie sie das Verhalten Hannas finden. Dürfen Kinder in ihrem Land mit Fremden sprechen? Wie sind die TN von ihren Eltern erzogen worden? Wie erziehen sie selbst ihre Kinder? Sprechen Sie auch in ihrer Sprache.

Gehen Sie einfach hier geradeaus weiter.

Die Präposition *mit*
Lernziel: Die TN können nach dem Weg fragen und sagen, welche Verkehrsmittel sie benutzen.

A   **11**

A1 **Präsentation von Redemitteln zur Wegbeschreibung: *geradeaus, links, rechts ...***
1. Lesen Sie zusammen mit den TN den Dialoganfang und das Beispiel a). Klären Sie auf der Folie die Bedeutung von „geradeaus" unter Zuhilfenahme der Pfeile rechts neben der Tabelle. Verweisen Sie auch auf den Infospot und erklären Sie die Bedeutung von „die erste, zweite, dritte Straße" anhand einer einfachen Skizze an der Tafel. Sie können z.B. eine Hauptstraße skizzieren, von der drei Straßen abzweigen, und diese nummerieren.

   An dieser Stelle ist es nicht wichtig, dass die TN die Bildung der Ordinalzahlen (siehe Lektion 14) kennen lernen. Es genügt, wenn sie die drei Formen zunächst als Formel lernen.
2. Kommen Sie zurück zu Beispiel a) und fragen Sie: „Welches Bild passt?" Zeichnen Sie dann auf dem entsprechenden Bild den Weg auf der Folie ein.
3. Die TN lösen die beiden anderen Beispiele in Stillarbeit.
4. Abschlusskontrolle mit Hilfe der Folie im Plenum. Je ein TN kann den beschriebenen Weg in der jeweiligen Skizze einzeichnen. *Lösung:* 1 c; 2 a; 3 b

A2 **Hörverstehen: Wegbeschreibung**
1. Weisen Sie die TN auf den mit einem Punkt markierten Standort hin. Es ist wichtig, dass die TN vor dem ersten Hören wissen, wo die Wegbeschreibung ansetzt.
2. Die TN hören die Wegbeschreibung so oft wie nötig und markieren in ihrem Buch den Weg. Geben Sie einem geübten TN die Folie und lassen Sie den Weg darauf einzeichnen.
3. Abschlusskontrolle mit Hilfe einer Folie im Plenum.

A3 **Sprechen: Nach dem Weg fragen und den Weg beschreiben**
1. Lesen Sie zusammen mit den TN die Redemittel. Zur Erklärung von „in der Nähe" wählen Sie einfache Orientierungspunkte in der Nähe Ihrer Institution/Schule.
2. Bitten Sie einen geübten TN, mit Ihnen ein Beispiel zu machen. Fragen Sie beispielsweise: „Entschuldigung, wo ist hier der Kindergarten?" Während der TN Ihnen den Weg zum Kindergarten beschreibt, können Sie den Weg zur Veranschaulichung auf der Folie markieren.
3. Die TN finden sich paarweise zusammen und fragen sich gegenseitig nach dem Weg. Der Ausgangspunkt bleibt dabei immer derselbe. Gehen Sie herum und helfen Sie bei Schwierigkeiten.

Arbeitsbuch 1–4: in Stillarbeit

A4 **Variation: Präsentation der Präposition *mit***
1. Gehen Sie vor wie auf Seite 8 beschrieben.
2. Lenken Sie die Aufmerksamkeit der TN auf die Verwendung der Präposition „mit". Zeigen Sie an der Tafel, dass sich die Artikel nach der Präposition „mit" ändern: Aus „der" und „das" wird „dem", aus „die" wird „der" (=Dativ).

3. Verweisen Sie auch auf den Grammatikspot und weisen Sie die TN auf die Ausnahme „zu Fuß" hin, die sie als Formel lernen sollten.
4. Sammeln Sie mit den TN weitere Verkehrsmittel an der Tafel, die sie schon kennen (z.B. das Auto, das Fahrrad) oder auf Deutsch kennen möchten. Die TN bilden Beispiele analog zum Muster des Tafelbilds.

11

A

Gehen Sie einfach hier geradeaus weiter.

Die Präposition *mit*

Lernziel: Die TN können nach dem Weg fragen und sagen, welche Verkehrsmittel sie benutzen.

Materialien
A6 Kopien eines Stadtplans von Ihrem Kursort

A5 **Anwendungsaufgabe zur Präposition *mit***

1. Deuten Sie auf das Bild im Buch und erklären Sie das Wort „Flugzeug". Die TN hören das Geräusch eines startenden Flugzeugs. Fragen Sie: „Welches Verkehrsmittel nimmt Herr Weber?" Die TN beantworten die Frage mit Hilfe des Beispielsatzes.

2. Fragen Sie weiter: „Welche anderen Fahrzeuge hören Sie jetzt: Bus, Auto, ...?" Die TN hören die Geräusche. Stoppen Sie die CD/Kassette nach jedem Geräusch, um den TN Zeit zum Schreiben zu geben. Die Antworten der TN können Sie abschließend an der Tafel notieren, um anhand der Beispiele noch einmal auf die bestimmten Artikel nach der Präposition „mit" hinzuweisen.
   Lösung: Er fährt mit dem Auto; ... dem Fahrrad; ... der Straßenbahn; ... dem Bus; ... dem Zug

Arbeitsbuch 5–7: als Hausaufgabe

A6 **Aktivität im Kurs: Den eigenen Weg zum Deutschkurs beschreiben**

1. Verteilen Sie nach Möglichkeit mehrere Stadtpläne des Kursortes (in Kopie) an die TN und schreiben Sie die Adresse Ihrer Institution/Schule an die Tafel. Die TN suchen und markieren diese auf dem Stadtplan. Wenn nötig können Sie Hilfestellung leisten, indem Sie auf das Straßenverzeichnis verweisen und/oder markante Orientierungspunkte wie z.B. eine nahe gelegene U-Bahn-Station nennen. Auf diese Weise werden auch TN, die wenig Erfahrung mit Stadtplänen haben, an die Orientierung auf einem Stadtplan herangeführt.

2. Die TN notieren ihre eigene Adresse auf einem Zettel, suchen diese auf dem Stadtplan und markieren sie.

3. Lesen Sie zusammen mit den TN das Beispiel. Machen Sie ein weiteres Beispiel, indem Sie Ihren Weg zur Schule beschreiben. Wenn Sie oder die TN mit dem Auto zum Deutschkurs kommen, können Sie den Weg mit einfachen Mitteln wie „Ich fahre geradeaus, dann links und dann noch einmal links ..." beschreiben.
   Hinweis: Besonders in großen Städten kann die Wegbeschreibung sehr lang und kompliziert werden. Es genügt in diesem Fall, wenn die TN <u>einen Teil</u> ihres Weges beschreiben, z.B. bis zur Haltestelle, an der sie in den Bus, die Straßenbahn oder die U-Bahn steigen.

PHONETIK **Arbeitsbuch 8:** im Kurs: Wenn die TN Probleme mit der Artikulation des Lautes „z" haben, üben Sie mit ihnen zunächst das scharfe „s". Zischen Sie wie eine Schlange „ssssssss", die TN machen mit. Im nächsten Schritt setzen die TN ein „t" vor „s": „tttssssss". Sie üben mit „Wie geht´s?". Die TN hören die Beispiele auf der CD und sprechen nach.

TIPP

Zungenbrecher eignen sich sehr gut, um die Aussprache von Lauten und Lautkombinationen zu üben. Sie finden Zungenbrecher für verschiedene Laute im Internet. Um die TN nicht zu überfordern, sollte der Zungenbrecher zunächst immer langsam gelesen werden und auch inhaltlich verstanden werden. Nach und nach kann das Sprechtempo erhöht werden. Regen Sie die TN zu einem Wettbewerb an: Wer kann den Zungenbrecher fehlerfrei und am schnellsten sprechen?
Beispiele für den Laut „z" sind: „Zehn zahme Ziegen zogen zehn Zentner Zucker zum Zoo". Oder schwieriger: „Zwölf Zipfelmützenzwerge, die auf zwölf Tannenzapfen saßen, aßen zweihundertzweiundzwanzig blaue Zwetschgen. Als sie die zweihundertzweiundzwanzig Zwetschgen gegessen hatten, sagte Zwerg Zwuckel zu Zwerg Zwockel: ‚Mich zwickt's im Bauch.' Darauf antwortete Zwerg Zwockel dem Zwerg Zwuckel: ‚Mich auch.' " Oder aktuell zum Thema: „Zügige Zungenbrecher bringen zappelnde Zungen zum Zwitschern."

Materialien
B2 auf Folie; Stift oder Plüschtier;
  Kopiervorlage L11/B2
B3 Kopiervorlage L11/B3 auf Folie und als
  Arbeitsblatt

Wir sind **vor dem** Buchladen.

Lokale Präpositionen auf die Frage „Wo?"
Lernziel: Die TN können Ortsangaben verstehen und selbst formulieren.

B   **11**

B1   **Variation: Präsentation der Präposition *vor***

1. Fragen Sie: „Wo sind Timo und Hanna?" Die TN hören Track 59. Die Bücher bleiben dabei geschlossen. Sie versuchen, die Antwort herauszuhören.
2. Gehen Sie weiter vor wie auf Seite 8 beschrieben.
3. Sehen Sie sich anschließend zusammen mit den TN im Buch den Grammatikspot an. Weisen Sie die TN darauf hin, dass sich die Artikel „der", „das", „die" nach „vor" ändern: „der" und „das" werden zu „dem", „die" zu „der". Die TN kennen schon „mit" + Dativ.

B2   **Erweiterung: Präsentation von weiteren lokalen Präpositionen auf die Frage „Wo?"**

1. Führen Sie vorab die Präpositionen „an", „auf", „unter", „über", „hinter", „vor", „neben", „in" und „zwischen" ein, indem Sie z.B. einen Stift oder ein Plüschtier an unterschiedliche Orte im Raum legen und dabei die jeweils passende Präposition nennen. Legen Sie den Stift beispielsweise unter den Stuhl und sagen Sie mit starker Betonung auf „unter": „Der Stift ist unter dem Stuhl." Verweisen Sie an dieser Stelle auch auf den Grammatikspot.
2. Die TN sehen sich das Bild im Buch an. Fragen Sie: „Wo ist die Bank?" Ein TN liest das vorgegebene Beispiel vor. Zusätzlich können Sie die Lage der Bank und der Post noch einmal mithilfe der Folie veranschaulichen.
3. Machen Sie wenn nötig ein oder zwei weitere Beispiele mit den TN gemeinsam, bevor diese die übrigen Beispiele in Partnerarbeit bearbeiten.
4. Abschlusskontrolle im Plenum.
    Lösung: 2 h); 3 a); 4 f); 5 d); 6 b); 7 c); 8 i); 9 g); 10 k); 11 j)
5. Notieren Sie einige Beispiele aus der Aufgabe an der Tafel und zeigen Sie, wie sich die Artikel „der", „das" und „die" im Dativ ändern. Am Beispiel von „mit" und „vor" haben die TN dieses grammatische Phänomen bereits kennengelernt.
    ! Die TN sollten sich an dieser Stelle lediglich merken, dass „an", „auf", „hinter" etc. auf die Frage „Wo?" die bestimmten Artikel „dem", „dem", „der" und „den" brauchen. Dass diese Präpositionen auf die Frage „Wohin?" den Akkusativ erfordern, lernen die TN in *Schritte international 3*, Lektion 2.
6. *fakultativ:* Zur Vertiefung können Sie die Kopiervorlage L11/B2 als Arbeitsblatt verteilen.
    Lösung: a) auf; b) an; c) im; d) hinter; e) am; f) neben; g) auf, vor

Arbeitsbuch 9–14: in Stillarbeit oder als Hausaufgabe: Mit Übung 14 können sich die TN das Muster von „Wo?" mit Dativ bewusst machen.

B3   **Anwendungsaufgabe zu den lokalen Präpositionen**

1. Die TN sehen sich noch einmal das Bild aus B2 an. Legen Sie als Standort die untere Bildmitte fest, damit die Perspektive für alle einheitlich ist, und fragen Sie: „Wo ist der Parkplatz?" Machen Sie ggf. noch einige weitere Beispiele im Plenum.
2. Die TN finden sich paarweise zusammen und befragen sich gegenseitig. Gehen Sie herum und helfen Sie bei Schwierigkeiten.
3. *fakultativ:* Kopieren Sie die Kopiervorlage L11/B3 einmal auf Folie und so oft als Arbeitsblatt, dass Sie für jedes Paar eine Kopie haben. Zerschneiden Sie die Vorlage so, dass Sie jeweils zwei Arbeitsblätter (A und B) erhalten. Zeigen Sie auf der Folie, dass ein TN nur die Information A und ein TN nur die Information B hat. Die TN erfragen die fehlenden Informationen von ihrer Partnerin / ihrem Partner und beschriften die leeren Schilder auf ihrem Blatt. Ggf. können Sie mit einem geübten TN ein Beispiel vormachen. Gehen Sie während der Partnerarbeit herum und helfen Sie bei Schwierigkeiten. Wer alle Gebäude lokalisiert und beschriftet hat, kann mit der Partnerin / dem Partner vergleichen.

Arbeitsbuch 15: als Hausaufgabe

B4   **Aktivität im Kurs: Rätsel**

1. Die TN sehen sich noch einmal das Bild aus B2 an. Fragen Sie: „Ich bin in A4. Wo bin ich?" Zeigen Sie ggf. zur Veranschaulichung auf der Folie die Koordinaten im Raster und den entsprechenden Bildausschnitt. Denken Sie sich aus, wo genau im Bildausschnitt A4 Sie sich befinden.
2. Die TN raten, wo Sie sich befinden. Sagen Sie: „Richtig!", wenn ein TN Ihren fiktiven Standort erraten hat.
3. Die TN finden sich zu Kleingruppen von drei TN zusammen und denken sich abwechselnd einen Standort im Bild aus. Die anderen TN der Gruppe versuchen, diesen zu erraten.

Arbeitsbuch 16–18: in Stillarbeit oder als Hausaufgabe

11 C Wohin seid ihr gegangen? –
Zum Buchladen.

Orts- und Richtungsangaben
Lernziel: Die TN können Orte und Richtungen angeben.

Materialien
C1 Bilder der Aufgabe in Kopie (vergrößert), Plakat
C2 Kopiervorlage L11/C2
C3 Kopiervorlage zu C3 (im Internet)

C1   **Präsentation der Orts- und Richtungsangaben**
1. Die TN betrachten die Zeichnungen und ordnen ihnen die passenden Angaben zu.
2. Abschlusskontrolle im Plenum. *Lösung:* B Beim Arzt. C In Wien. D Zum Buchladen. E Zum Arzt. F Nach Wien.
3. Kopieren Sie vorab die Bilder der Aufgabe und vergrößern Sie sie. Systematisieren Sie den Gebrauch der Präpositionen anhand eines Tafelbildes und hängen Sie die Bilder mit auf, um den TN die Unterschiede visuell zu veranschaulichen. Oder erstellen Sie das Tafelbild mit den Bildern auf einem großen Plakat und hängen Sie es im Kursraum auf.

Weisen Sie die TN darauf hin, dass Orts- und Richtungsangaben bei Ländern mit einem festen Artikel immer mit „in" und Dativ bzw. Akkusativ erfolgen. „Nach Hause" und „zu Hause" sollten die TN sich als feste Formeln merken.

Richtungsangaben in ein Gebäude hinein stehen nicht mit „zu", sondern mit „in" und Akkusativ (z.B. in die Schule). Gehen Sie an dieser Stelle auf solche Beispiele nur ein, wenn die TN sprachlerngewohnt sind. Eine Vertiefung des Themas erfolgt in *Schritte international 3*.

C2   **Anwendungsaufgabe zu Orts- und Richtungsangaben**
1. Die TN lesen das Beispiel in Teil a).
2. Die TN lösen die Aufgabe in Stillarbeit.
3. Abschlusskontrolle im Plenum. *Lösung:* a) 2 beim; 3 im; 4 zu; b) 1 zur; 2 zur; 3 nach; 4 nach

4. *fakultativ:* Die TN finden sich in Gruppen von je drei Personen zusammen. Jede Gruppe erhält einen Satz Dominokarten von Kopiervorlage L11/C2. Die TN sehen sich die Bilder an, lesen die Sätze und legen dann passende Bilder und Sätze aneinander. Wenn Sie die Übung für geübte TN schwieriger machen möchten, löschen Sie die Präpositionen samt Artikel mit Tippex.

Arbeitsbuch 19: in Stillarbeit: Führen Sie visuelle Hilfen zur Unterscheidung von Orts- und Richtungsangaben ein.; **20:** in Stillarbeit oder als Hausaufgabe

C3   **Anwendungsaufgabe zu Orts- und Richtungsangaben**
1. Die TN sehen das Bild an. Es soll klar werden, dass der Mann mit dem Rucksack eine Auskunft möchte.
2. Fragen Sie: „Was sucht der Mann?" Die TN nennen die Wörter aus der Sprechblase.
3. Die TN lesen die Geschäftsschilder. Klären Sie ggf. die Artikel der einzelnen Geschäfte und machen Sie dann mit einem geübten TN ein Beispiel: „Wo gibt es hier Stifte?"
4. Die TN machen analog zum Beispiel weitere Minidialoge in Partnerarbeit. Geübte TN und überlegen sich, wenn noch Zeit ist, selbstständig weitere Beispiele. Weitere Beispiele finden Sie auch auf der Kopiervorlage zu C3 (im Internet).

Arbeitsbuch 21–23: in Stillarbeit oder als Hausaufgabe

LERN
TAGEBUCH   **Arbeitsbuch 24:** Die TN machen sich den Unterschied von „Wo?" und „Wohin?" noch einmal bewusst. Sie tragen zunächst ein, welche weiteren Präpositionen auf die Frage „Wo?" stehen können, und ergänzen die Lücken. Lesen Sie mit den TN gemeinsam die beiden Beispielsätze zur Präposition „in" und machen Sie sie noch einmal explizit darauf aufmerksam, dass „in" sowohl auf die Frage „Wo?" als auch auf die Frage „Wohin?" antworten kann, man aber unterschiedliche Artikel verwendet.
fakultativ: Die TN bilden in Partnerarbeit Beispielsätze zu allen bekannten lokalen Präpositionen, möglichst auch mit unterschiedlichen Nomen. Machen Sie den TN Vorschläge, wenn sie selbst keine geeigneten Beispiele finden.

Fahrpläne und Durchsagen

Fahrpläne und Durchsagen am Bahnhof und am Flughafen
Lernziel: Die TN können Fahrpläne und Durchsagen verstehen.

D **11**

D1 **Vor dem Lesen: Textsorten identifizieren**

1. Die TN sehen sich die Abbildungen A bis D an. Fragen Sie: „Wo finden Sie A?" Die TN erkennen sicherlich, dass es sich um eine Ankunftstafel am Flughafen handelt.
2. Die TN ordnen die übrigen Pläne in Stillarbeit zu.
3. Abschlusskontrolle im Plenum.
   Lösung: A Am Flughafen. B Am Flughafen oder im Reisebüro. C Am Bahnhof (Ausdruck der Deutschen Bahn). D An der Bushaltestelle.

D2 **Leseverstehen 1: Schlüsselinformationen entnehmen**

1. Fragen Sie: „Welche Informationen finden Sie auf der Ankunftstafel?" Verweisen Sie dabei auf Foto A aus D1 und vergleichen Sie gemeinsam mit dem Beispiel im Buch. Fragen Sie weiter: „Zeigt die Ankunftstafel auch, wann das Flugzeug abfliegt?" und erläutern Sie ggf., dass diese Antwort falsch ist, denn Abflugs- und Ankunftszeiten sind normalerweise auf getrennten Tafeln angezeigt.
2. Die TN sehen sich die Abfahrts- und Ankunftspläne B bis D aus D1 noch einmal an und entscheiden sich dann in Partnerarbeit für jeweils eine der beiden möglichen Lösungen.
3. Abschlusskontrolle im Plenum.
   Lösung: B Welche Flugnummer ist es? C Wo muss man umsteigen? D Wie oft fährt der Bus?

D3 **Leseverstehen 2: Fahrplänen und Anzeigen gezielt Informationen entnehmen**

1. Ein TN liest Situation A vor. Fragen Sie: „Wo finde ich die Information?" Verweisen Sie dabei ggf. noch einmal auf Foto A aus D1. Fragen Sie weiter: „Wie ist die Flugnummer?" Die TN suchen diese aus der Ankunftstafel heraus und notieren sie im Buch oder auf einem Zettel.
2. Die TN verfahren mit den Beispielen B bis D genauso. *Hinweis:* Die TN lernen hier, in tabellarischen Verzeichnissen gezielt nach Informationen zu suchen und sich konkrete Notizen dazu zu machen.
3. Abschlusskontrolle im Plenum.
   Lösung: A Flugnummer: LH 3927; B Abflug: 10.45, Ankunft: 16.50, Flugnummer: LH 0564; C Abfahrt: 10.05, Ankunft: 12.05, umsteigen in: Stuttgart; D Abfahrt: 20.43, Ankunft: 20.48

TIPP

Regen Sie die TN zu einer Internetrecherche an: Sie sollen herausfinden, wann sie vom Kursort aus z.B. nach Frankfurt am Main und/oder an andere vorgegebene Orte in den deutschsprachigen Ländern fliegen können, wie lange der Flug dauert und wann sie wo umsteigen müssen. Wenn Ihre TN keine Möglichkeit zur Internetrecherche haben oder mit diesem Medium noch nicht vertraut sind, können Sie sie auch in Kleingruppen ins Reisebüro schicken. Die Recherche-Ergebnisse werden am Folgetag im Kurs präsentiert.

D4 **Hörverstehen: Durchsagen in der U-Bahn, am Bahnhof und am Flughafen**

1. Lesen Sie Beispiel a) vor und fragen Sie: „Ist das richtig oder falsch?" Die TN hören die erste Durchsage. Verweisen Sie die TN zur Kontrolle auch auf das Buch.
2. Die TN lesen die Aussagen b) bis e). Erklären Sie, wenn nötig, das Wort „Ausgang". Skizzieren Sie dazu zwei einfache Häuser mit Tür an der Tafel. Notieren Sie über der einen Tür „Eingang" und malen Sie zur Verdeutlichung ein Strichmännchen, das gerade auf das Haus zugeht, über der anderen Tür notieren Sie „Ausgang" und veranschaulichen die Bedeutung ebenfalls durch ein Strichmännchen, das gerade das Haus verlässt bzw. sich vom Haus entfernt. Auch das Wort „Schalter" kennen die TN vielleicht noch nicht. Erklären Sie: „Schalter gibt es zum Beispiel am Bahnhof oder am Flughafen. Dort kaufen wir eine Fahrkarte bzw. ein Ticket." Das Wort „Gepäck" können Sie erklären, indem Sie einige Taschen und Rucksäcke der TN nehmen und sagen: „Ich mache eine Reise. Ich habe zwei Taschen und einen Rucksack dabei. Das ist mein Gepäck."
3. Spielen Sie die Durchsagen mehrmals vor. Die TN vergleichen ihre Ergebnisse mit ihrer Partnerin / ihrem Partner.
4. Abschlusskontrolle im Plenum.
   Lösung: b) falsch; c) richtig; d) falsch; e) richtig

Arbeitsbuch 25–26: als Hausaufgabe

PRÜFUNG **Arbeitsbuch 27:** Im Prüfungsteil Hören, Teil 2, der Prüfung *Start Deutsch 1* hören die TN vier Durchsagen. Zu jedem Text müssen sie eine Richtig-/Falsch-Aufgabe lösen.

11

E

Auskunft am Bahnhof
Um Auskunft bitten
Lernziel: Die TN können am Bahnhof Fahrplanauskünfte einholen und Fahrkarten kaufen.

Materialien
E3 Kopiervorlage L11/E3
E4 Kärtchen
Test zu Lektion 11
Wiederholung zu Lektion 10 und Lektion 11

E1 **Präsentation: *da oben, da unten, da vorne, da hinten* und *da drüben***

1. Die TN hören die Minidialoge und lesen im Buch mit. Sie ordnen die Dialoge den Bildern in Partnerarbeit zu. Das Auto-Schaubild hilft ihnen dabei.
2. Abschlusskontrolle im Plenum. Weisen Sie die TN an dieser Stelle darauf hin, dass man mit „da vorne", „da drüben" etc. ungefähre Ortsangaben machen kann, die im Allgemeinen mit deutlichem Zeigen verbunden sind. Machen Sie einige Beispiele: „Der Schrank steht da drüben." oder „Die Tafel ist da vorne." und zeigen Sie dabei mit der Hand in die entsprechende Richtung.
Lösung: 2 C; 3 B; 4 D
3. *fakultativ:* Die TN lesen und spielen die Dialoge. Achten Sie darauf, dass die TN dabei ganz deutlich in die jeweilige Richtung zeigen.

E2 **Anwendungsaufgabe: *da hinten, da vorne ...***

1. Die TN sehen sich Bild a) an. Fragen Sie: „Wo ist hier in der Nähe ein Fahrkartenautomat?" Ein TN liest die Antwort aus der Sprechblase vor.
2. Die TN bearbeiten die übrigen Beispiele in Partnerarbeit. Geübte TN denken sich darüber hinaus eigene Situationen aus. Gehen Sie herum und helfen Sie bei Schwierigkeiten.
3. Abschlusskontrolle im Plenum. *Lösung:* b) Da unten. c) Da hinten. d) Da drüben / Da vorne.

E3 **Hörverstehen: Auskünfte am Bahnhof**

1. Die TN lesen die Sätze in Stillarbeit und entscheiden sich dann zusammen mit ihrer Partnerin / ihrem Partner für eine Antwort.
2. Die TN hören die Minidialoge und korrigieren sich selbst.
Lösung: a) Um 16 Uhr 17. b) Auf Gleis 17. c) Er ist direkt am Bahnsteig. e) Einfach oder hin und zurück? f) Ja. Sie haben Anschluss um 10.30 Uhr mit dem RE 1563.
3. *fakultativ:* Wenn Sie mit den TN die Redemittel weiter üben wollen, können Sie ihnen die Kopiervorlage L11/E3 als Arbeitsblatt austeilen. Insbesondere für TN mit wenig Lernerfahrung ist es wichtig, Wörter nicht isoliert zu memorieren, sondern sich neue Wörter im Kontext zu merken. Notieren Sie die drei Rubriken „Fahrkartenkauf", „um eine Auskunft bitten" und „um Verständnishilfe bitten" an der Tafel. Machen Sie ein oder zwei Beispiele im Plenum. Die TN sortieren die vorgegebenen Redemittel auf der Kopiervorlage L11/E3, geübte TN können diese zusätzlich um weitere passende Sätze ergänzen. Wer schon fertig ist, kann die Ergebnisse in die Rubriken an der Tafel übertragen. Fordern Sie die TN auf, neue Sätze, die zu diesen Themen passen, selbstständig kontinuierlich zu ergänzen.

Arbeitsbuch 28–29: als Hausaufgabe

E4 **Aktivität im Kurs: Sprechen am Bahnhof**

1. Diese Aufgabe ist an die mündliche Prüfung, Teil 2, von *Start Deutsch 1* angelehnt, sodass die TN bereits jetzt schrittweise an die Aufgabenstellung herangeführt werden können. Die TN bekommen in der mündlichen Prüfung ein Kärtchen als Impuls und sollen dazu selbstständig eine Frage stellen oder eine Aussage formulieren. Ein anderer TN soll darauf reagieren. Wenn Sie die TN möglichst authentisch auf die Prüfung vorbereiten wollen, können Sie die Beispiele im Buch auf Kärtchen kopieren.
2. Zeigen Sie das Kärtchen „Fahrkarte" und fragen Sie: „Was können Sie sagen?" Sammeln Sie die Beispiele der TN an der Tafel. Im nächsten Schritt finden die TN dann gemeinsam Antworten/Reaktionen auf die Fragen/Aussagen an der Tafel.
3. Die TN finden sich in Kleingruppen von 3–4 TN zusammen. Sie überlegen sich in der Gruppe passende Fragen bzw. Aussagen zu den vier Impulskarten im Buch und schreiben sie auf Satzkarten.
4. Anschließend werden alle Karten gemischt und der Kartenstapel in die Mitte gelegt. Jeder TN zieht jetzt reihum eine Karte und versucht, sie zu beantworten. Die anderen TN der Gruppe können helfen. Gehen Sie herum und helfen Sie bei Schwierigkeiten.

Arbeitsbuch 30: als Hausaufgabe für geübte TN; **31:** die TN hören die Gespräche auf der eingelegten CD und spielen sie in der Stunde nach

Einen Test zu Lektion 11 finden Sie auf Seite 118 f. Weisen Sie die TN auf die interaktiven Übungen auf ihrer Arbeitsbuch-CD hin. Die TN können mit diesen Übungen den Stoff der Lektion selbstständig wiederholen und sich ggf. auch auf den Test vorbereiten. Wenn Sie mit den TN den Stoff von Lektion 10 und Lektion 11 wiederholen möchten, verteilen Sie die Kopiervorlage „Wiederholung zu Lektion 10 und Lektion 11" (Seite 108–109).

Zwischenspiel 11
Entschuldigen Sie ...?

Wegbeschreibungen verstehen

Einen Rap verstehen und singen

1. Die Bücher sind geschlossen. Fragen Sie die TN: „Was ist das Thema des Lieds?" Spielen Sie den Anfang des Raps vor.
   Lösung: Eine Wegbeschreibung.
2. Nicht so lernerfahrene TN bekommen Wortkärtchen zu „Universität", „Kiosk", „Bäckerei", „Buchhandlung", „Parkplatz"
   „Apotheke" sowie „Bahnhof", „Kindergarten", „Gemüseladen" und „Müllerstraße". Spielen Sie den Rap ganz vor. Beim Hören
   ordnen die TN die Begriffe, wie sie in der Wegbeschreibung vorkommen. Dabei werden sie feststellen, dass manche Orte
   nicht vorkommen. Geübte TN erhalten keine Kärtchen. Sie notieren beim Hören die Orte, die sie hören.
3. Verteilen Sie die Kopiervorlage „Zwischenspiel zu Lektion 11". Die TN hören den Rap noch einmal und zeichnen den Weg ein.
4. Die TN öffnen ihr Buch. Sie lesen, hören und singen mit.
   Variante: Nicht alle TN haben Mut zu singen. Teilen Sie den Kurs in diesem Fall in mehrere Gruppen. Es gibt Sänger, eine
   Combo, die mit den Fingern schnippt, mit Stiften auf die Tische klopft o.Ä., und drei TN, die den Verlauf des Liedes
   pantomimisch spielen. Weitere Möglichkeiten zum Einsatz von Liedern im Unterricht finden Sie in *Schritte international 1,*
   Lehrerhandbuch, Seite 27.
5. Machen Sie die TN auf die umgangssprachliche Sprechweise der Rap-Sänger aufmerksam: Im Deutschen wird im Präsens, 1.
   Person Singular, häufig die Endung *-e* weggelassen. Das so genannte stumme „e" in Infinitiven ist meist überhaupt nicht
   hörbar (geh'n, seh'n usw.). Wenn die TN sich bereits für solche Feinheiten der Sprache interessieren, können Sie sie auch
   auf die verkürzte Form von „eine" zu „ne" aufmerksam machen. Auch das ist üblich im mündlichen Sprachgebrauch.

   Vertiefen Sie das Thema nicht zu sehr. Es genügt, wenn die TN einen ersten Eindruck von den Besonderheiten der
   Umgangssprache erhalten. In schriftlichen Texten sollten die TN diese Formen nicht nachahmen. Hier sind sie falsch.
6. *fakultativ:* Wenn die TN Freude an diesem Rap haben, können sie sich eigene Wegbeschreibungen in Liedform ausdenken.
   Dazu ersetzen sie nur die Orte aus dem Lied durch eigene Ideen.
   Variante: Falls Sie Stadtpläne Ihrer eigenen Stadt oder einer deutschen Großstadt haben (vgl. Lektion 9), können die TN sich
   in Kleingruppen von 3–4 TN eine Wegbeschreibung nach dem Stadtplan ausdenken. Sie geben den Stadtplan dann einer
   anderen Gruppe und singen ihren Rap. Die andere Gruppe muss den Weg auf dem Stadtplan einzeichnen.

**LÄNDER
INFO**
Den TN ist vielleicht aufgefallen, dass die Personen in der Lektion immer sehr deutlich den Weg zeigen, oft auch mit
ausgestrecktem Zeigefinger. In den deutschsprachigen Ländern ist das kein Problem. Machen Sie die TN ggf. darauf
aufmerksam, falls sie aus einer Kultur stammen, wo das anders ist. Besprechen Sie wenn nötig auch, wen man ansprechen darf,
um nach dem Weg zu fragen (Männer? Frauen? Kinder? Alle?). In den deutschsprachigen Ländern gibt es hier keine Tabus. Man
kann fragen, wen man sympathisch findet oder wer nicht allzu sehr in Eile wirkt.

Weitere Materialien für noch mehr Abwechslung im Unterricht finden Sie unter www.hueber.de/schritte-international.

DER KUNDE IST KÖNIG

Folge 12: *Ich liebe sie.*
Einstieg in das Thema: Dienstleistungen und Service

1

Vor dem Hören: Vermutungen äußern

1. Die Bücher sind geschlossen. Schreiben Sie den Titel der Lektion „Der Kunde ist König" und das Wort „Service" an die Tafel. Sammeln Sie die Assoziationen der TN dazu. Die TN können in ihrer Sprache auch über Erfahrungen mit Serviceleistungen berichten. Das muss sich nicht auf Erfahrungen in Deutschland beziehen, sondern kann ganz allgemein bleiben. Gibt es unter den TN Unterschiede darüber, was sie unter Service verstehen? (siehe auch Länder-Info unten)

2. Die TN öffnen ihr Buch und betrachten die Fotos. Die TN überlegen, warum Timo einen Optiker braucht. Geben Sie die richtige Lösung erst nach dem Hören der Geschichte bekannt!

3. Verweisen Sie auf den Titel der Foto-Hörgeschichte. Die TN spekulieren, wer mit „ich" und wer mit „sie" gemeint ist. Auch hier sollten sie die TN noch einmal nach dem Hören der Geschichte fragen und an dieser Stelle die Ideen der TN nicht kommentieren.
   Lösung: a) Timos Sonnenbrille ist kaputt. Die Optikerin soll sie reparieren. b) ich = Timo, sie = die Sonnenbrille

LÄNDER
INFO

Das Bild, dass Deutschland eine „Service-Wüste" sei, hält sich hartnäckig, auch in Deutschland selbst. Natürlich steckt in jedem Klischee ein Körnchen Wahrheit. Da Regeln eine wichtige Rolle spielen, besteht möglicherweise mitunter nicht genug Flexibilität für individuelle Lösungen. Sensibilisieren Sie die TN aber dafür, dass es kulturell und sogar individuell unterschiedlich ist, was als Service betrachtet und gewünscht ist. Ein einfaches Beispiel: In einem großen Kaufhaus kümmert sich das Personal häufig nicht von sich aus um den Kunden. Wer eine Frage hat oder Beratung wünscht, muss auf das Personal zugehen. In einem kleinen Einzelhandelsgeschäft fällt der Kunde auf und wird vom Personal meist direkt angesprochen. Ist das eine schlecht und das andere gut? Die Bewertung hängt von der Haltung des Kunden ab: Möchte er sich zuerst unverbindlich einen Eindruck über das Warenangebot verschaffen, in Ruhe stöbern oder weiß er sowieso schon, zu welchem Produkt er greifen wird, wird er ein Beratungsgespräch als aufdringlich oder unnötig empfinden und wird sich im Kaufhaus wohler fühlen. Braucht oder wünscht er Beratung, kann er die Kaufhaus-Atmosphäre als unpersönlich und kalt und den Service als schlecht empfinden. Diese individuell unterschiedlichen Betrachtungsweisen können auch auf kulturell unterschiedliche Bedürfnisse übertragen werden. Stellen Sie dar, dass wir die Welt durch eine kulturelle Brille sehen und deshalb Dinge, die wir selbst als selbstverständlich ansehen, in einer anderen Kultur so nicht empfunden werden.

2

Beim ersten Hören

1. Die TN hören die Geschichte und überprüfen dabei ihre Vermutungen aus Aufgabe 1.

2. Sprechen Sie mit den TN noch einmal über ihre Hypothesen (Lösungen siehe oben).

3

Nach dem ersten Hören: Den wesentlichen Inhalt verstehen

1. Die TN lesen die Aussagen im Buch. Helfen Sie bei Wortschatzproblemen.

2. Die TN hören die Foto-Hörgeschichte noch einmal so oft wie nötig und kreuzen ihre Lösungen an.

3. Abschlusskontrolle im Plenum.
   Lösung: a) Timos Brille ist schon alt und die Reparatur ist sehr teuer. b) Er hat die Brille schon sehr lange und er liebt sie sehr. c) Sie macht die Reparatur ganz billig und Timo soll ihr dafür ein Lied vorspielen.

4. Die TN erzählen, ob sie auch etwas haben, das ihnen sehr viel bedeutet oder dessen Wert nicht mit dem tatsächlichen Kaufwert, sondern einem ideellen Wert zusammenhängt. Sie sprechen auch in ihrer Sprache.

5. *fakultativ:* Gehen Sie noch einmal auf das Kursgespräch über Service ein. Wie finden die TN die anfängliche Haltung der Optikerin? Zeigt sie sich in ihren Augen service-orientiert? Sollte sie die Reparatur sofort annehmen oder ist es auch Service, wenn Sie den Kunden, also Timo, darauf aufmerksam macht, dass eine neue Brille günstiger als die Reparatur ist?

4

Nach dem Hören: Ein Lied singen

Verteilen Sie den Text von Timos Lied (siehe Transkriptionen der Hörtexte zum Kursbuch) und spielen Sie es noch einmal vor. Die TN summen oder singen mit.

Materialien
A2 auf Folie
A3 Kopiervorlage zu A3 (im Internet)

Aber **bei der Arbeit** hatte ich dann eine tolle Idee.

Zeitangaben mit *vor, nach, bei*
Lernziel: Die TN können Informationen zur zeitlichen Abfolge von Tätigkeiten verstehen/geben.

A

12

A1 **Präsentation: Zeitangaben mit den Präpositionen *vor, nach* und *bei***

1. Die TN sehen nacheinander die drei Bilder an. Fragen Sie jeweils: „Wer ist das?", „Wo ist sie?" und „Was macht sie?"
2. Deuten Sie dann auf Bild a) und fragen Sie: „Wann frühstückt Frau Weber?" Die TN geben vermutlich eine Uhrzeit oder Tageszeit an. Fragen Sie weiter: „Was macht sie zuerst? Frühstück sie zuerst oder geht sie zuerst zur Arbeit?" Die TN werden sicher erkennen, dass Frau Weber zuerst frühstückt. Sagen Sie betont deutlich: „Das ist Frau Weber <u>vor</u> der Arbeit." Die TN ergänzen im Buch.
3. Die TN sehen sich Bild b) an. Lesen Sie den unvollständigen Satz bis zur Lücke vor und machen Sie eine kleine Pause. Kommt keiner der TN auf die richtige Lösung, helfen Sie.
4. Verfahren Sie mit Bild c) wie unter 3. beschrieben.
   Hinweis: Die TN kennen die Präpositionen „vor" und „nach" im Zusammenhang mit der Uhrzeit (vgl. *Schritte international 1*, Lektion 5) schon in ihrer temporalen Bedeutung und „bei" als lokale Angabe (vgl. Lektion 11). Weisen Sie die TN darauf hin, dass „bei" in diesem Fall anzeigt, <u>wann</u> jemand etwas tut.
   Lösung: a) vor; b) bei; c) nach

A2 **Anwendungsaufgabe zu den Zeitangaben mit *vor, nach* und *bei***

1. Die TN sehen das Bild an und hören den Text. Fragen Sie nach der Situation.
   Lösungsvorschlag: Die Reiseleiterin stellt der Reisegruppe das Programm vor und antwortet auf Fragen.
2. Die TN lesen die Programmpunkte. Klären Sie bei Bedarf Wortschatzfragen.

3. Die TN hören noch einmal und ordnen Zeitangabe und Programmpunkt zu. Geübte TN tragen gleichzeitig die passenden Artikel nach den Präpositionen ein.
4. Abschlusskontrolle mit Hilfe einer Folie im Plenum. Dabei tragen ein oder mehrere geübte TN die fehlenden Artikel bei den Zeitangaben auf der Folie ein.
   Lösung: Vor dem Frühstück; Beim Frühstück: einen Stadtplan von Salzburg bekommen; Nach dem Frühstück: eine Stadtrundfahrt machen; Beim Mittagessen: Opernkarten für den Abend bekommen; Nach dem Mittagessen: einen Ausflug nach Schloss Hellbrunn machen; Nach dem Ausflug: Mozarts Geburtshaus sehen; Nach dem Abendessen: in die Oper gehen; Nach der Oper: einen Spaziergang machen können.
5. Erklären Sie, dass die temporalen Präpositionen „vor", „nach", „bei" mit dem Dativ stehen. Die TN kennen bereits lokale Präpositionen mit dem Dativ (vgl. Lektion 11).
6. Die TN sprechen in Partnerarbeit, wie in Aufgabe b) angegeben. Gehen Sie herum und helfen Sie bei Schwierigkeiten.

Arbeitsbuch 1: als Hausaufgabe

Arbeitsbuch 2–3: als Hausaufgabe: Die TN erstellen sich selbstständig eine tabellarische Übersicht.; **4–5:** in Stillarbeit oder als Hausaufgabe: Lassen Sie die TN selbst wählen, welche der beiden Übungen sie sich zutrauen und selbstständig lösen wollen. Wer viel üben möchte, kann selbstverständlich auch beide Übungen bearbeiten. **6–8:** als Hausaufgabe

A3 **Aktivität im Kurs: Über den Zeitpunkt verschiedener Tätigkeiten sprechen**

1. Sammeln Sie an der Tafel zunächst die bereits bekannten temporalen Präpositionen „um", „am" und „von … bis" (*Schritte international 1*, Lektion 5) sowie die neuen Präpositionen „bei", „vor" und „nach". Die TN bilden Beispielsätze dazu. So werden bereits bekannte temporale Präpositionen wiederholt und TN, die später in den Kurs gekommen sind, lernen die Bedeutungen im Kontext kennen, falls sie ihnen noch nicht bekannt sind.
2. Fragen Sie einen geübten TN: „Wann lesen Sie Zeitung?" Fragen Sie noch zwei oder drei weitere TN.
3. Die TN lesen die Beispiele im Buch und formulieren Interviewfragen. Dabei können Sie als Hilfestellung die Kopiervorlage zu A3 (im Internet) austeilen. Die TN wählen selbstständig Fragen aus, die ihnen sinnvoll erscheinen, und stellen sie ihrer Partnerin / ihrem Partner. Geübte TN interviewen ihre Partnerin / ihren Partner nur anhand der Vorgaben im Buch und machen sich Notizen. Gehen Sie herum und helfen Sie bei Schwierigkeiten.
   Hier geht es nicht darum, die neuen Präpositionen zu „trainieren". Die TN sollen vielmehr authentisch antworten und dazu die passende Präposition benutzen, auch wenn ggf. einige häufiger gebraucht werden als andere.
4. Die TN berichten über die Aktivitäten ihrer Partnerin / ihres Partners im Plenum.

Ab wann kann ich die Brille abholen?

Zeitangaben mit den Präpositionen *in*, *ab* und *bis*

Lernziel: Die TN können telefonisch einen Termin mit dem Kundendienst vereinbaren. Sie können nachfragen, wie lange die Reparatur dauern wird.

Materialien
B1 Pappuhr aus *Schritte international 1*, Lehrerhandbuch, oder Wanduhr
B2 Bilder vergrößert, auf Folie; Kopiervorlage L12/B2

B1 **Präsentation: Die Präpositionen *in*, *ab* und *bis***

1. Fragen Sie: „Wann will Timo zum Optiker gehen?" Die TN hören den ersten Dialog und kreuzen eine Lösung an.
2. Die TN lesen die beiden anderen Beispiele und entscheiden sich beim Hören für jeweils eine der Lösungen.
3. Abschlusskontrolle im Plenum. *Lösung:* a) In einer halben Stunde. b) Bis 18 Uhr. – Ab 14 Uhr.
4. Fragen Sie dann: „Wie spät ist es jetzt?" Die TN nennen die Uhrzeit. Nehmen Sie die Pappuhr aus *Schritte international 1*, Lehrerhandbuch, Kopiervorlage L5/A1 oder eine alte Wanduhr zur Hand und drehen Sie die Zeiger um eine Stunde weiter, bevor Sie fragen: „Wie spät ist es *in* einer Stunde?" Variieren Sie anschließend Ihre Frage, indem Sie die Uhr um zwei, drei, vier Stunden vorstellen und weiter fragen.
5. Die Bedeutung von „bis" und „ab" sollte anhand der Beispielsätze bereits klar geworden sein. Halten Sie die unterschiedlichen Bedeutungen der temporalen Präpositionen „in", „ab" und „bis" an der Tafel fest:

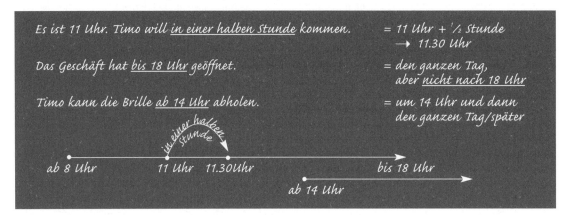

Verweisen Sie auch auf den Grammatikspot.

B2 **Variation: Anwendungsaufgabe zu den Präpositionen *in*, *ab* und *bis***

1. Sehen Sie mit den TN Bild a) auf einer Folie an und fragen Sie, wo der Mann ist, was wohl passiert ist und was das Problem ist. Die TN bemühen sich um Antworten auf Deutsch.
2. Die TN hören das Gespräch und beantworten die Fragen von oben.
3. Gehen Sie weiter vor wie auf Seite 8 beschrieben.
4. Verfahren Sie mit dem Telefongespräch b) genauso und stellen Sie vor dem Hören Fragen: „Was funktioniert nicht? Wann kann der Techniker kommen?"
5. Verweisen Sie auf den Grammatikspot und zeigen Sie, dass der unbestimmte Artikel „ein" nach der Präposition „in" im Dativ steht:

der/ein Tag	→ in ein**em** Tag
das/ein Jahr	→ in ein**em** Jahr
die/eine Stunde	→ in ein**er** Stunde

6. Wiederholen und vertiefen Sie mit den TN alle temporalen Präpositionen, die sie bisher gelernt haben. Verteilen Sie dazu die Kopiervorlage L12/B2. Die TN lösen die Übung in Stillarbeit oder mit der Partnerin / dem Partner.
   Lösung: 1 a); 2 b); 3 c); 4 b); 5 a); 6 a); 7 b); 8 c); 9 b)

Arbeitsbuch 9–14: in Stillarbeit oder als Hausaufgabe

Materialien
B1 Pappuhr aus *Schritte international 1*,
Lehrerhandbuch, oder Wanduhr
B2 Bilder vergrößert, auf Folie; Kopiervorlage
L12/B2

Ab wann kann ich die Brille abholen?
Zeitangaben mit den Präpositionen *in, ab* und *bis*
Lernziel: Die TN können telefonisch einen Termin mit dem Kundendienst vereinbaren. Sie können
nachfragen, wie lange die Reparatur dauern wird.

B

B3 **Rollenspiel: Mit dem Kundendienst telefonieren**
1. Telefongespräche, insbesondere zu geschäftlichen Zwecken, laufen häufig nach einem routinierten, erwartbaren Muster ab. Wenn den TN das klar ist, kann die Angst vor Telefongesprächen genommen werden. Erarbeiten Sie mit den TN anhand des Dialograsters im Buch Musterschritte für die Gesprächsführung „um eine Serviceleistung bitten". Erklären Sie, dass in den deutschsprachigen Ländern – sowohl privat wie auch bei einer Firma – der Angerufene seinen Namen nennt. Als Nächstes sollte man sich selbst vorstellen und sein Anliegen nennen. Sind alle Fragen beantwortet, sollte man sich bedanken bzw. den nächsten (persönlichen oder telefonischen) Kontakt vereinbaren. Die typische Routineformel bei der Verabschiedung ist „Auf Wiederhören".
2. *fakultativ:* Bitten Sie zwei sprachlerngewohnte TN, einen Beispieldialog mit einem Gegenstand vorzulesen.
3. Die TN finden sich paarweise zusammen und üben Telefongespräche nach dem Muster im Buch. Wer Lust hat, kann ein Telefonat auswendig lernen und später im Plenum frei vortragen.

LÄNDER
INFO
Wie man sich am Telefon meldet, ist verschieden: Während man sich in Frankreich nur mit „Allô" meldet, in Italien mit „Pronto", ist es in Deutschland, Österreich und in der Schweiz üblich, sich mit dem Familiennamen zu melden, z.B. „Meier". Melden sich die Kinder der Familie, nennen sie im Allgemeinen den Vor- und Nachnamen, z.B. „Annette Meier". Eine andere Person, die nicht zur Familie gehört, aber den Hörer abnimmt, meldet sich mit „Bei Meier". Mitarbeiter einer Firma nennen zuerst den Firmennamen und dann den eigenen Namen (siehe B3). Nehmen Sie am Apparat eines Kollegen ab, wird auch das deutlich gemacht: „Technik-Reparaturservice, Meier, Apparat Müller."

Arbeitsbuch 15: in Stillarbeit oder als Hausaufgabe

LERN
TAGEBUCH
Arbeitsbuch 16: Die TN übertragen die Zeitleiste in ihr Lerntagebuch und notieren Beispiele aus ihrem persönlichen Alltag. Indem ein persönlicher Bezug hergestellt wird, können grammatische Strukturen oder Wörter besser memoriert werden. Außerdem kann man sich alles, was man selbst einmal geschrieben hat, besonders gut merken. Erweitern Sie die Beispiele um die anderen temporalen Präpositionen, die die TN schon kennen und in Lernschritt A und B geübt und wiederholt haben.

12 **C** **Könnten** Sie vielleicht meine Sonnenbrille reparieren?

Konjunktiv II: *könnte, würde*
Lernziel: Die TN können höfliche Fragen, Aufforderungen und Bitten formulieren.

Materialien
C2 Briefumschläge, Papier, Stifte, Telefon
C4 Kopiervorlage L12/C4

C1 **Präsentation: Konjunktiv II**

1. Klären Sie vorab die Bedeutung von „freundlich" bzw. „unfreundlich". Fragen Sie die TN dann vor dem Hören: „Ist die Anruferin / der Anrufer freundlich?" Die TN hören den ersten Text, lesen im Buch mit und kreuzen aufgrund des Tonfalls an, ob sie die Personen als freundlich oder unfreundlich empfinden.
2. Verfahren Sie mit b) und c) genauso. *Lösung:* a) freundlich; b) freundlich; c) unfreundlich
3. Verweisen Sie auf den Infospot. Hier wird der Imperativ dem Konjunktiv II gegenübergestellt. Die TN wissen bereits aus Lektion 9, dass man mit dem Imperativ Aufforderungen formulieren kann. Erklären Sie den TN an dieser Stelle, dass Aufforderungen im Imperativ häufig als eher unfreundlich empfunden werden, Aufforderungen im Konjunktiv dagegen als freundlich.
4. Verweisen Sie auch auf den Grammatikspot und erklären Sie insbesondere, dass in höflichen Fragen der Konjunktiv II mit „könnte" bzw. „würde" synonym ist.

Gehen Sie auf dieser Kursstufe nicht detaillierter auf den Konjunktiv II in seinen weiteren Funktionen ein. Es genügt, wenn die TN zunächst lernen, mit dem Konjunktiv II höfliche Aufforderungen und Bitten zu formulieren.

C2 **Anwendungsaufgabe: Höfliche Bitten formulieren und beantworten**

1. Die TN betrachten das Bild und lesen den Musterdialog.
2. Die TN finden sich in Partnerarbeit zusammen und sprechen Gespräche zwischen Chef und Sekretärin. Geübte TN können sich über die Beispiele im Kasten hinausgehende Gespräche ausdenken.
3. Wenn die TN Freude an Rollenspielen haben, können sie ein Gespräch zwischen Chef und Sekretärin als kurzes Theaterstück einüben. Stellen Sie in diesem Fall einige Requisiten wie Briefumschläge, Papier, Stifte und ein Spielzeugtelefon oder Handy zur Verfügung.

Arbeitsbuch 17: in Stillarbeit oder als Hausaufgabe

C3 **Anwendungsaufgabe: Höfliche Aufforderungen formulieren**

1. Verweisen Sie die TN zunächst auf die trennbaren Verben im Infospot und erklären Sie, wenn nötig, ihre Bedeutung, indem Sie die Tür des Kursraums auf- und zumachen bzw. das Licht an- und ausschalten.
2. Sehen Sie sich dann zusammen mit den TN Bild a) an. Fordern Sie einen TN auf, den Text in der Sprechblase vorzulesen und zu vervollständigen.
3. Verfahren Sie mit den übrigen Bildern ebenso.
4. Machen Sie die TN darauf aufmerksam, dass höfliche Fragen oder Bitten häufig mit „Entschuldigung" eingeleitet werden. Das ist in diesen Kontexten eine reine Höflichkeitsfloskel und bedeutet nicht, dass man sich für ein „Vergehen" entschuldigen möchte.

Arbeitsbuch 18–20: als Hausaufgabe

C4 **Aktivität im Kurs: Ein Spiel**

1. Kopieren Sie die Kopiervorlage L12/C4 so oft auf bunten Karton, dass jeweils 3–4 TN einen Kartensatz A oder B erhalten, und schneiden Sie die Karten aus.
2. Teilen Sie den Kurs in ungeübtere und geübte TN. Innerhalb beider Gruppen bilden sich Kleingruppen von jeweils 3–4 TN. Verteilen Sie pro Gruppe einen Kartensatz. Ungeübtere TN erhalten Variante A, geübte TN bekommen Variante B.
3. Jede Gruppe legt ihren Kartenstapel umgekehrt in die Tischmitte. Nehmen Sie exemplarisch eine Karte, lesen Sie sie vor (kalt – das Fenster) und richten Sie dann an einen TN die höfliche Aufforderung: „Entschuldigung, mir ist kalt. Könnten Sie bitte das Fenster zumachen?" Antwortet sie/er adäquat, darf sie/er die nächste Karte vom Stapel nehmen und selbst eine Bitte formulieren. Ist die Antwort falsch, nehmen Sie eine weitere Karte und bitten einen anderen TN.
4. Wenn die Spielregeln allen klar sind, spielen die TN in den Kleingruppen. Gehen Sie herum und helfen Sie bei Schwierigkeiten.

PHONETIK **Arbeitsbuch 21–22:** im Kurs: Üben Sie in Übung 21 mit den TN den Satzakzent in höflichen Aufforderungen, indem Sie die CD vorspielen. Die TN markieren den Satzakzent. Zeigen Sie auf, wie stark Nuancen einer Emotion (Genervtsein, Empörung) von der Betonung abhängig sind. Die TN sprechen in Partnerarbeit die Minidialoge. Gehen Sie herum und achten Sie darauf, dass die TN die Dialoge möglichst ausdrucksstark sprechen. Vielleicht haben einige TN Lust, die Dialoge als ein Gespräch zwischen einem Ehepaar einzuüben und vorzuspielen.

Die Lautverbindung „ng" wird nicht als zwei Einzellaute gesprochen, sondern als Nasallaut. Sprechen Sie z.B. im Wort „Rechnung" die Laute „n" und „g" betont deutlich und einzeln aus. Halten Sie dann die Nase zu, tun Sie sehr verschnupft und sprechen Sie noch einmal: Aus „n-g" wird „ng". Spielen Sie die CD vor. Die TN hören und sprechen nach. Sie notieren weitere ihnen bekannte Wörter mit „ng" und lesen sie vor.

D1

Vor dem Lesen: Schlüsselwörter verstehen

1. Die TN sehen sich die Fotos an und ordnen die Begriffe auch mithilfe ihres Wörterbuchs zu.
2. Abschlusskontrolle im Plenum.
   Lösung (von links nach rechts): die Kreuzung, der Fahrradständer, das Schloss
3. Die TN kennen aus *Schritte international 1* das Wort „Schloss" als großes Gebäude, in dem z.B. Könige wohnen. Es handelt sich hier um ein so genanntes Homonym, die beiden Wörter haben nichts miteinander zu tun, sie sehen nur gleich aus.

D2

Leseverstehen 1: Die Textsorte erkennen

1. Bringen Sie eine Gebrauchsanweisung, einen Brief und eine Rechnung mit in den Kurs und erklären Sie damit die Textsorten. Machen Sie deutlich, dass Textsorten an bestimmten standardisierten Merkmalen zu erkennen sind. So enthält eine Rechnung häufig keine direkte Anrede und keine Unterschrift, dafür eine Rechnungsnummer und eine Bankverbindung. Diese wiederum fehlen in einem (privaten) Brief. Eine Gebrauchsanweisung hat erklärende Funktion.
2. *fakultativ:* Fragen Sie, welche Ausdrucksmittel in einer Gebrauchsanweisung zu erwarten sind (Sätze mit „sollen", Imperativ-Sätze).
3. Geben Sie den TN einen Moment Zeit, den Text „anzulesen". Sie sollten keine Gelegenheit haben, ihn detailliert zu lesen.
4. Die TN kreuzen ihre Lösung an.
5. Abschlusskontrolle im Plenum. *Lösung:* eine Gebrauchsanweisung

D3

Leseverstehen 2: Kernaussagen verstehen

1. Die TN lesen Aufgabe a) und lesen die Zeilen 1–4. Sie markieren im Text ihre Lösung. Besprechen Sie diese.
   Lösung a): ein Fahrradverleih der Deutschen Bahn; in Berlin, Frankfurt, Köln oder München
2. Die TN lesen weiter und kreuzen ihre Lösung an. Besprechen Sie wieder die Lösung.
   Lösung b): Ein Fahrrad.; Auf der Straße.
3. Sie lesen den letzten Abschnitt und ordnen die Bilder.
   Lösung c): 3; 4; 2
4. Durch das stückweise Erschließen des Textes wird vermieden, dass die TN sich von der Textmenge einschüchtern lassen. Die unterschiedlichen Übungen lenken den Leseprozess. Erklären Sie, dass es sinnvoll sein kann, einen Text in der Fremdsprache abschnittsweise zu lesen, Pausen zu machen und sich das Gelesene vor Augen zu führen, auch wenn dies nicht durch Verständnisfragen gesteuert wird.

PRÜFUNG **Arbeitsbuch 23:** Im Prüfungsteil Lesen, Teil 2, der Prüfung *Start Deutsch 1* bearbeiten die TN mehrere Anzeigentexte: Zu unterschiedlichen Situationsbeschreibungen gibt es jeweils zwei Anzeigentexte, nur einer passt. Die TN sollten zuerst die Aufgabe lesen und in der Situationsbeschreibung die Schlüsselwörter markieren. Anschließend lesen sie die beiden Anzeigentexte, markieren auch hier die Schlüsselwörter und entscheiden dann, welche der beiden Anzeigen passt.

Arbeitsbuch 24: in Stillarbeit

12 **E** Telefonansagen
Ansagen und Nachrichten auf dem Anrufbeantworter
Lernziel: Die TN können Ansagen auf dem Anrufbeantworter verstehen und eine Nachricht hinterlassen.

Materialien
E1 Foto eines Anrufbeantworters
E4 Kopiervorlage zu E4 (im Internet), *Variante:* Diktiergerät oder Kassettenrekorder mit Aufnahmefunktion; Kopiervorlage L12/E4
Test zu Lektion 12

E1 Hörverstehen: Telefonansagen

1. Wenn möglich, bringen Sie die Abbildung eines Anrufbeantworters mit. Erklären Sie das Wort und fragen Sie die TN, ob sie zu Hause einen Anrufbeantworter haben, wie praktisch sie dieses Gerät finden, wer ihnen Nachrichten hinterlässt usw.
2. Die TN öffnen das Buch. Sie lesen die Aufgabe und hören die Ansagen.
3. Die TN kreuzen ihre Lösungen an.
4. Abschlusskontrolle im Plenum. *Lösung:* Einen Tisch für vier Personen reservieren. Ein Auto abholen.

E2 Leseverstehen: Anweisungen verstehen

1. Die TN lesen Text A. Fragen Sie, was Frau Wagner hier tun soll.
2. Teilen Sie den Kurs in zwei Gruppen. Jede Gruppe liest nur einen Text, B oder C, und markiert, was Frau Wagner tun soll.
2. Die TN erklären der anderen Gruppe, was Frau Wagner in „ihrem" Text tun soll. So können Sie ganz nebenbei überprüfen, ob die TN einen Text kurz und in eigenen Worten zusammenfassen können.
   Lösung: B Sie soll die Küche informieren: Die Reisegruppe möchte gegen 22 Uhr noch warm essen. C Sie soll eine Band organisieren. Aber bitte keine Jazz-Musik.

E3 Hörverstehen: Nachrichten auf dem Anrufbeantworter

1. Die TN lesen die Aufgabenstellung. Machen Sie die TN wenn nötig darauf aufmerksam, dass sie beim Hören ganz genau hinhören müssen, um die Fehler von Frau Wagner herauszuhören.
2. Die TN hören die Nachrichten und notieren die Fehler.
3. Abschlusskontrolle im Plenum. *Lösung:* B Brief: 22 Uhr, Frau Wagner: 23 Uhr; C Brief: keine Jazz-Musik, Frau Wagner: bitte Jazz-Musik

E4 Aktivität im Kurs: Eine Nachricht hinterlassen

1. Die TN lesen die Situationskarten und die Redemittel. Wenn Sie den TN weitere Situationen zur Verfügung stellen möchten, verteilen Sie die Kopiervorlage zu E4 (im Internet).
2. Die TN entscheiden sich für eine Situation und schreiben eine kurze Nachricht auf. Gehen Sie herum und korrigieren Sie individuell Fehler.
3. Die TN lernen ihre Nachricht auswendig und tragen sie im Plenum vor.
   Variante: Wenn Sie die Situation authentischer gestalten möchten, bringen Sie ein Diktiergerät oder einen Kassettenrekorder mit Aufnahmefunktion in den Kurs mit. Die TN können ihre Nachricht aufsprechen, während die anderen zuhören und Beifall klatschen. Ermutigen Sie die TN unbedingt mit Beifall, um sie zu motivieren, denn beim freien Sprechen haben sicher viele Hemmungen.
4. *fakultativ:* Spielen Sie noch einmal die Anfänge der Telefongespräche aus E3 vor. Die TN versuchen zu notieren, was die Stimmen auf dem Band an Informationen geben und wie sie sagen, dass sie nicht da sind. Verteilen Sie die Kopiervorlage L12/E4. Die TN wählen verschiedene Redemittel aus den einzelnen Spalten aus und bauen so einen eigenen Ansagetext zusammen. Wer möchte, kann seinen Ansagetext im Plenum vorlesen.

Arbeitsbuch 25–28: in Stillarbeit oder als Hausaufgabe

Einen Test zu Lektion 12 finden Sie auf Seite 120 f. Weisen Sie die TN auf die interaktiven Übungen auf ihrer Arbeitsbuch-CD hin. Die TN können mit diesen Übungen den Stoff der Lektion selbstständig wiederholen und sich ggf. auch auf den Test vorbereiten.

Zwischenspiel 12
Zu Besuch beim Märchenkönig

1

Lese-/Hörverstehen: Informationen über Reiseangebote verstehen

1. Die TN betrachten die Fotos. Kennen sie den „Märchenkönig" und/oder Schloss Neuschwanstein? Die TN erzählen frei, was sie über diese berühmte Sehenswürdigkeit wissen. Sollte keiner der TN Informationen über Neuschwanstein oder andere Schlösser von König Ludwig II. haben, lassen Sie sie Vermutungen äußern.
2. Geben Sie, wenn nötig, einige Informationen über König Ludwig II. und Schloss Neuschwanstein sowie Sissi (siehe unten).
3. Die TN finden sich paarweise zusammen und lesen den Einleitungstext sowie die Hotelangebote. Sie diskutieren, welche Angebote in Frage kommen, und notieren die Informationen in der Tabelle im Buch, soweit möglich.
4. Spielen Sie die CD/Kassette vor, um den TN noch mehr Informationen zum Haus „Märchenprinz" zu geben.
5. Die TN ergänzen ihre Informationen in der Tabelle und legen mit der Partnerin / dem Partner eine „Lieblingsreihenfolge" der Hotels fest.
6. Die Paare stellen dem Plenum ihre Reihenfolge vor und begründen ihre Wahl.
   Variante: In großen Kursen sollten Sie zwei Plenen bilden, damit die Präsentationen nicht zu lange dauern.

    Die TN können noch keine Nebensätze mit „weil" bilden. Gründe auf die Frage „Warum gefällt Ihnen dieses Angebot?" können die TN aber auch ohne Nebensatzkonstruktion beantworten.
7. Verteilen Sie die Kopiervorlage „Zwischenspiel zu Lektion 12", um das Wortschatz- und das Leseverstehen zu vertiefen. Die TN bearbeiten die Übungen in Partnerarbeit.
8. Abschlusskontrolle im Plenum.
   Lösung: 1 a) sind zum Beispiel Schlösser, Plätze und Museen in einer Stadt. Viele Touristen besichtigen diese Orte.
   c) können Hotels, aber auch Jugendherbergen oder Ferienwohnungen sein. d) kann man übernachten und frühstücken.
   e) stehen Brot, Eier, Marmelade, Butter Käse, Wurst und Obst ... f) tut gut: Bei Massagen ist der Alltagsstress schnell weg.

LÄNDER
INFO

König Ludwig II. (1845–1886) war König von Bayern. Unter seiner Regentschaft wurde Bayern ins Deutsche Reich (1870/71) integriert. Der menschenscheue Träumer wurde weniger für politische Entscheidungen als für seine Schlösser Neuschwanstein, Linderhof und Herrenchiemsee berühmt, für die er die Staatskasse ruinierte. Schon zu Lebzeiten galt er als Sonderling: „Ein ewig Rätsel will ich bleiben mir und anderen", schrieb er einmal an seine Erzieherin. In seiner Kusine Elisabeth, „Sissi", Kaiserin von Österreich-Ungarn, hatte er eine Seelenverwandte. Schließlich wurde er für geisteskrank erklärt. Er ertrank im Starnberger See unter bis heute nicht geklärten Umständen. Die Schlösser und seine geheimnisvolle Person finden bis heute ein großes Interesse, es gibt einen regelrechten Kult um den „Kini" (= bayerisch für König) mit König-Ludwig-Vereinen, Filmen, einem König-Ludwig-Musical, Souvenirs für Touristen ...

2

Ein Telefongespräch führen: Um Informationen bitten

1. Die TN haben schon geübt, schriftlich Informationen zu Hotelangeboten einzuholen (Lektion 10) und Telefongespräche mit Dienstleistern zu führen (Lektion 12). Verknüpfen Sie diese Vorkenntnisse der TN und üben Sie mit Ihnen Telefongespräche, um Auskünfte zu besorgen: Spielen Sie das Telefongespräch mit Haus „Märchenprinz" noch einmal vor.
2. Die TN teilen sich in zwei Gruppen: Eine Gruppe achtet auf die Fragen des Anrufers und notiert diese, die andere Gruppe achtet auf die Antworten des Hotelmitarbeiters und macht Notizen dazu.
3. Sammeln Sie die Fragen und Antworten an der Tafel.
4. Wiederholen Sie mit den TN die Phasen eines typischen Telefonats zur Informationsbeschaffung: 1. Das Hotel meldet sich. 2. Der Anrufer meldet sich mit Namen (Achtung, das unterlässt der Anrufer in diesem Telefonat!) und nennt sein Anliegen / seine erste Frage. 3. Der Hotelmitarbeiter beantwortet die erste Frage und kann auch selbst Fragen stellen (z.B. „Wie lange möchten Sie denn bleiben?"), der Anrufer kann weitere Fragen stellen. 4. Am Ende bedankt sich der Anrufer für die Auskünfte. 5. Verabschiedung.
5. Erarbeiten Sie, wenn nötig, einen Mustergespräch mit den TN.
6. Die TN finden sich paarweise zusammen und schreiben ein Telefongespräch mit Fragen und Informationen zu den Hotelangeboten der Seite.
7. Die TN spielen ihr Gespräch auswendig mit Handys als Requisiten vor.

Weitere Materialien für noch mehr Abwechslung im Unterricht finden Sie unter www.hueber.de/schritte-international.

NEUE KLEIDER

Folge 13: *Ein Notfall*
Einstieg in das Thema: Kleiderkauf

Materialien
1 Kopiervorlage L13/1

1   **Vor dem Hören: Das Wortfeld „Kleidung"**

1.   Wenn Ihre TN Englischkenntnisse haben, verteilen Sie die Kopiervorlage L13/1. Die TN erarbeiten die Wörter, die für die Foto-Hörgeschichte wichtig sind. Die Bücher bleiben geschlossen.
Variante: Wenn die TN schon geringe Deutschkenntnisse haben, schreiben Sie als Stichwort „Kleidung" an die Tafel und erarbeiten Sie zusammen mit den TN einen Wortigel, indem Sie z.B. auf Ihre Hose zeigen und fragen: „Wie heißt das auf Deutsch?" Notieren Sie „die Hose" an der Tafel und wiederholen Sie das Vorgehen mit einem anderen Kleidungsstück. Die TN nennen alle Kleidungsstücke, die sie kennen. Ergänzen Sie dabei nach und nach den Wortigel. Die TN bringen ihr Vorwissen ein, eventuelle Artikelfehler können korrigiert und fehlende Artikel gemeinsam ergänzt werden.

2.   Zeigen Sie willkürlich auf einige Fotos der Foto-Hörgeschichte und fragen Sie: „Wo sehen Sie eine Jacke?", „Wo sehen Sie eine Hose?" etc. Die TN zeigen auf die entsprechenden Fotos im Buch.

3.   Deuten Sie auf die Foto-Hörgeschichte und fragen Sie: „Was meinen Sie? Was kauft Timo?" Die TN betrachten die Fotos und stellen Vermutungen an. Tragen Sie diese im Plenum mündlich zusammen. Nach dem ersten Hören können die TN ihre Vermutungen überprüfen und mit Hilfe von Aufgabe 3 (siehe unten) korrigieren.

2   **Beim ersten Hören**

1.   Fragen Sie: „Wer kauft gern ein?" und fordern Sie die TN auf, sich beim ersten Hören auf diese Frage zu konzentrieren.

2.   Die TN hören die Foto-Hörgeschichte und sehen sich dabei die Fotos an.
Lösung: Anja

3.   Fragen Sie auch, ob Timo gern einkauft. Warum ja, warum nein?

4.   *fakultativ:* Wie stehen die TN zum Thema „Shopping"? Gehen Sie gern oder weniger gern einkaufen? Lassen Sie die TN kurz berichten.

3   **Nach dem ersten Hören: Den Inhalt zusammenfassen**

1.   Fragen Sie noch einmal: „Was kauft Timo?" Die TN nennen aus dem Gedächtnis Timos Einkäufe, bevor sie den Lückentext im Buch ergänzen.

2.   Die TN hören, wenn nötig, die Foto-Hörgeschichte noch einmal und korrigieren ihre Lösungen zunächst selbstständig.

3.   Abschlusskontrolle im Plenum. *Lösung:* Hose; Hemd; Pullover; Gürtel; Jacke; Schuhe

TIPP

> Da manchen TN der Textzusammenhang oft erst bewusst wird, wenn sie sich selbst schreibend damit auseinander setzen, können Sie die kurze Zusammenfassung zum Abschluss diktieren. Lesen Sie dazu jeden Satz zweimal langsam und deutlich vor: beim ersten Mal komplett und dann in kleinen Sinneinheiten, die sich die TN gut merken und niederschreiben können. Lesen Sie den Text abschließend noch einmal im Ganzen vor, bevor die TN ihren Text mit ihrer Partnerin / ihrem Partner austauschen und dann den Text der/des anderen mit Hilfe des zuvor ausgefüllten Lückentextes korrigieren. Wer mehr als drei Fehler hat, schreibt den Text als Hausaufgabe noch einmal vollständig ab. Wenn Sie öfter kurze Zusammenfassungen mit den TN erarbeiten, können diese schließlich selbst kurze Diktate schreiben und ihrer Partnerin / ihrem Partner diktieren.

4   **Nach dem Hören: Wichtige Details verstehen**

1.   Weisen Sie die TN noch einmal auf Foto 1 hin und fragen Sie, warum Timo auf die Uhr zeigt. Die TN sollten sich daran erinnern, dass Anja bald arbeiten muss. Fragen Sie ggf. noch einmal nach, was Anja von Beruf ist und wo sie arbeitet.

2.   Zeigen Sie auf Foto 6 und spielen Sie Track 27 noch einmal vor. Die TN achten genau darauf, was Anja sagt.

3.   Sprechen Sie mit den TN über Anjas Aussagen.
Lösung: Sie sagt, sie hat einen Notfall. Sie kann erst um halb fünf kommen.

4.   Erklären Sie das Wort „Notfall": Notfälle gibt es oft für Ärzte. Etwas Schlimmes ist passiert und der Arzt muss sich sofort um die Person(en) kümmern.

5.   Fragen Sie die TN, warum Anja einen Notfall hat. Ist das wirklich ein Notfall? Die TN sollten verstanden haben, dass Anja eigentlich längst in der Praxis sein sollte. Sie möchte aber noch eine Jacke und Schuhe für Timo kaufen. Das macht ihr Spaß.

Die Hose da! Die ist toll!

Das Wortfeld „Kleidung"; der bestimmte Artikel als Demonstrativpronomen
Lernziel: Die TN können Gefallen und Missfallen ausdrücken.

A **13**

A1 **Präsentation des Wortfelds „Kleidung"**

1. Deuten Sie auf der Folie auf das Bild und fragen Sie: „Was ist das?" Die TN haben durch die Foto-Hörgeschichte bereits einige Wörter zum Thema „Kleidung" gelernt und können die Begriffe daher ohne Schwierigkeiten ergänzen. Notieren Sie die Antworten der TN auf der Folie.
2. Abschlusskontrolle mithilfe der Folie und des Hörtextes.
   Lösung (Lücken von links oben nach rechts unten): das Hemd, der Pullover, die Jacke, die Hose, die Schuhe
3. *fakultativ:* Die TN finden sich paarweise zusammen und erhalten jeweils zweimal einen Kartensatz von Kopiervorlage L13/A1. Sie mischen die Karten, legen sie verdeckt auf dem Tisch aus und suchen dann abwechselnd nach zusammengehörenden Karten, indem sie jeweils zwei Karten aufdecken. Passen die Karten zusammen, darf sie der TN behalten, passen sie nicht zusammen, werden sie wieder verdeckt an ihren Platz gelegt etc. Wer am Schluss die meisten Kartenpaare hat, hat gewonnen. Auf diese Weise wird der neue Wortschatz spielerisch gefestigt. Wer möchte, kann die Wörter anschließend ins Lerntagebuch übertragen.

Arbeitsbuch 1–2: als Hausaufgabe

A2 **Variation: Präsentation des bestimmten Artikels als Demonstrativpronomen; Anwendungsaufgabe zum Wortfeld „Kleidung"**

1. Erinnern Sie die TN an die Wendung „Wie gefällt Ihnen/dir …?", die sie bereits aus *Schritte international 1*, Lektion 4 kennen. Dazu können Sie die Frage sowie einige mögliche Redemittel für die Antwort (Gut / Sehr gut / Nicht so gut …) an der Tafel notieren. Erklären Sie, dass hier „finden" = „gefallen" ist. Verweisen Sie die TN in diesem Zusammenhang auch auf den Infospot und erklären Sie ggf. das Wort „langweilig", indem Sie ein Buch hochhalten, ein Gähnen vortäuschen und sagen: „Das Buch ist nicht interessant, es ist <u>langweilig</u>."
2. Die TN sehen sich noch einmal das Schaufenster aus A1 an und lesen die Beispiele. Gehen Sie weiter vor wie auf Seite 8 beschrieben. Weisen Sie die TN ggf. darauf hin, dass sie sich den jeweiligen Artikel der zu variierenden Kleidungsstücke aus Aufgabe A1 heraussuchen können.
3. Notieren Sie dann an der Tafel zwei Beispiele:

Erklären Sie den TN, dass man Gefallen und Missfallen mithilfe von „sein" oder „finden" und „gefallen" ausdrücken kann. Veranschaulichen Sie anhand des Tafelbildes, dass nach „sein" und „gefallen" der bestimmte Artikel im Nominativ folgt, nach „finden" aber im Akkusativ. Zeigen Sie auch, dass die bestimmten Artikel allein stehen können. Das zugehörige Nomen muss nicht wiederholt werden. Erinnern Sie die TN an dieser Stelle auch an die Pronomen „er/es/sie/sie" und weisen Sie darauf hin, dass in der gesprochenen Sprache häufig die Artikel an Stelle der Pronomen benutzt werden. Weisen Sie die TN auch auf die Grammatikspots hin.

Arbeitsbuch 3–7: in Stillarbeit oder als Hausaufgabe

Die Hose da! Die ist toll!

Das Wortfeld „Kleidung"; der bestimmte Artikel als Demonstrativpronomen
Lernziel: Die TN können Gefallen und Missfallen ausdrücken.

Materialien
Lerntagebuch: Plakate
A3 Versandhauskataloge, Zeitungsprospekte
und/oder Modezeitschriften

**LERN
TAGEBUCH**

Arbeitsbuch 8: Ergänzen Sie zusammen mit den TN den ersten Wortigel. Die TN sammeln, was man „super", „toll", „klasse" finden kann. Teilen Sie dann den Kurs in Kleingruppen von 3–4 TN auf. Die Gruppen entscheiden sich für eines der vorgegebenen Adjektive und notieren in der Gruppe Assoziationen dazu. Anschließend übertragen sie diese auf ein Plakat (DIN A3) und hängen es im Kursraum auf.

Hinweis: Hier dienen die Wortigel nicht dazu, sich ein Wortfeld zu erarbeiten. Vielmehr sollen sich die Adjektive mit Hilfe von Assoziationen besser einprägen. Indem ihre Bedeutung an konkrete und für die TN nachvollziehbare Kontexte/Gegenstände gebunden wird, können sie besser behalten und später wieder abgerufen werden. Die TN können ihre Assoziationen im Kurs vergleichen und dabei sicher feststellen, wie unterschiedlich die Vorstellungen davon sein können, was z.B. günstig ist, etc.

fakultativ: Wer möchte, kann zu Hause in seinem Lerntagebuch weitere Wortigel zu anderen bereits bekannten Adjektiven wie „groß", „klein", „teuer" etc. machen.

A3

Aktivität im Kurs: Gefallen und Missfallen ausdrücken

1. Bringen Sie Versandhauskataloge, Zeitungsprospekte oder Modezeitschriften mit und verteilen Sie das Anschauungsmaterial an Kleingruppen von 3–4 TN.

2. Spielen Sie mit einem TN einen Musterdialog durch. Halten Sie dazu einen Katalog hoch, deuten Sie z.B. auf eine Bluse und sagen Sie: „Die Bluse hier ist schön!" Fragen Sie dann, wie sie/er die Bluse findet. Machen Sie, wenn nötig, noch weitere Beispiele im Plenum, bevor sich die TN in Kleingruppen gegenseitig befragen bzw. sich anhand der Kataloge und Prospekte über ihren Modegeschmack austauschen. Gehen Sie herum und helfen Sie bei Schwierigkeiten.

Materialien
B1 Versandhauskataloge und/oder
   Modezeitschriften
B4 Korb oder große Tasche

Die Hose gefällt **mir**! Und **dir**?

Verben mit Dativ; Personalpronomen im Dativ
Lernziel: Die TN können Gefallen und Missfallen ausdrücken.

B **13**

B1 **Präsentation: Personalpronomen im Dativ**

1. Lesen Sie gemeinsam mit den TN das Beispiel. Die TN verbinden die übrigen Sätze.
2. Abschlusskontrolle im Plenum.
   Lösung: b) Schön, das gefällt mir. c) Nein, die gefallen mir nicht so gut. d) Doch, der gefällt mir gut, aber er ist zu kurz.
3. „Gefallen" sowie die Höflichkeitsform der Dativpronomen sind den TN als Wendung bereits aus *Schritte international 1*,
   Lektion 4 bekannt. Das Paradigma der Personalpronomen im Dativ wird nun systematisiert und vervollständigt. Zeigen Sie
   anhand des Tafelbildes, dass die Person (*Ihnen, mir*) stets im Dativ steht, die Sache (*der Pullover* z.B.), um die es geht, aber
   im Nominativ. Verdeutlichen Sie dies mithilfe von Beispielen, indem Sie
   z.B. auf eine Hose in einer Modezeitschrift deuten und einen TN
   fragen: „(Adrian), gefällt <u>Ihnen</u> die Hose?" Warten Sie die Antwort des
   TN ab und wiederholen Sie dann: „Aha, die Hose gefällt <u>Ihnen</u> (nicht)."
   Fragen Sie dann einen anderen TN: „Gefällt (Adrian) die Hose?"
   Ergänzen Sie bei einer Antwort mit „Ja" oder „Nein" ggf.: „Die Hose
   gefällt <u>ihm</u> (nicht)." Wiederholen Sie diese Vorgehensweise einige Male
   und vervollständigen Sie dabei an der Tafel nach und nach das
   Paradigma. Weisen Sie die TN auch auf den Grammatikspot hin.

B2 **Variation: Anwendungsaufgabe zu den Personalpronomen im Dativ**

1. Die TN sehen sich das Bild an und stellen Vermutungen zur Situation an. Sie sollten erkennen, dass die Kleidungsstücke
   nicht passen, die Tochter ihre Mutter also „anlügt", um sie nicht zu kränken.
2. Gehen Sie weiter vor wie auf Seite 8 beschrieben.
3. Weisen Sie die TN abschließend darauf hin, dass Sätze mit „passen" genauso gebildet werden wie Sätze mit „gefallen".
   Schreiben Sie ggf. einige Beispiele an die Tafel.

B3 **Aktivität im Kurs: Über Gefallen und Missfallen sprechen**

1. Zeichnen Sie analog zum Buch eine Tabelle an die Tafel und sammeln Sie mit den TN, was sie über die deutschsprachigen
   Länder wissen.
2. Verweisen Sie die TN auf den Infospot und erklären Sie ihnen die Bedeutung des Verbs „schmecken", indem Sie sich den
   Bauch reiben und sagen: „Mmh, Kuchen schmeckt mir. Und Ihnen?"
   Schreiben Sie auch an die Tafel:

   > schmeckt !
   > Kuchen ~~gefällt~~ mir.

   Erklären Sie, dass man bei Lebensmitteln sagt „(Der) Kuchen schmeckt mir (nicht so) gut." und nicht „(Der) Kuchen gefällt
   mir (nicht so) gut."
   Hinweis: Nicht in allen Sprachen gibt es für „gefallen" und „schmecken" unterschiedliche Wörter. Wenn das in Ihrer Sprache auch
   der Fall ist, ist es wichtig, die TN auf die Unterscheidung im Deutschen aufmerksam zu machen. Weisen Sie die TN anhand des
   Infospots auch darauf hin, dass „schmecken" wie „gefallen" und „passen" mit Pronomen im Dativ gebraucht wird.
3. Die TN finden sich in Kleingruppen von 3–4 TN zusammen und tauschen sich mit Hilfe der Redemittel im Buch darüber aus,
   was ihnen in den deutschsprachigen Ländern gefällt und was ihnen nicht so gut gefällt.

B4 **Aktivität im Kurs: Sich nach dem Besitz von Gegenständen erkundigen**

1. Bringen Sie einen Korb oder eine große Tasche mit. Gehen Sie damit reihum und bitten Sie die TN, je einen persönlichen
   Gegenstand hineinzulegen.
2. Breiten Sie die eingesammelten Gegenstände dann für alle sichtbar auf dem Tisch oder auf dem Boden aus, halten Sie z.B.
   ein Wörterbuch hoch und fragen Sie einen TN: „Gehört das Wörterbuch Ihnen?" Fragen Sie so lange, bis Sie die
   Besitzerin / den Besitzer ausfindig gemacht haben, und händigen Sie ihr/ihm den Gegenstand wieder aus. Auf diese Weise
   wird auch die Bedeutung von „gehören" veranschaulicht. Verweisen Sie zusätzlich auf den Infospot und machen Sie die TN
   darauf aufmerksam, dass „Die Brille gehört mir nicht." und „Das ist nicht meine Brille." denselben Sachverhalt ausdrücken.
3. Wer gerade den eigenen Gegenstand zurückbekommen hat, darf als Nächster an den Tisch treten und die Fragerunde
   fortsetzen.

Arbeitsbuch 9–14: in Stillarbeit oder als Hausaufgabe: Mit Übung 10 können die TN sich ein System der Personalpronomen im
Dativ erstellen.

PHONETIK   **Arbeitsbuch 15:** Die TN haben in Lektion 10 bereits den Vokalneueinsatz geübt und gesehen, dass das Deutsche weniger
zwischen den Wörtern verbindet als manche anderen Sprachen (z.B. die romanischen Sprachen). Endet ein Wort aber auf
denselben Laut, mit dem das nächste Wort beginnt, werden die Wörter miteinander verbunden. Spielen Sie die CD vor. Die TN
sprechen nach. Lassen Sie die TN auch den Neueinsatz markieren, z.B. bei „Maria / und" oder „du / aus".

13  **C** Mit Hemd siehst du gleich viel **besser** aus.

Komparativ und Superlativ von *gut, gern, viel*
Lernziel: Die TN können etwas bewerten und Vorlieben ausdrücken.

C1   **Präsentation: Komparativ und Superlativ von *gut***

1. Klären Sie vorab die Bedeutung von „aussehen", indem Sie sich speziell an die weiblichen TN wenden und fragen: „Wie finden Sie Timo? Gefällt er Ihnen?" Wenn sie Ihre Frage bejahen, können Sie erwidern: „Aha, Timo sieht also gut aus." So wird klar, dass man mit „aussehen" das Äußere einer Person beschreiben kann. Die TN sehen sich Foto a) an und können jetzt ohne Schwierigkeiten den Satz ergänzen.

2. Ein TN liest Beispiel b) vor. Deuten Sie auf Foto b) und fragen Sie: „Was trägt Timo hier?" und „Sieht Timo jetzt anders aus?" Lesen Sie vor: „Mit Hemd sieht Timo besser aus." Verfahren Sie mit Foto c) ebenso.
   Lösung: a) gut; c) am besten

3. Verweisen Sie auch auf den Grammatikspot.

   ❗ Auf der Niveaustufe A1 lernen die TN nur die Komparation von „gut", „viel" und „gern" kennen, da diese Formen besonders frequent sind. Verzichten Sie hier auf eine weiter gehende Einführung des Komparativs bzw. Superlativs. Diese sind Stoff der Niveaustufe A2 und werden in *Schritte international 4*, Lektion 9, systematisiert.

C2   **Vor dem Lesen: Vermutungen über den Inhalt anstellen**

1. Die TN lesen zunächst die drei Aussagen und betrachten dann das Foto aus C3. Die Wörter „Geige" und „geigen" sollten sich durch das Foto erschließen. Fragen Sie, wie der Mann auf dem Fahrrad sitzt, und erklären Sie so das Wort „rückwärts". Fordern Sie die TN auf, sich das Foto noch einmal genau anzusehen, und fragen Sie: „Was macht der Mann?"

2. Die TN kreuzen die richtige Antwort an.

3. Abschlusskontrolle im Plenum. *Lösung:* Er kann am besten rückwärts Fahrrad fahren und Geige spielen.

C3   **Leseverstehen: Schlüsselinformationen sammeln; Präsentation des Komparativs und des Superlativs von *gern* und *viel***

1. Fragen Sie vorab: „Was macht Christian Adam in seiner Freizeit gern?", „Was macht er lieber?" und „Was macht er am liebsten?" sowie „Was trainiert er viel?", „Was trainiert er mehr?" und „Was trainiert er am meisten?" Die TN lesen den Text und füllen die Tabelle in Partnerarbeit aus.

2. Abschlusskontrolle im Plenum. Verweisen Sie die TN an dieser Stelle auf den Grammatikspot. Sollte die Bedeutung von „lieber", „am liebsten", „mehr" und „am meisten" nach dem Lesen noch nicht deutlich sein, geben Sie einige weitere Beispiele an der Tafel:

> **+**
> *Ich esse gern Obst.*
>
> **++**
> *Noch lieber esse ich Salat.*
>
> **+++**
> *Und am liebsten esse ich Fisch.*
> *= Mein Lieblingsessen ist Fisch.*

Lösung: lieber: Geige spielen; am liebsten: Fahrrad fahren und Geige spielen; viel: Fahrrad fahren; mehr: Geige spielen; am meisten: beides zusammen / Fahrrad fahren und Geige spielen

Arbeitsbuch 16–18: als Hausaufgabe

C4   **Aktivität im Kurs: Ratespiel**

1. Schreiben Sie die Frage: „Was machen Sie in Ihrer Freizeit?" an die Tafel und sammeln Sie die Antworten. So wird das Wortfeld „Freizeitaktivitäten" wiederholt.

2. Fragen Sie einen der TN: „Was machen Sie in Ihrer Freizeit?" Fragen Sie einen weiteren TN: „Und Sie? Machen Sie das auch gern? Was machen Sie lieber?"

3. Die TN lesen den Notizzettel im Buch und schreiben nach demselben Muster einen eigenen Zettel über einen anderen TN, den sie gut kennen.
    Variante: Wenn die TN nur sehr wenig übereinander wissen, können sie vorab mit Block und Stift durch den Kursraum gehen und verschiedene TN befragen, was sie gern, lieber und am liebsten machen. Sie schreiben dann mithilfe ihrer Notizen einen Steckbrief wie im Beispiel. Regen Sie fortgeschrittenere TN dazu an, über das Thema Freizeit hinauszugehen und zu fragen, was die Partnerin / der Partner gern/lieber/am liebsten liest, hört, kocht oder kann.

4. Die TN lesen ihren Zettel vor, die anderen raten, um wen es sich handelt.

Welche? – Diese hier.

Frageartikel *welch-*; Demonstrativpronomen *dies-*
Lernziel: Die TN können über Vorlieben sprechen und unter mehreren Gegenständen eine Auswahl treffen.

D 13

D1 **Präsentation: Frageartikel *welch-* und Demonstrativpronomen *dies-* im Nominativ**
1. Die TN hören die drei Hörbeispiele so oft wie nötig und ergänzen Dialog b) und c).
2. Abschlusskontrolle mit Hilfe einer Folie im Plenum. *Lösung:* b) Welcher, Dieser; c) Welches, Dieses
3. Bitten Sie dann zur Veranschaulichung der Bedeutung von „welch-" bzw. „dies-" zwei TN um ihre Jacken. Spielen Sie Dialog a) noch einmal vor, wobei Sie beide Jacken hochhalten und einen schon geübteren TN fragen: „Gefällt Ihnen die Jacke?" Auf die Frage des TN: „Welche?" deuten Sie auf eine der beiden Jacken und sagen: „Diese."
4. Entwickeln Sie gemeinsam mit den TN ein Tafelbild:

> die Jacke → Welche? → Diese.
> der Pullover → Welcher? → Dieser.
> das Hemd → Welches? → Dieses.

Markieren Sie die Endungen. Die TN stellen sicher fest, dass die Endungen von „welch-" und „dies-" analog zum Artikel des Wortes sind. Verweisen Sie auch auf den Grammatikspot.

D2 **Anwendungsaufgabe zu *welch-* und *dies-***
1. Deuten Sie auf das Bild im Buch und fragen Sie: „Was ist ein Fundbüro?" Nach Möglichkeit erklären die TN den Begriff selbst. Wenn niemand weiß, was ein Fundbüro ist, machen Sie ein Beispiel, indem Sie sagen: „Mein Schlüssel ist weg." und dabei so tun, als würden Sie Ihren Schlüssel suchen. Fahren Sie fort: „Jemand hat den Schlüssel gefunden und bringt ihn ins Fundbüro. Ich kann meinen Schlüssel im Fundbüro abholen."
   Hinweis: Wenn Sie viele kognitive Lerner im Kurs haben, können Sie „Fund<u>büro</u>" von „<u>ge</u>fun<u>den</u>" ableiten.
2. Die TN hören den Beispieldialog und lesen mit. Ggf. können zwei TN den Dialog noch einmal vorlesen. Wiederholen Sie dann die letzten beiden Sätze: „Welche Tasche gehört Ihnen denn? – Diese dort!" und unterstreichen Sie die Bedeutung des Demonstrativpronomens, indem Sie im Buch auf eine der Taschen zeigen. Die TN üben weitere Beispiele im Plenum.
3. *fakultativ:* Sammeln Sie von den TN Handys, Schlüssel, Wörterbücher, Stifte etc. ein und spielen Sie Fundbüro. Ein TN beginnt, indem sie/er an den Tisch mit den gesammelten Gegenständen tritt und z.B. nach dem „verlorenen" Handy fragt. Spielen Sie mit ihr/ihm einen Dialog in Anlehnung an das Beispiel im Buch vor. Anschließend darf sie/er den Angestellten spielen und ein anderer TN fragt nach einem „verlorenen" Gegenstand usw.
   Hinweis: Wenn Ihr Kurs sehr groß ist, sollten Sie sich darauf beschränken, die Situation einige Male exemplarisch vorspielen zu lassen, da es sonst zu lange dauert und langweilig wird.

Arbeitsbuch 19: in Stillarbeit oder als Hausaufgabe

D3 **Präsentation des Frageartikels *welch-* und des Demonstrativpronomens *dies-* im Akkusativ**
1. Sehen Sie sich zusammen mit den TN die Redemittel an und erklären Sie ggf. das Verb „anziehen", indem Sie demonstrativ Ihre Jacke anziehen und sagen: „Ich ziehe meine Jacke an." Die TN sehen sich die Zeichnungen an und lesen den Musterdialog. Zeigen Sie mithilfe des Grammatikspots, dass sich die Formen von „welch-" und „dies-" auch im Akkusativ nach dem Genus des nachfolgenden Substantivs richten. Notieren Sie zur Verdeutlichung ein Beispiel an der Tafel:

> der Rock
>
> A: „Ziehen Sie doch den Rock an!
>   Der passt Ihnen sicher gut."
> B: „Welchen Rock soll ich anziehen?"
> A: „Diesen."

2. Die TN üben in Partnerarbeit Minidialoge zu den Zeichnungen. Gehen Sie herum und helfen Sie bei Schwierigkeiten.

Arbeitsbuch 20–21: in Stillarbeit oder als Hausaufgabe

13 **D**

Welche? – Diese hier.

Frageartikel *welch-*; Demonstrativpronomen *dies-*
Lernziel: Die TN können über Vorlieben sprechen und unter mehreren Gegenständen eine Auswahl treffen.

Materialien
D4 Kopiervorlage zu D4 (im Internet)
Lerntagebuch: Plakate

D4   **Aktivität im Kurs: Partnerinterview**

1. Führen Sie zunächst das Verb „mögen" ein und zeigen Sie, dass es hier ähnlich wie „finden" verwendet wird. Notieren Sie dazu ein Beispiel an der Tafel:

> *Ich mag Fußball. Und Sie?*
> *= Fußball finde ich gut. Und Sie?*
>
> *Ich auch.* ☺ */ Ich nicht.* ☹

Sagen Sie dann zu einem TN: „Ich mag Fußball. Und Sie?" Machen Sie, wenn nötig, weitere Beispiele.

2. Sehen Sie sich zusammen mit den TN die Beispiele im Buch an und fragen Sie: „Welche Stadt in Deutschland finden Sie gut?" Machen Sie ggf. weitere Beispiele im Plenum.

3. Erstellen Sie mit den TN einen Fragenkatalog oder verteilen Sie die Kopiervorlage zu D4 (im Internet). Anschließend befragen sie sich in Partnerarbeit gegenseitig und notieren die Antworten der Partnerin / des Partners. Geübte TN erstellen selbstständig einen Fragenkatalog für das Interview. Die Beispielsätze im Buch helfen ihnen dabei. Anschließend befragen sie sich gegenseitig. Gehen Sie herum und helfen Sie bei Schwierigkeiten.

LERN
TAGEBUCH

Arbeitsbuch 22: Die TN lesen die Beispiele und ergänzen die Tabelle um weitere Beispiele wie Sportarten, Tiere, Getränke, Personen etc. Anschließend füllen die TN die Tabelle nach ihren persönlichen Vorlieben aus. Gehen Sie herum und helfen Sie bei Schwierigkeiten. Durch diese Übung werden die TN dafür sensibilisiert, in welchen Kontexten man das Verb „mögen" benutzen kann. Wer will, überträgt seine Tabelle zum Abschluss auf ein Plakat, das im Kursraum aufgehängt wird. Später heften die TN die Blätter in ihrem Lerntagebuch ab.

Materialien		**E**	13
E1/E2 auf Folie	**Im Kaufhaus**		
E3 Kopiervorlage L13/E3	Kundengespräche im Kaufhaus		
Test zu Lektion 13	**Lernziel:** Die TN können sich im Kaufhaus orientieren und um Rat oder Hilfe bitten.		
Wiederholung zu Lektion 12 und Lektion 13			

E1 Präsentation des Wortfelds „Abteilungen im Kaufhaus"

1. Die TN sehen sich den Plan des Kaufhauses an. Skizzieren Sie an der Tafel ein Gebäude mit drei Etagen (Untergeschoss, Erdgeschoss und Obergeschoss). Fragen Sie: „Wo ist das Erdgeschoss?" Ein TN kommt an die Tafel und zeigt das Erdgeschoss. Tragen Sie „Erdgeschoss" in das Tafelbild ein und fragen Sie weiter nach dem Unter- und Obergeschoss.
2. Deuten Sie auf der Folie auf „Elektro" und fragen Sie: „Was kann man in der Elektroabteilung kaufen?" Sammeln Sie einige Beispiele im Plenum. Fragen Sie noch nach einigen anderen Abteilungen, bis das Wort „Abteilung" klar ist.
3. Die TN sehen sich das Foto von Familie Steinberg an. Fragen Sie: „Was braucht Horst?", „Was möchte Lukas?" etc. Sammeln Sie mit den TN, welche Gegenstände die Familie im Kaufhaus sucht.
4. Deuten Sie auf das Schild und fragen Sie: „Wohin geht Horst?", „Wohin geht Lukas?" etc. Zusätzlich können Sie nach den entsprechenden Abteilungen fragen: „In welche Abteilung geht ...?"
   Lösung: Lukas: ins Untergeschoss (in die Sportabteilung); Marie: ins Erdgeschoss (in die Bücherabteilung); Melanie: ins Erdgeschoss (in die Drogerieabteilung); Peter: ins Untergeschoss (in die Video/TV-Abteilung)

E2 Präsentation: Verkaufs- und Beratungsgespräche

1. Die TN sehen sich Bild A auf der Folie an. Decken Sie die Sätze zunächst ab. Fragen Sie: „Wo ist das?", „Was möchte der Mann?", „Was sagt er?" Die TN stellen Vermutungen an.
2. Decken Sie dann die Redemittel auf und fragen Sie: „Was passt?" Die TN lesen die Sätze in Stillarbeit und ordnen Bild A die passende Frage zu.
3. Die TN ordnen in Partnerarbeit die übrigen Sätze den Bildern zu.
4. Abschlusskontrolle mithilfe der Folie im Plenum. Gehen Sie an dieser Stelle ggf. auf Fragen zum Wortschatz ein. Der Ausdruck „... steht mir gut/besser" ist möglicherweise noch nicht bekannt. Sie können die Bedeutung mit „... passt gut/besser zu mir" oder „Mit ... sehe ich gut aus" gleichsetzen.
   Lösung: A 4; B 2; C 1; D 5; E 3

E3 Aktivität im Kurs: Kundengespräche – ein Spiel

1. Diese Aufgabe führt an den Prüfungsteil Sprechen, Teil 2, der Prüfung *Start Deutsch 1* heran. Die TN können sich am Beispiel von Einkaufssituationen mit der Aufgabenstellung vertraut machen.
2. Die TN finden sich paarweise zusammen und spielen abwechselnd Kundin/Kunde und Verkäuferin/Verkäufer: Ein TN liest still die Situationsbeschreibung und formuliert eine passende Frage, die Partnerin / der Partner antwortet.
3. *fakultativ:* Kopieren Sie die Kopiervorlage L13/E3 auf etwas stärkeren farbigen Karton und schneiden Sie die Karten aus. Jedes Paar / Jede Kleingruppe erhält einen Kartenstapel. Die TN lesen abwechselnd die Situationen vor und formulieren kurze Dialoge im Kaufhaus. Gehen Sie während des Spiels herum und helfen Sie bei Schwierigkeiten.

Arbeitsbuch 23–24: als Hausaufgabe

PRÜFUNG   **Arbeitsbuch 25:** Im Prüfungsteil Sprechen, Teil 2, der Prüfung *Start Deutsch 1* erhalten die TN Stichwortkarten – hier zum Thema „Einkaufen" – und sollen Fragen stellen bzw. beantworten. Im Kurs können Sie die Stichwörter vergrößern und als Kartensatz an Kleingruppen von 4–5 TN verteilen. Die TN üben in der Gruppe.

Einen Test zu Lektion 13 finden Sie auf Seite 122 f. Weisen Sie die TN auf die interaktiven Übungen auf ihrer Arbeitsbuch-CD hin. Die TN können mit diesen Übungen den Stoff der Lektion selbstständig wiederholen und sich ggf. auch auf den Test vorbereiten. Wenn Sie mit den TN den Stoff von Lektion 12 und Lektion 13 wiederholen möchten, verteilen Sie die Kopiervorlage „Wiederholung zu Lektion 12 und Lektion 13" (Seite 110–111): Kopieren Sie den Spielplan so oft auf DIN A3, dass die TN jeweils zu dritt spielen können. Jede Gruppe erhält ein Spielbrett, drei Spielfiguren und eine Münze. Gespielt wird im Uhrzeigersinn. Der erste TN wirft die Münze. Bei „Kopf" darf sie/er ein Feld vorrücken, bei „Zahl" zwei Felder. Wird die Aufgabe richtig gelöst, darf der TN auf dem Feld stehen bleiben, wenn die Antwort falsch ist, muss der TN ein Feld zurück. Ist das Feld bereits besetzt, darf der Spielstein des Mitspielers ein Feld zurückgesetzt werden, auch wenn dort dann zwei Spielfiguren stehen. Wer zuerst im Ziel ist, hat gewonnen.

Zwischenspiel 13
Mode?

Materialien
Kopiervorlage „Zwischenspiel zu Lektion 13"

1 **Kursgespräch über Mode und Stil**

1. Die TN betrachten die Fotos der Personen, ohne vorerst die Texte dazu zu lesen. Sie sagen, wie sie die Kleidung / den Stil der Personen finden. Dehnen Sie die Aktivität nicht zu lang aus, die TN sprechen später noch über ihren persönlichen Geschmack. Es geht nur um eine Einstimmung!
2. Die TN lesen den Einleitungstext im grünen Kasten und die Meinungen der interviewten Personen. Sie überlegen, mit welcher Meinung sie am ehesten übereinstimmen.
3. Die TN erklären ihrer Partnerin / ihrem Partner, wessen Meinung sie teilen.
4. Fragen Sie kurz, ob die TN solche Meinungen auch kennen oder ob ihnen eine der Meinungen sehr fremd, eventuell sehr deutsch, vorkommt.
5. Die TN lesen die Fragen zu Mode und Stil in der Tabelle und kreuzen in Stillarbeit ihre Meinung an. Notieren Sie die Tabelle in der Zwischenzeit an der Tafel.
6. Fragen Sie die TN, was sie von den einzelnen „Moden" halten. Die TN stimmen per Handzeichen ab. Machen Sie eine Strichliste in der Tabelle an der Tafel.
7. *fakultativ:* Kennen die TN Mode-Unterschiede zwischen ihrem Land und den deutschsprachigen Ländern? Diskutieren Sie mit den TN, wie sie die Kleidungsgewohnheiten in den deutschsprachigen Ländern finden. Wenn die TN hier keine Erfahrungen haben, aber dafür schon in andere Länder gereist sind, können sie auch über Sitten und Gebräuche dieser Länder bei der Kleiderfrage berichten. Es sollte deutlich werden, dass Mode nicht nur eine individuelle Geschmackssache ist, sondern dass man sich auch an kulturellen Regeln orientiert oder sogar orientieren muss.
8. Verteilen Sie die Kopiervorlage „Zwischenspiel zu Lektion 13". Die TN notieren in Partnerarbeit Stichpunkte zu Kleidungsstilen in bestimmten Kontexten. Sie berichten im Plenum darüber. Erklären Sie ggf. Kleiderzwänge in Deutschland.

**LÄNDER
INFO** In Deutschland scheint man in Bezug auf die Kleidung sehr frei zu sein. Tatsächlich kann sich im Prinzip jeder so kleiden, wie er möchte. Dennoch gibt es ungeschriebene Gesetze: In Banken und bei Versicherungen herrscht im Allgemeinen bei den Angestellten immer noch Krawattenpflicht für die Herren, auch werden Turnschuhe sicher nicht gern gesehen. In Bewerbungsratgebern gibt es seitenlange Empfehlungen für die adäquate Kleidung beim Vorstellungsgespräch: Mini-Röcke bei Frauen oder schmutzige Schuhe sind demnach verpönt! In Restaurants kommt es auf das Niveau des Lokals an. In einem 4-Sterne-Restaurant fühlt man sich in zerrissenen Jeans in Deutschland nicht wohl. Trachten wie das Dirndl und die Lederhose in Bayern und Österreich oder der Schwarzwaldmädel-Hut sind regional sehr verschieden und werden nur noch bei bestimmten (Volks-)Festen getragen. In ländlichen Gegenden sind Trachten aber manchmal auch bei Hochzeiten noch üblich.

2 **Über die persönliche Meinung zum Thema „Mode" sprechen**

1. Die TN schreiben einen kurzen Text über ihre Meinung zum Thema „Mode". Als Hilfestellung können sie die Beispiele in Übung 2 von der „Kopiervorlage zum Zwischenspiel" benutzen und/oder noch einmal ihren „Lieblingstext" im Kursbuch lesen.
   Variante: Diese Aufgabe können die TN auch als Hausaufgabe bearbeiten.
2. Wer Lust hat, liest seinen Text im Plenum vor.
3. Klären Sie die Bedeutung der Redewendung „Kleider machen Leute" (Übung 3 auf der Kopiervorlage) und diskutieren Sie mit den TN darüber: Stimmt die Aussage nach Meinung der TN? Warum ja, warum nein?

Weitere Materialien für noch mehr Abwechslung im Unterricht finden Sie unter www.hueber.de/schritte-international.

FESTE

Folge 14: *Das müssen wir feiern!*
Einstieg in das Thema: Anlässe für Feste

14

1   Vor dem Hören: Schlüsselwörter verstehen

1. Die TN lesen die Zitate aus der Foto-Hörgeschichte. Erklären Sie unbekannte Wörter wie „Rahmen" und „Boot", indem Sie auf die Gegenstände auf den Fotos zeigen.
2. Die TN ordnen die Sätze den Fotos zu.
   Variante: Vergrößern Sie die Zitate auf Kärtchen und hängen Sie das Poster zur Geschichte auf. Hängen Sie die Zitate gut sichtbar für alle auf. Helfen Sie bei Wortschatzfragen. Die TN entscheiden, wohin die Kärtchen passen und kleben die Zitate an die passenden Stellen.
3. Abschlusskontrolle im Plenum.
   Lösung: Herzlichen Glückwunsch: Foto 5, 7; Das habe ich heute auf dem Küchentisch gefunden: Foto 1; Wochenende, ein See, …: Foto 3; Da ist noch ein Boot: Foto 4; Natürlich. Ich komme gern: Foto 2

2   Vor dem Hören: Vermutungen über den Inhalt äußern

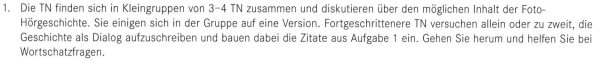

1. Die TN finden sich in Kleingruppen von 3–4 TN zusammen und diskutieren über den möglichen Inhalt der Foto-Hörgeschichte. Sie einigen sich in der Gruppe auf eine Version. Fortgeschrittenere TN versuchen allein oder zu zweit, die Geschichte als Dialog aufzuschreiben und bauen dabei die Zitate aus Aufgabe 1 ein. Gehen Sie herum und helfen Sie bei Wortschatzfragen.

   ! Fordern Sie keine beschreibende Erzählung, es ist für die TN auf diesem Niveau einfacher, die Geschichte in direkter Rede zu schreiben.
2. Die Gruppen stellen ihre Versionen der Foto-Hörgeschichte vor. TN, die einen Dialog geschrieben haben, lesen diesen vor.
3. Die TN legen fest, welche Wörter sie erwarten, in der Geschichte zu hören. Das könnten z.B. „Sekt", „Einladung" oder „Zertifikat Deutsch" sein, je nachdem, welche Wörter die TN in ihren Versionen schon muttersprachlich oder auf Deutsch verwendet haben.

3   Beim ersten Hören

1. Die TN hören die Geschichte einmal durchgehend.
2. Spielen Sie die Geschichte noch einmal vor, die TN achten jetzt darauf, inwiefern die Geschichte mit ihrer Version übereinstimmt bzw. welche Schlüsselwörter tatsächlich vorkommen.
3. Sprechen Sie mit den TN über ihre Ergebnisse: Wo gab es Übereinstimmungen, wo Abweichungen? Gab es etwas, was die TN überrascht hat?

4   Nach dem ersten Hören: Den Inhalt zusammenfassen

1. Die TN lesen die Aussagen. Helfen Sie, wenn nötig, bei Wortschatzproblemen.
2. Die TN legen allein oder zu zweit eine Reihenfolge fest.
3. Abschlusskontrolle im Plenum. *Lösung* (von oben nach unten): 3; 4; 2; 5; 6
4. *fakultativ:* Insbesondere ungeübte TN sollten die richtige Reihenfolge der Zusammenfassung noch einmal abschreiben, um ein Muster für die Zusammenfassung einer Geschichte zu haben.
5. Fragen Sie noch einmal nach, was die vier Freunde hier feiern (Das Bestehen einer Prüfung). Die TN nennen andere feierliche Anlässe in ihrer Sprache (z.B. Jubiläum, Geburtstag).

TIPP

Lassen Sie die TN zukünftig häufiger kurze Zusammenfassungen von Geschichten schreiben. Indem sich die TN schreibend damit auseinander setzen, werden ihnen die zentralen Aussagen bewusster. Die TN trainieren, sich auf das Wesentliche zu konzentrieren und Details wegzulassen. Und Sie können gut prüfen, ob der wesentliche Inhalt auch verstanden wurde.

5   Nach dem Hören: Hypothesen über die Fortsetzung der Foto-Hörgeschichte aufstellen

Wenn Sie überwiegend lernungewohnte TN im Kurs haben, geben Sie die Hypothesen aus dem Buch vor und erweitern Sie sie um ein paar weitere. Die TN stimmen darüber ab, wie es mit Timo und Anja, Anton und Corinna weitergeht. Fortgeschrittenere TN können eigene Hypothesen einbringen. Wenn die TN schon sehr gut im Schreiben auf Deutsch sind, können sie selbst eine Fortsetzung erfinden und z.B. einen kurzen Text schreiben oder sich in Kleingruppen ein Rollenspiel ausdenken und die Fortsetzung szenisch darstellen.

Das ist Freitag, der **siebzehnte**, ja?

Ordinalzahlen
Lernziel: Die TN können nach dem Datum fragen und das Datum angeben.

A1

Variation: Präsentation der Ordinalzahlen

1. Gehen Sie vor wie auf Seite 8 beschrieben. Schnelle TN schreiben die Antworten Corinnas in den Minidialogen an die Tafel.
2. Bringen Sie einen großen Kalender mit in den Kurs und zeigen Sie anhand der Sätze an der Tafel im Kalender die Daten (der dreißigste, der erste, der dritte, der elfte).
3. Markieren Sie in den Sätzen an der Tafel die Endungen *-te* bzw. *-ste* farbig und zeigen Sie mit einem Schaubild die Systematik der Ordinalzahlen:

Heute ist ...		*Heute* ist ...	
1 = eins	*1. = ... der **erste** (Dezember)*	*20 = zwanzig*	*20. = ... der zwanzig**ste** ...*
2 = zwei	*2. = ... der zwei**te** ...*	*21 = einundzwanzig*	*21. = ... der einundzwanzig**ste** ...*
3 = drei	*3. = ... der **dritte** ...*		
4 = vier	*4. = ... der vier**te** ...*		
...			

A2

Anwendungsaufgabe zu den Ordinalzahlen

1. Zwei TN lesen das Beispiel dialogisch vor.
2. Fragen Sie einen geübten TN: „Was für ein Tag ist der sechste Juli?" und gehen Sie mit den TN weitere Beispiele mit Hilfe des Kalenderblatts im Buch durch.
3. Die TN finden sich paarweise zusammen. Verteilen Sie an jedes Paar das Kalenderblatt für einen anderen Monat in Kopie. Wiederholen Sie vorab ggf. die Monate mit den TN (siehe Lektion 8). Die TN befragen sich gegenseitig. Gehen Sie herum und helfen Sie bei Schwierigkeiten.

Arbeitsbuch 1: als Hausaufgabe

A3

Erweiterung: Ordinalzahlen auf die Frage „Wann?"

1. Die Bücher bleiben geschlossen. Fragen Sie: „Wann ist die Hochzeit von Michael und Katrin?" und spielen Sie Dialog a) vor. Die TN versuchen, das richtige Datum herauszuhören, und notieren die Lösung. Sie öffnen ihr Buch und vergleichen mit der vorgegebenen Lösung.
2. Die TN lesen Aufgabe b) und hören den Dialog so oft wie nötig. Geben Sie genug Zeit zum Ankreuzen der Lösung und zum Lesen der nächsten Aufgabe, bevor Sie Dialog c) vorspielen.
3. Verfahren Sie mit Beispiel c) und d) genauso.
4. Abschlusskontrolle im Plenum.
   Lösung: b) am dreiundzwanzigsten. c) am elften April. d) vom zwölften bis zum dreißigsten August.
5. Verweisen Sie auf den Grammatikspot und zeigen Sie, dass man bei einer Datumsangabe auf die Frage „Wann?" mit „am" antwortet, wenn man einen Zeitpunkt angeben will, aber mit „vom ... bis" („zum"), wenn es sich um eine Zeitspanne handelt. Den Unterschied zwischen Zeitpunkt und Zeitspanne kennen die TN bereits aus *Schritte international 1*, Lektion 5. Verdeutlichen Sie diesen ggf. noch einmal mithilfe der Zeitleiste im Buch oder demonstrieren Sie dies mit Hilfe des mitgebrachten Kalenders.
6. *fakulativ:* Auf spielerische Weise können die TN mit dem Memo-Spiel der Kopiervorlage L14/A3 noch einmal die Datumsangaben üben.
7. Schreiben Sie Beispiele an die Tafel:

Welcher Tag ist *heute?*	→ *Heute* ist *der **elfte** April.*	
	→ *Heute* ist *der **dreißigste** August.*	
Wann haben *Sie Geburtstag?*	→ *Am **elften** April.*	
	→ *Am **dreißigsten** August.*	

Zeigen Sie anhand des Tafelbildes, dass die Ordinalzahlen für die Datumsangabe unterschiedliche Endungen haben, je nachdem, ob man auf die Frage „Welcher?" oder „Wann?" antwortet.

Arbeitsbuch 2–3: in Stillarbeit

Materialien
A1 Kalender
A2 Kalenderblätter
A3 Kopiervorlage L14/A3
A4 Plakate

Das ist Freitag, der **siebzehnte**, ja?

Ordinalzahlen
Lernziel: Die TN können nach dem Datum fragen und das Datum angeben.

A4   **Aktivität im Kurs: Eine Geburtstagsliste erstellen**

1. Notieren Sie an der Tafel die Frage: „Wann hast du Geburtstag?" und stellen Sie die Frage einem TN. Notieren Sie das Geburtsdatum exemplarisch an der Tafel.

2. Teilen Sie den Kurs je nach Größe in 2–3 Gruppen ein. Jede Gruppe wählt einen TN aus, der zunächst die Vornamen aller TN der Gruppe auf einem extra Blatt notiert.

3. Die TN fragen sich gegenseitig nach dem Geburtsdatum. Ein TN trägt die Daten auf dem Blatt ein. Wenn alle ihr Geburtsdatum genannt haben, ordnen die TN die Geburtsdaten chronologisch, übertragen die Liste auf ein Plakat und hängen dieses im Kursraum auf.
   Hinweis: Wenn jemand im Lauf des Kurses Geburtstag hat, können Sie diesen gemeinsam „auf Deutsch" mit Kaffee und Kuchen oder einem Grillfest feiern. Zum einen erleben die TN so selbst, wie man in einem deutschsprachigen Land Geburtstag feiert, zum anderen trägt ein gemeinsames Fest auch zu einer entspannten Kursatmosphäre bei, was für den Erfolg des Lernprozesses nicht zu unterschätzen ist.

4. *fakulativ:* Schreiben Sie „Wichtige Daten in meinem Leben" an die Tafel. Die TN schreiben in Stillarbeit oder als Hausaufgabe einige Sätze mit Datumsangabe zu wichtigen Ereignissen/Tagen in ihrem Leben. Lassen Sie die Sätze im Kurs vorlesen, damit die TN auch zeigen müssen, dass sie die Daten auch sprechen können.

Arbeitsbuch 4: als Hausaufgabe

14 B **Ich lade dich ein.**

Personalpronomen im Akkusativ
Lernziel: Die TN können über Personen und Gegenstände sprechen.

Materialien
B1 Kopiervorlage L14/B1
B2 auf Folie und als Arbeitsblatt ohne
      Schüttelkasten; Kopiervorlage L14/B2

B1 Präsentation der Personalpronomen im Akkusativ

1. Weisen Sie die TN darauf hin, dass sie Ausschnitte aus der Foto-Hörgeschichte hören werden, und spielen Sie Ausschnitt a) vor.
2. Schreiben Sie „Ich lade dich ein." an die Tafel und fragen Sie: „Wer ist *dich*?" Die TN können sicher richtig antworten. Fragen Sie auch, wie Anton Timo anspricht, wenn er ihn direkt anredet (= du) und zeigen Sie, dass „du" und „dich" zusammenhängen, allerdings ohne nähere Erklärungen zu geben.
3. Verfahren Sie mit den Ausschnitten b) bis d) genauso. Stoppen Sie nach jedem Ausschnitt und fragen Sie: „Wer ist ...?"
   Lösung: b) das Boot; c) Timo; d) der Rahmen
4. Erklären Sie den Bezug eines Akkusativobjekts als Personalpronomen mit einem Tafelbild:

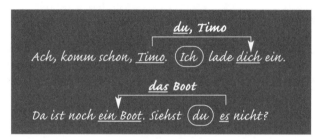

Die TN kennen schon den Akkusativ (siehe *Schritte international 1*, Lektion 6). Erinnern Sie die TN daran, dass ein schon genanntes Objekt durch ein Personalpronomen ersetzt werden kann. Wenn das Objekt im Akkusativ steht, wird auch das Personalpronomen verändert und bekommt eine eigene Form. Verteilen Sie zur Veranschaulichung ggf. Kopiervorlage L14/B1.

B2 Anwendungsaufgabe zu den Personalpronomen im Akkusativ

1. Die Bücher sind geschlossen. Die TN sehen Bild A auf der Folie an. Lesen Sie die Sprechblase vor und betonen Sie dabei die Personalpronomen. Zeigen Sie bei „Er" auf den jungen Mann, bei „mich" auf die junge Frau.
2. Die TN sehen sich Bild B an und suchen das passende Pronomen.
3. Die TN öffnen ihr Buch und ergänzen die übrigen Lücken im Buch in Partnerarbeit. Geübte TN erhalten die Aufgabe als Arbeitsblatt ohne Schüttelkasten. Gehen Sie herum und helfen Sie bei Schwierigkeiten.
4. Abschlusskontrolle im Plenum. *Lösung:* B ihn; C euch; D dich; E sie; F Sie
5. *fakultativ:* Wenn Sie mit den TN die Akkusativpronomen noch weiter üben möchten, verteilen Sie die Kopiervorlage L14/B2 als Arbeitsblatt. Gehen Sie ggf. die ersten beiden Beispiele im Plenum durch und markieren Sie auf der Folie das jeweilige Bezugswort. Abschlusskontrolle im Plenum.
   Lösung: a) dich; b) ihn; c) sie; d) ihn; e) ihn; f) sie; g) sie

Arbeitsbuch 5–9: in Stillarbeit oder als Hausaufgabe

B3 Aktivität im Kurs: Ratespiel

1. Lesen Sie gemeinsam mit den TN die Beispiele und weisen Sie die TN noch einmal explizit auf die Personalpronomen „ihn", „sie" etc. hin. Fordern Sie dann einen geübten TN auf, ein eigenes Beispiel zu machen. Die anderen TN raten. Ggf. können noch weitere TN ein Beispiel nennen, bis alle die Aufgabe verstanden haben.
2. Die TN finden sich in Kleingruppen von 3–4 TN zusammen und überlegen gemeinsam weitere Rätselaufgaben, die sie schriftlich festhalten. Gehen Sie herum und helfen Sie bei Schwierigkeiten.
3. Die Gruppen stellen sich ihre Rätselfragen gegenseitig.

..., **denn** du hast das Ding in der Küche vergessen.

C 14

Konjunktion *denn*
Lernziel: Die TN können Gründe angeben.

C1 Präsentation: Konjunktion *denn*

1. Die TN lesen die Zitate in Stillarbeit und ordnen sie zu. Wer fertig ist, kann mit der Partnerin / dem Partner vergleichen.
2. Abschlusskontrolle im Plenum.
   Lösung: a) denn so ein gutes Zertifkat muss man feiern. b) denn das Fest soll eine Überraschung sein. c) denn er hat es in der Küche vergessen.
3. Zeigen Sie mithilfe des Grammatikspots, dass man mit der Konjunktion „denn" Gründe angeben kann.
   Einige fortgeschrittenere TN kennen vielleicht schon die Konjunktion „weil". In diesem Fall können Sie erwähnen, dass „denn" und „weil" dieselbe Bedeutung haben. Verzichten Sie aber unbedingt auf die Einführung von „weil" und die damit verbundene Nebensatzkonstruktion. Nebensätze sind Stoff der Niveaustufe A2. Die Konjunktion „weil" wird in *Schritte international 3*, Lektion 1 eingeführt.

C2 Leseverstehen: Einladungen zu- bzw. absagen

1. Ein TN liest die SMS auf Jochens Handy vor. Fragen Sie: „Was möchte Jochen feiern?"
2. Deuten Sie dann auf die E-Mails bzw. die SMS rechts und sagen Sie: „Jochen hat seine Freunde eingeladen. Das sind ihre Antworten." Greifen Sie exemplarisch die SMS von Karin heraus und fragen Sie: „Kommt Karin zur Party?" Die TN lesen die SMS und entscheiden, ob Aussage a) richtig oder falsch ist. Kontrollieren Sie die Antwort im Plenum, bevor die TN die übrigen Aufgaben in Partnerarbeit lösen.
3. Abschlusskontrolle im Plenum. Fragen Sie dabei: „Warum ist das falsch?" Die TN stellen die Aussagen richtig.
   Lösung: a) richtig; b) richtig; c) richtig; d) falsch (Tanja ist im Krankenhaus. Er muss sich um die Kinder kümmern.); e) falsch (Selim fliegt nach Hause. Er bleibt zwei Wochen bei seinen Eltern.)

C3 Schreiben: Eine Einladung absagen

1. Die TN lesen die Einladung von Jochen noch einmal. Fragen Sie: „Wann möchte Jochen seinen Geburtstag feiern?" Sagen Sie dann zu den TN: „Sie sind auch eingeladen, aber Sie können nicht kommen. Erklären Sie das." Sammeln Sie mit den TN Gründe, warum sie keine Zeit haben. Notieren Sie einfache Aussagesätze an der Tafel.
2. Formulieren Sie gemeinsam mit den TN exemplarisch eine kurze SMS oder E-Mail.

3. Die TN suchen sich aus, ob sie eine SMS oder E-Mail schreiben wollen. Akzeptieren Sie bei einer SMS auch Begründungen ohne „denn". Das ist bei dem knappen Stil einer SMS ohnehin authentischer (siehe auch die Beispiele im Buch). TN, die sich für eine E-Mail entschieden haben, sollten diese mit einer Anrede einleiten und mit einem Gruß abschließen. Gehen Sie herum und helfen Sie bei Schwierigkeiten.

Arbeitsbuch 10–12: in Stillarbeit oder als Hausaufgabe

PHONETIK **Arbeitsbuch 13:** Lesen Sie den ersten Satz bis „Fest" vor und gehen Sie am Ende deutlich mit der Stimme nach unten. So setzen Sie einen „Punkt". Lesen Sie dann den ganzen Satz vor und verbinden Sie die Teilsätze, indem Sie nach „Fest" mit der Stimme oben bleiben. Zeigen Sie so, wie man mit der Stimme deutlich machen kann, ob eine Aussage zu Ende ist oder noch weitergeht. Spielen Sie die CD vor, die TN sprechen nach jedem Satz nach. Gehen Sie kurz auf die Besonderheit bei Ja-/Nein-Fragen ein. Abschließend sprechen die TN die Sätze auch mit der Partnerin / dem Partner. Die TN haben inzwischen sehr verschiedene Laute, Wort- und Satzakzent trainiert. Bitten Sie sie, als Hausaufgabe mit Hilfe ihrer CD, diese Sätze richtig „schön" einzustudieren und auch auf die korrekte Aussprache z.B. des vokalischen „r", kurzer und langer Vokale, des betonten Wortes im Satz usw. zu achten. So können die TN sich am Ende des Kurses noch einmal alles ins Gedächtnis rufen, was sie im Bereich Phonetik gelernt haben.

C4 Aktivität im Kurs: Seine Meinung sagen und begründen

1. Die TN lesen den Kasten mit Themen. Sammeln Sie mit den TN weitere Themen, über die man sprechen könnte.
2. Fragen Sie als Beispiel zwei bis drei TN nach ihrer Meinung zum Thema „Sport".
3. Die TN finden sich in Kleingruppen von 3 – 4 TN zusammen und befragen sich gegenseitig nach ihrer Meinung zu den einzelnen Themen. Gehen Sie herum und helfen Sie nicht so lernstarken TN bei Formulierungsschwierigkeiten.
   Variante: Wenn Sie die Übung gelenkter gestalten möchten, verteilen Sie die Kopiervorlage zu C4 (im Internet).

14 **D**

Einladungen
Einladungskarten und -briefe
Lernziel: Die TN können Einladungen verstehen und einen Einladungsbrief schreiben.

Materialien
D1 auf Folie, ggf. in Kopie
D2 auf Folie; Kopiervorlage zu D2 (im Internet)

D1   **Leseverstehen: Einladungen**

1. Decken Sie an der Folie zunächst nur die Einladung A auf und fragen Sie: „Wer feiert?", „Was feiern sie?", „Wann feiern sie?" und „Wo feiern sie?" Decken Sie die Tabelle auf und fragen Sie noch einmal: „Feiern Sandra und Tobias Hochzeit oder Geburtstag? Oder machen Sie ein Grillfest?"

2. Die TN lesen die beiden anderen Einladungen und entscheiden zusammen mit ihrer Partnerin / ihrem Partner, ob es sich um ein Grillfest oder einen Geburtstag handelt.

3. Abschlusskontrolle mit Hilfe der Folie im Plenum. *Lösung:* A Hochzeit; B Grillfest; C Geburtstag
   Variante: Teilen Sie den Kurs in drei Gruppen und geben Sie jeder Gruppe <u>einen</u> der Briefe in Kopie. Jede Gruppe konzentriert sich nur auf ihren Brief. Schreiben Sie zur Orientierung einige Fragen zum Leseverstehen an die Tafel, z.B. „Wer feiert?", „Wann ist die Feier?" etc. Die TN suchen in der Gruppe die Informationen aus den Einladungen heraus. Abschließend berichten die Gruppen über ihren Brief: „Das ist eine Einladung für die Hochzeit von ... . Sie ist am ... ." etc. Die anderen Gruppen können dabei mit den Texten im Buch vergleichen.

D2   **Schreiben: Eine Einladung**

1. Überlegen Sie mit den TN, zu welchen Anlässen man in ihrem Land Einladungskarten verschickt. Sammeln Sie die Ergebnisse an der Tafel.
   Hinweis: Weisen Sie die TN darauf hin, dass man in Deutschland nicht nur zu einer Hochzeit förmlich einlädt, sondern manchmal auch zu Geburtstagen oder Partys. Das wird insbesondere TN überraschen, in deren Heimatländern (z.B. Türkei) dem Geburtstag keine große Bedeutung beigemessen wird, bzw. TN, in deren Heimat man zu Geburtstagen nicht explizit einlädt, weil Familie und Freunde ohnehin daran denken und unangemeldet vorbeikommen.

2. Sehen Sie sich mit den TN die Redemittel auf der Folie an. Gehen Sie dabei zunächst auf die weibliche bzw. männliche Form der Anrede ein. Deuten Sie auf die Anrede und sagen Sie: „Man sagt *Liebe Karin*, aber *Lieber Jochen*." Zeigen Sie, dass ein Einladungsbrief außerdem Antworten auf die Fragen „Wo?", „Wann?" und „Warum?" enthalten sollte. Weisen Sie die TN darauf hin, dass sie einen Brief unbedingt mit einem Gruß abschließen müssen. Das haben sie schon in Lektion 10 geübt. Verweisen Sie auch auf den Infospot.

3. Die TN lesen die Aufgabe im Buch. Fragen Sie: „Was wollen wir zusammen feiern?" und „Wann soll die Party sein?" Die TN entscheiden sich gemeinsam für einen Anlass sowie für den Zeitpunkt der Feier. Entwickeln Sie dann gemeinsam eine exemplarische Einladung an der Tafel, an der sich die TN im nächsten Schritt orientieren können.

4. Die TN schreiben zu zweit in Anlehnung an das Tafelbild eine ähnliche Einladung. Geben Sie eine Person und den Anlass konkret vor. Wenn Sie Zugang zum Internet haben, können Sie auch die Kopiervorlage zu D2 (im Internet) als Arbeitsblatt verteilen und ausfüllen lassen. Lernstarke TN schreiben mithilfe der Redemittel im Buch selbstständig eine Einladung zu einem Anlass ihrer Wahl. Gehen Sie herum und helfen Sie bei Schwierigkeiten. Wer möchte, kann seine Einladung zum Abschluss vorlesen.

Arbeitsbuch 14: als Hausaufgabe

Feste und Glückwünsche

Landeskunde: Feste; Wortfeld „Glückwünsche"
Lernziel: Die TN können zu einem festlichen Anlass Glückwünsche aussprechen.

E **14**

E1 **Präsentation des Wortfelds „Feste"**

1. Die Bücher bleiben geschlossen. Sammeln Sie mit den TN alle möglichen Feste, die ihnen einfallen und die (vermutlich) auch in den deutschsprachigen Ländern gefeiert werden. Die TN können auch in ihrer Sprache sprechen. Schreiben Sie die deutschen Namen der Feste an die Tafel.
2. Die TN öffnen ihr Buch und ordnen die Feste den Fotos zu.
3. Abschlusskontrolle im Plenum. *Lösung:* A Ostern; B Silvester/Neujahr; C Weihnachten

LÄNDER
INFO

Der Osterhase ist nicht überall auf der Welt ein Symbol zu Ostern. In den deutschsprachigen Ländern erzählen Eltern ihren Kindern, dass der Osterhase Eier bunt anmalt und sie für die Kinder im Garten oder im Haus versteckt. Die Kinder suchen dann ihr Osternest, in dem heute nicht mehr nur bunt bemalte, gekochte Eier liegen, sondern auch Schokoladeneier, Schokoladenhasen und andere Süßigkeiten. Die Tradition ist schon über 300 Jahre alt. Warum ausgerechnet ein Hase zum symbolträchtigen Überbringer der Eier wurde, ist leider nicht bekannt.

TIPP

Vor allem wenn Ihre TN in sehr entfernten Kulturkreisen wie Asien oder Afrika leben, sind sie mit den typisch westlichen Festen möglicherweise nicht so vertraut. Wenn eines der Feste unmittelbar bevorsteht, können Sie es im Kurs gemeinsam vorbereiten und/oder feiern. Vor Ostern können Sie z.B. mit den TN Ostereier färben, Osterschmuck basteln oder auch kleine Osternester für ihre Kinder machen. Vor Weihnachten können Sie zusammen Weihnachtslieder singen, mit den TN einen Adventskalender für den Kurs basteln oder die TN jeden Tag ein Türchen eines gekauften Adventskalenders öffnen lassen. Vor oder auch kurz nach Silvester können sie mit den TN Blei gießen.

E2 **Präsentation des Wortfelds „Glückwünsche"**

1. Sehen Sie sich gemeinsam mit den TN die vier Karten an. Fragen Sie: „Zu welchem Fest passen die Karten?" Fragen Sie dann: „Was sagt man zu Ostern?" Die TN lesen die Glückwünsche im Buch und nennen mögliche Lösungen.
2. Die TN ordnen die übrigen Glückwünsche den vier Karten in Partnerarbeit zu.
3. Abschlusskontrolle im Plenum. Verweisen Sie auch auf den Infospot und erklären Sie, dass „für" immer den Akkusativ nach sich zieht. Das Personalpronomen im Akkusativ kennen die TN bereits aus Lernschritt B dieser Lektion.
   Lösung: 2 D; 3 C; 4 B; 5 C; 6 B; 7 D; 8 A

4. *fakultativ:* Die TN malen Glückwunschkarten und schreiben Glückwünsche an ihre Partnerin / ihren Partner. Wenn Sie das Thema authentisch gestalten möchten, schneiden Sie die Karten auf Kopiervorlage L14/E2 aus und verteilen Sie sie an die TN. Sammeln Sie mit den TN weitere Redemittel für eine Glückwunschkarte an der Tafel, z.B. ein paar persönliche Worte an den Empfänger über den reinen Glückwunsch hinaus („Liebe Anna, ich wünsche dir frohe Weihnachten. Hoffentlich hast du ein bisschen frei. Ich bin bei meinen Eltern. Und du? Viele liebe Grüße von ..."). Die TN schreiben an einen fiktiven oder echten Brieffreund in Deutschland.

E3 **Landeskunde: Geburtstagslieder**

1. Die TN hören die Lieder und lesen mit. Erfahrungsgemäß kennen die meisten TN die Melodie von Lied a) bereits von der englischen Version (Happy Birthday to you).
2. Wenn die TN Lust haben, können sie die Lieder mit Ihnen singen. Bringen Sie die CD/Kassette an Geburtstagen der TN wieder mit und spielen Sie die Lieder dann vor oder singen Sie sie gemeinsam.

E4 **Aktivität im Kurs: Gratulationen**

1. Die TN lesen die Anlässe im Kasten. Sammeln Sie mit den TN für jeden Begriff Beispiele, was man bei dieser Gelegenheit sagen oder wünschen kann.
2. Die TN suchen sich ein Wort aus und schreiben es auf ein Schild, das sie mit Klebeband an der Kleidung befestigen.
3. Die TN gehen im Kursraum umher und schütteln sich die Hände. Sie äußern einen passenden Glückwunsch / Beileidsausdruck, je nachdem, was auf dem Schild der Partnerin / des Partners steht.

Einen Test zu Lektion 14 finden Sie auf Seite 124 f. Weisen Sie die TN auf die interaktiven Übungen auf ihrer Arbeitsbuch-CD hin. Die TN können mit diesen Übungen den Stoff der Lektion selbstständig wiederholen und sich ggf. auch auf den Test vorbereiten.

14

Zwischenspiel 14 *Lieber guter Nikolaus ...*
Eine vorweihnachtliche Liebesgeschichte

Landeskunde: Nikolaus

Materialien
1 Kopiervorlage „Zwischenspiel zu Lektion 14"
2 Süßigkeiten

1

Leseverstehen: Eine vorweihnachtliche Liebesgeschichte; Landeskunde: Der Heilige Nikolaus

1. Teilen Sie den Kurs in zwei Gruppen und verteilen Sie die Kopiervorlage „Zwischenspiel zu Lektion 14". Eine Gruppe liest die Liebesgeschichte, die andere Gruppe den Informationstext über den Heiligen Nikolaus. Sie ergänzen auf dem Arbeitsblatt, was sie mit Hilfe ihres Textes herausfinden können. Sehr lernstarke TN können ohne das Arbeitsblatt selbstständig Notizen zu den Fragen im Buch machen. Sie bearbeiten Übung 1 dann später zur Wiederholung als Hausaufgabe.

2. Die TN tragen im Plenum zusammen, was sie zu den Fragen gefunden haben, und ergänzen mit Hilfe der jeweils anderen Gruppe ihre Informationen. Lassen Sie einen geübten TN aus jeder Gruppe auch den Inhalt mündlich für die andere Gruppe zusammenfassen.

LÄNDER INFO

Der Nikolaus spielt vor allem im süddeutschen Sprachraum (Bayern/Österreich/Schweiz) eine Rolle, manchmal begleitet von einem düsteren Gesellen namens Knecht Ruprecht oder Krampus, in der Schweiz auch Schmutzli genannt, der dann die Bestrafung der „bösen" Kinder übernimmt. In Österreich heißt der Nikolaus auch Nikolo, in der Schweiz Klaus oder Samichlaus. Im norddeutschen Raum ist der Nikolaus mit dem Weihnachtsmann zusammengefallen, der genau gleich wie der Nikolaus aussieht, aber zu Weihnachten die Geschenke bringt. In Bayern und Österreich hatte (und hat in ländlichen Regionen) diese Rolle das Christkind, in der Schweiz das Weihnachtskind.

2

Landeskunde: Informationen über das „goldene Buch"; Eigene Sätze schreiben

1. Die Gruppe, die die Liebesgeschichte gelesen hat, nennt ihre Vermutungen zum „goldenen Buch".
   Lösung: Der Nikolaus hat ein großes goldenes Buch, in dem alles über die Kinder steht: ob sie brav waren oder böse.

2. Die TN lesen das Beispiel für einen Eintrag im „goldenen Buch".

3. Sie schreiben allein oder zu zweit zwei Sätze über eine ihnen bekannte Person und lesen ihren Zettel vor. Vielleicht haben die TN sehr lustige Ideen, dann können Sie eine Süßigkeit als Prämie für den lustigsten Text ausloben.
   Variante: Wenn das Kursklima sehr gut ist – und bitte nur dann! -, können die TN auch über einen anderen TN einen Zettel schreiben. Sammeln Sie die Zettel ein. Sie oder ein TN kann dann den Nikolaus darstellen, die Zettel nach und nach vorlesen und Süßigkeiten für alle „guten" TN – und das sind sicher alle – austeilen.

4. Die TN lesen Aufgabe 2 der Kopiervorlage und überlegen, was es Vergleichbares in ihrem Land gibt. Sie sprechen in Kleingruppen darüber und schreiben gemeinsam auf Deutsch einen Text in Briefform an einen fiktiven deutschen Brieffreund, dem sie den Brauch in ihrem Land erklären möchten. Sammeln Sie die Briefe ein und hängen Sie sie nach der Korrektur im Kursraum auf.

3

Rollenspiel: Ein Telefongespräch

1. TN, die die Liebesgeschichte schon gelesen haben, erklären noch einmal für alle das Verhältnis zwischen Tom und Martina. Es sollte allen klar werden, dass Tom in Martina verliebt ist, er aber noch nicht weiß, wie Martina zu ihm steht.

2. Die TN überlegen sich in Kleingruppen von vier TN, wie ein Telefongespräch zwischen Tom und Martina einen Tag später ablaufen könnte: Bedankt sich Martina nur höflich? Sagt Tom ihr, was er fühlt? Geben Sie ggf. mit Fragen Hilfestellung für Ideen.

3. Zwei TN aus jeder Gruppe lesen das Telefongespräch vor oder spielen es vor.

4. Als Hausaufgabe liest jede Gruppe den Text, den sie noch nicht gelesen hat.

Weitere Materialien für noch mehr Abwechslung im Unterricht finden Sie unter www.hueber.de/schritte-international.

Wiederholungsstationen

Schritte international 2 bietet als Abschluss im Arbeitsbuch ein Kapitel mit Wiederholungsübungen. Sicher haben die TN unterschiedliche Wünsche im Hinblick auf das, was sie noch üben möchten. Sagen Sie den TN daher, dass sie nicht alle Übungen machen müssen, sondern selbst auswählen können und sollen, welche Übungen sie machen möchten. Geben Sie eine Zeit für das Lösen der Übungen vor, z.B. eine Unterrichtsstunde. Legen Sie mehrere Lösungsschlüssel zu den „Wiederholungsstationen" bereit, damit die TN sich selbstständig kontrollieren können.

Variante:
1. Bereiten Sie die Wiederholungsübungen im Arbeitsbuch als Lernstationen (siehe den Tipp unten) vor, indem Sie z.B. an den einzelnen Stationen Hinweise auf die Übungen im Buch legen: „Möchten Sie die Vergangenheitsformen üben? Machen Sie Übung 16, 17, 18 und 20."
2. Geben Sie den TN Zeit, die Stationen in Ruhe abzugehen und sich darüber zu informieren, welche Wiederholungsmöglichkeiten sie haben. Die TN entscheiden selbst, welche und wie viele Stationen sie bearbeiten möchten, gehen wieder an ihren Platz und lösen die Übungen zu ihren Stationen. Sie kontrollieren sich selbst mit Hilfe des Lösungsschlüssels.
3. *fakultativ:* Zusätzlich zu den Wiederholungsübungen aus dem Arbeitsbuch können Sie weitere Stationen „erfinden". Legen Sie z.B. kleine Schreibaufgaben aus, um auch das freie Schreiben zu üben (Brief aus dem Urlaub, Glückwünschkarte etc.). Sammeln Sie diese Texte ein und geben Sie sie korrigiert an die TN zurück.

TIPP

> Eine gute Möglichkeit für binnendifferenzierten Unterricht ist das Arbeiten mit Lernstationen: Den TN werden bei dieser Methode mehrere Arbeitsstationen angeboten, an denen sie bereits Gelerntes wiederholen und vertiefen können. Diese Arbeitsstationen werden als Arbeitsblätter, Kopiervorlagen, Arbeitsaufträge oder Hinweise auf Aufgaben im Kursbuch an verschiedenen Stellen im Kursraum ausgelegt und z.B. nach Schwierigkeitsgrad oder Themengebieten geordnet. Sie können Lernstationen immer wieder in Ihren Unterricht einbauen, wenn Sie ein Thema oder mehrere Themen wiederholen möchten. Mit Hilfe von Lernstationen fördern Sie die TN nach ihren unterschiedlichen Bedürfnissen und Interessen.

Prüfungstraining

Im Arbeitsbuch finden Sie eine Einheit zur Vorbereitung auf die Prüfung *Start Deutsch 1*.

Mit *Schritte international 1* und *2* sind die TN optimal auf die Anforderungen der Prüfung *Start Deutsch 1* vorbereitet, da sich das Lehrwerk in Themen, Sprachhandlungen, Wortschatz und Grammatik nach den Lernzielbeschreibungen von *Start Deutsch 1* richtet. Im Arbeitsbuch haben die TN zudem bereits Aufgaben im Prüfungsformat bearbeitet. Wenn Sie also TN im Kurs haben, die die Prüfung ablegen müssen oder möchten, können Sie den Modelltest im Kurs Schritt für Schritt durchgehen. Für die anderen TN ist dies eine gute Gelegenheit zur Wiederholung bzw. zum Fertigkeitentraining.

Jeder Prüfungsteil wird im Prüfungstraining kurz vorgestellt und beschrieben. Außerdem finden Sie am Anfang jedes Prüfungsteils konkrete Tipps, die den TN das Lösen der Aufgaben in der vorgegebenen Zeit erleichtern sollen. Betrachten Sie mit den TN zuerst die Übersicht zur Prüfung auf Seite 156 im Arbeitsbuch. Die TN finden hier Informationen, wie lange sie für jeden Prüfungsteil Zeit haben und wie die Punkte auf die einzelnen Prüfungsteile verteilt sind. Gehen Sie mit den TN die Tipps und die einzelnen Prüfungsteile Schritt für Schritt durch.

Besonders wenn Sie überwiegend nicht so lernstarke TN im Kurs haben, sollten Sie die einzelnen Prüfungsteile an mehreren aufeinander folgenden Tagen durchgehen. Alle vier Prüfungsteile auf einmal könnten die TN ermüden oder überfordern und vielleicht sogar abschrecken, die Prüfung abzulegen. Erfahrungsgemäß bereitet der Teil „Schreiben" den TN die meisten Schwierigkeiten. Verweisen Sie die TN ggf. noch einmal auf die Aufgaben in *Schritte international 1* und *2*, mit Hilfe derer die TN für die Prüfung typische Schreibanlässe bereits geübt haben, und geben Sie den TN ähnliche Aufgaben, mit denen sie das Schreiben weiter trainieren können (z.B. *Schritte international 1*, Seite 14 und 23; *Schritte international 2*, Seite 3). Auch sollten Sie genügend Zeit für die Tipps zur Herangehensweise an die Aufgaben sowie für die gemeinsame Korrektur verwenden. Diese erfolgt idealerweise direkt im Anschluss an den jeweiligen Prüfungsteil, damit offene Fragen bzw. Schwierigkeiten beim Lösen der Aufgaben sofort besprochen werden können.

Und zu guter Letzt: Machen Sie den TN Mut für die Prüfung. Weisen Sie sie darauf hin, dass es in der Prüfung weniger auf Regelwissen und sprachliche Korrektheit ankommt als auf angemessenen Sprachgebrauch.

Hinweis: Kopieren Sie die Bildkarten auf etwas dickeres Papier oder Karton und schneiden Sie sie aus.

1 Was passt wo? Ordnen Sie in der Tabelle.

Wann?

....

....

....

....

vor zwei Jahren
seit drei Monaten
am Dienstag
von Montag bis Freitag
um neun Uhr
1968
zwei Stunden

Seit wann?

....

....

....

....

Wie lange?

....

....

....

....

2 Ergänzen Sie.

Wie lange	Seit wann	~~Wann~~	Wie lange	Wie lange	Seit
Wann	Vor	Wann	Seit	Wann	Seit
vor	≠	Vor	/	/	

a _Wann_ .... sind Sie in die Schweiz gekommen? .... zwei Monaten.

b .... leben Sie jetzt schon in Wien? .... drei Jahren.

c .... sind Sie geboren? ..../......1969.

d .... arbeiten Sie jetzt bei Maxim's? .... fünf Jahren.

e .... haben Sie das Diplom gemacht? .... 1994.

f .... hast du deine Frau kennen gelernt? .... zwei Jahren.

g .... leben Sie schon in Basel? .... Zehn Jahre.

h Hast du schon deine Hausaufgaben gemacht? Ja, ... drei Stunden.

i .... lernst du denn schon Deutsch? .... drei Monaten.

Schritte international 2, Lehrerhandbuch 02.1852 • © Hueber Verlag 2006

Hinweis: Kopieren Sie die Kärtchen, schneiden Sie sie aus und stellen Sie so viele Sets her, dass die TN zu dritt oder zu viert mit einem Set arbeiten können. Mischen Sie die Satzteile und die Sätze gut durch und stecken Sie die Einzelteile in einen Briefumschlag, den Sie dann verteilen können.

Wann	sind Sie nach Italien gekommen?
Vor drei Jahren.	Wie lange
leben Sie jetzt schon in Graz?	Seit neun Jahren.
Wann	sind Sie geboren?
1985.	Wie lange
arbeiten Sie schon als Programmierer?	Seit fünf Jahren.
Wann	haben Sie das Diplom gemacht?
Vor einem Jahr.	Wann
beginnt der Deutschkurs?	Am Montag.
Wann	treffen wir uns?
Um halb sieben.	Wie lange
ist die Praxis geöffnet?	Von Montag bis Freitag von 7.30 bis 12 Uhr.

Schritte international 2, Lehrerhandbuch 02.1852 • © Hueber Verlag 2006

A

Sie sind Studentin/Student. In den Ferien möchten Sie in Deutschland arbeiten. Sie haben diese drei Anzeigen in der Zeitung gefunden. Rufen Sie dort an.

1

> **Gesucht:** Kinderbetreuung für zwei Kinder im Alter von 2 und 4 Jahren
>
> Arbeitszeit: dreimal in der Woche
> Wie lange? Juni – Juli, sechs Stunden am Tag
> Verdienst? 8 € pro Stunde

2

> **Gesucht:** Eisverkäufer/Eisverkäuferin als Aushilfe in der Sommerzeit
> Arbeitszeit: täglich, Montag bis Samstag
> Wie lange? Juni – September, fünf Stunden am Tag
> Verdienst? Nach Vereinbarung

3

> **Gesucht:** Praktikantin im Hotel
> Arbeitszeit: nach Bedarf
> Wie lange? Drei Monate
> Verdienst? 10 € pro Stunde

Sie suchen ...
Ist das Praktikum/die Stelle noch frei?
Wie lange ist die Arbeitszeit?
Wie lange dauert das Praktikum?
Wie hoch ist der Verdienst?
Wann kann ich kommen?
Wo ist Ihr Büro?

B

Sie bieten diese Stellen an und ruft Sie an und interessiert sich für die Stellen. Sprechen Sie:

Wir suchen ...
Sie verdienen ... €.
Wie lange lernen Sie schon Deutsch?
Haben Sie Erfahrung als Babysitter/Verkäufer/in?

1

> **Gesucht:** Kinderbetreuung für zwei Kinder im Alter von 2 und 4 Jahren
> Arbeitszeit: dreimal in der Woche
> Wie lange? Juni – Juli, sechs Stunden am Tag
> Verdienst? 8 € pro Stunde

2

> **Gesucht:** Eisverkäufer/Eisverkäuferin als Aushilfe in der Sommerzeit
> Arbeitszeit: täglich, Montag bis Samstag
> Wie lange? Juni – September, fünf Stunden am Tag
> Verdienst? Nach Vereinbarung

3

> **Gesucht:** Praktikantin im Hotel
> Arbeitszeit: nach Bedarf
> Wie lange? drei Monate
> Verdienst? 10 € pro Stunde

Schritte international 2, Lehrerhandbuch 02.1852 • © Hueber Verlag 2006

Kopiervorlage „Zwischenspiel zu Lektion 8"

1   **Was passt? Schreiben Sie.**

- Autos reparieren
- Elektrogeräte reparieren
- ein Haus bauen
- Schmiedearbeiten machen

- Brot und Kuchen backen
- Fleisch und Wurst verkaufen
- Haare waschen, schneiden und frisieren
- Schuhe reparieren

<u>a</u>

....

<u>b</u>

....

<u>c</u>

....

<u>d</u>

....

<u>e</u>

....

<u>f</u>

....

<u>g</u>

....

<u>h</u>

....

2   **Welcher Beruf passt? Ergänzen Sie die Buchstaben <u>a–h</u> aus Aufgabe 1.**

a der Bäcker / -in

☐ der Fleischer, der Fleischhauer, der Metzger / -in

☐ der Maurer / -in

☐ der Schmied / -in

☐ der Elektriker / -in

☐ der Friseur / -in

☐ der Mechaniker / -in

☐ der Schuster, der Schuhmacher / -in

Schritte international 2, Lehrerhandbuch 02.1852 • © Hueber Verlag 2006

Hinweis: Schneiden Sie die Satzkarten aus und mischen Sie sie gut.

Entschuldigen Sie! Darf ich Sie etwas fragen?
Ja, gerne.
„Gemütlichkeit": Was ist denn das? Was bedeutet das Wort?
Das bedeutet eben „gemütlich sein".
Wissen Sie es denn besser?
Aber sicher! Er muss ins Hofbräuhaus gehen!
Im Hofbräuhaus findet man alles Mögliche, aber ganz sicher keine Gemütlichkeit.
Was möchtest du wissen? „Gemütlichkeit"!? ... Ah ja, das ist ja ganz einfach!
Darf ich mich hier hinsetzen?
Aber hier ist es so richtig schön gemütlich, stimmt's?

Schritte international 2, Lehrerhandbuch 02.1852 • © Hueber Verlag 2006

A

Sie sind die Mutter und haben zwei Kinder. Die Kinder müssen vor dem Spielen noch ein paar Dinge tun: – aufräumen – Hausaufgaben machen – die Betten machen	Sie sind die Kinder. Die Kinder müssen vor dem Spielen noch ein paar Dinge tun, wollen aber nicht: – aufräumen – Hausaufgaben machen – die Betten machen

Ihr müsst aufräumen!
Ihr müsst aber noch …

Wir wollen aber nicht aufräumen.
Wir …

B

Mutter ist krank. Was sagt der Vater zu Ihnen und Ihrer Schwester: – leise sein – Tee kochen – zur Apotheke gehen – Tabletten kaufen	Sie sind die Kinder. Die Mutter ist krank. Der Vater sagt Ihnen, was Sie tun müssen. Sie wollen aber nicht: – leise sein – Tee kochen – zur Apotheke gehen – Tabletten kaufen

Ihr müsst leise sein!

Wir wollen aber nicht …

C

Sie sind Trompetenlehrer. Sagen Sie Ihrem Schüler: Er muss: – jeden Tag eine Stunde Trompete spielen – üben – viel Trompetenmusik hören – in einer Musikgruppe mitspielen	Sie möchten Trompete spielen. Ihr Lehrer sagt Ihnen, was Sie machen müssen. Sie wollen das aber nicht: – jeden Tag eine Stunde Trompete spielen – üben – viel Trompetenmusik hören – in einer Musikgruppe mitspielen

Sie müssen jeden Tag …

Ich will aber nicht jeden Tag …

Schritte international 2, Lehrerhandbuch 02.1852 • © Hueber Verlag 2006

Ergänzen Sie in der Tabelle.

a Was müssen Tina, Bruno und Sara von Montag bis Freitag machen?

b Was können Bruno und Sara am Wochenende machen?

c Was meinen Sie? Was kann Tina am Wochenende machen?

	Position 2		Ende
Tina	muss	von Montag bis Freitag um sieben Uhr das Frühstück	machen.

Was passt wo? Ordnen Sie zu.

Um Erklärung bitten	Etwas erklären

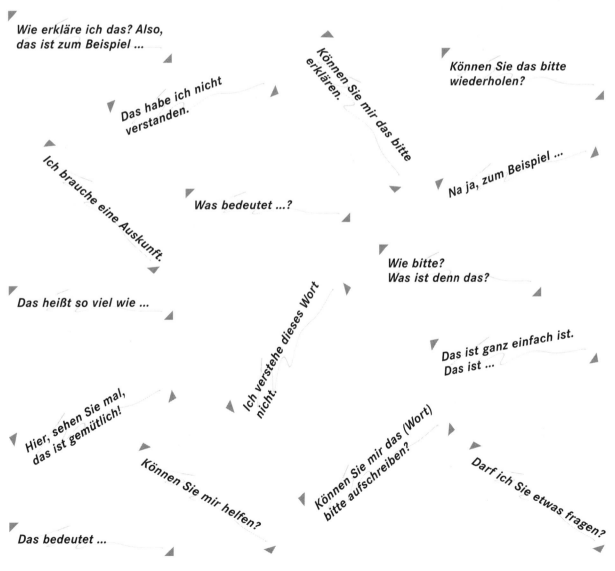

Wie erkläre ich das? Also, das ist zum Beispiel ...

Das habe ich nicht verstanden.

Können Sie mir das bitte erklären.

Können Sie das bitte wiederholen?

Ich brauche eine Auskunft.

Was bedeutet ...?

Na ja, zum Beispiel ...

Das heißt so viel wie ...

Wie bitte? Was ist denn das?

Ich verstehe dieses Wort nicht.

Das ist ganz einfach ist. Das ist ...

Hier, sehen Sie mal, das ist gemütlich!

Können Sie mir helfen?

Können Sie mir das (Wort) bitte aufschreiben?

Darf ich Sie etwas fragen?

Das bedeutet ...

1   **Welche Überschrift passt zu dem Text? Ergänzen Sie den Buchstaben.** ☐

<u>a</u>   Die fünf Jahreszeiten am Rhein

<u>b</u>   Eine Reise an den Rhein

<u>c</u>   Karneval, Fasching, Fasnacht:
Ein Fest in Deutschland, Österreich und in der Schweiz

2   **Wo finden Sie die Antworten zu den Fragen <u>a</u> bis <u>f</u>? Ergänzen Sie.**

<u>a</u>   Wie heißt in Deutschland die „fünfte Jahreszeit"?

<u>b</u>   Von wann bis wann feiert man den Karneval?

<u>c</u>   Was machen die Leute im Karneval?

<u>d</u>   Wie nennt man den Karneval noch?

<u>e</u>   Wo ist der Karneval „zu Hause"?

<u>f</u>   Welche Städte feiern den Karneval besonders?

<u>a</u>	<u>b</u>	<u>c</u>	<u>d</u>	<u>e</u>	<u>f</u>
3					

1   Im Südwesten Deutschlands, in der deutschsprachigen Schweiz und im Westen Österreichs heißt der Karneval „Fasnacht". In den anderen Teilen Österreichs und in Bayern sagt man „Fasching".

2   Besonders bekannt sind die „Basler Fasnacht" und die großen Karnevalsfeste in den Städten Mainz, Köln und Düsseldorf.

3   Man kennt vier „normale" Jahreszeiten: Frühling, Sommer, Herbst und Winter. Aber es gibt noch eine fünfte, eine „verrückte" Jahreszeit: den Karneval.

4   Im deutschen Sprachraum muss man bei dem Wort sofort an den Rhein denken. Am Rhein hat der Karneval eine sehr lange und intensive Geschichte.

5   Der Karneval beginnt am 11. November um 11 Uhr und 11 Minuten und endet meist im Februar. Besonders lustig sind die letzten sechs Tage.

6   Die Leute sind in den Straßen unterwegs, sie haben verrückte Kleider an, sie tanzen, lachen, singen und feiern.

Schritte international 2, Lehrerhandbuch 02.1852 • © Hueber Verlag 2006

1 Wie heißen die Wörter auf Deutsch? Ergänzen Sie.

> das Haar   der Arm   die Nase   die Hand   der Fuß   der Finger   der Mund   das Ohr
> das Auge   der Ellbogen   das Knie   die Schulter   das Kinn

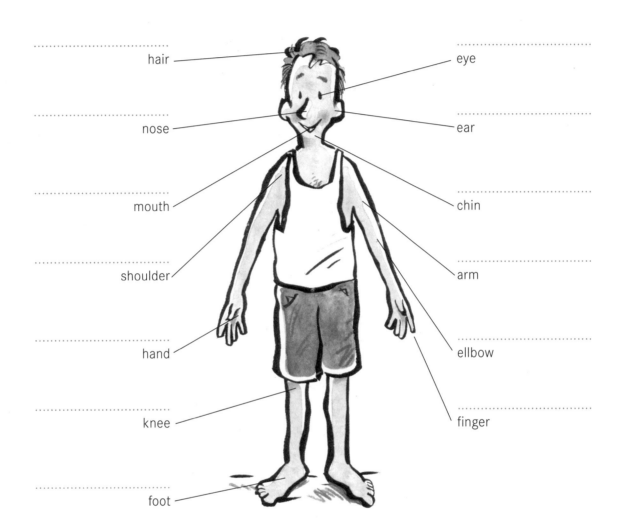

.... hair

.... nose

.... mouth

.... shoulder

.... hand

.... knee

.... foot

.... eye

.... ear

.... chin

.... arm

.... ellbow

.... finger

2 Wie heißen diese Wörter in Ihrer Muttersprache? Ergänzen Sie und zeichnen Sie sie an der passenden Stelle im Bild oben ein.

Deutsch	Englisch	Meine Sprache
der Kopf	head	....
der Hals	neck	....
der Rücken	back	....
der Bauch	stomach	....
das Bein	leg	....
der Zeh	toe	....

Ergänzen Sie.

a Das ist Frau Reimann, *meine* Nachbarin. Ich kenne sie schon lange.

.... Hand ist ganz dick und tut weh.

b Das ist .... Freundin Sandra. Wir gehen zusammen zur Schule.

.... Familie wohnt nicht im Zentrum.

Am Wochenende langweilt sie sich oft.

c Das ist .... Familie: .... Mutter, ... Vater

und .... Brüder. Sie haben einen Ausflug gemacht.

Ich war nicht dabei.

d Das ist Herr Michels. .... Zahn tut weh. Er hat einen

Termin beim Zahnarzt. Zuerst muss er aber im Wartezimmer warten.

e Der Mann rechts ist Herr Fuchs. .... Fuß ist

ganz dick und tut weh. Er hat sich bei der Arbeit verletzt.

f Das ist Frau Özgür. Sie ist Fleischerin. ....

Beruf macht ihr Spaß.

g Das ist Herr Bechtle. Er diktiert gerade einen Brief,

.... Sekretärin schreibt den Brief später am Computer.

h Das ist Jan Kästner. .... Hobby ist Kochen.

Schritte international 2, Lehrerhandbuch 02.1852 • © Hueber Verlag 2006

Schreiben Sie.

Beispiel: Herr Schuster hat Halsschmerzen.

> Ziehen Sie einen Schal an und
> trinken Sie Tee mit Honig!

Der Arzt hat gesagt, er *soll einen Schal anziehen und Tee mit Honig trinken.*

a Marion hat Bauchschmerzen.

> Trink Kamillentee!

Marions Mutter hat gesagt, sie ....

b Frau Mayer hat Rückenschmerzen.

> Arbeiten Sie nicht so lange am Computer
> und machen Sie mal eine Pause!

Der Arzt hat gesagt, sie ....

c Sebastian kann in der Nacht nicht schlafen.

> Sieh am Abend nicht so lange fern und
> geh mal früh ins Bett!

Seine Mutter hat gesagt, er ....

d Herr Hansen hört nicht gut.

> Rufen Sie beim Arzt an und
> machen Sie einen Termin!

Sein Nachbar hat gesagt, er ....

e Larissa und Sven haben Zahnschmerzen.

> Esst nicht so viele Süßigkeiten und putzt
> immer die Zähne!

Ihr Vater hat gesagt, sie ....

Arzttermin
Rufen Sie beim Zahnarzt an. Sie wollen einen Termin für morgen Vormittag. Sie haben starke Schmerzen.

Arzttermin
Sie arbeiten in der Zahnarztpraxis. Morgen Vormittag ist kein Termin mehr frei. Morgen Nachmittag und übermorgen Vormittag sind noch Termine frei.

Termin beim Vermieter
Rufen Sie bei Herrn Meyer an. Sie haben die Wohnungsanzeige in der Zeitung gelesen und möchten die Wohnung sehen. Wann gibt es einen Besichtigungstermin?

Termin beim Vermieter
Sie haben eine Wohnung und möchten sie vermieten. Am Samstag können die Interessenten zur Besichtigung kommen.

Termin bei der Firma Hightech
Sie haben heute einen Termin für ein Vorstellungsgespräch. Jetzt ist Ihr Kind krank. Sie möchten den Termin verschieben.

Termin bei der Firma Hightech
Sie sind Personalchef bei der Firma Hightech. Sie warten auf einen Bewerber. Er/Sie kann nicht kommen. Vereinbaren Sie einen Termin für übermorgen.

Termin mit einer Freundin
Sie haben ein Treffen mit einer Freundin für heute Abend vereinbart. Aber Sie hatten einen schwierigen Arbeitstag und sind jetzt zu müde. Sagen Sie ab.

Termin mit einer Freundin
Sie wollen sich mit einer Freundin / einem Freund heute Abend treffen. Sie/Er sagt ab. Sie sind traurig.

Termin für die Reittherapie
Sie haben morgen einen Termin für die Reittherapie. Leider haben Sie keine Zeit. Verschieben Sie den Termin.

Termin für die Reittherapie
Ihr Patient für die Reittherapie kann morgen nicht kommen. Bieten Sie einen neuen Termin für nächste Woche an.

Schritte international 2, Lehrerhandbuch 02.1852 • © Hueber Verlag 2006

Kopiervorlage „Zwischenspiel zu Lektion 10"

1 **Was bedeuten die Redewendungen? Ordnen Sie zu.**

a Lass die Finger davon!

b Schreib dir das hinter die Ohren.

c Immer willst du mit dem Kopf durch die Wand.

d Dir mache ich Beine.

e Du findest aber auch immer ein Haar in der Suppe.

f Du willst mich wohl auf den Arm nehmen?

g Musst du deine Nase eigentlich überall hineinstecken?

h Dort können wir unter vier Augen sprechen.

Jetzt aber schnell! Mach das jetzt sofort!

Das ist meine Privatsache und nicht deine.

Immer siehst du nur das Schlechte!

Das stimmt doch nicht, oder?

Das ist sehr wichtig. Daran musst du wirklich denken!

Dort ist es ruhig und wir können allein sprechen.

Nimm das nicht!

Alles soll immer jetzt gleich und sofort passieren, denkst du.

2 **Ergänzen Sie die Redewendung.**

a „Was? Du möchtest heute nicht zu dem

Bewerbungsgespräch gehen?

Na warte!

....

.... "

b ▲ Räum endlich dein Zimmer auf!

  ■ Das ist mein Zimmer, Mama.

....

....

Wo ist Benny? Ergänzen Sie.

| im | auf | ~~unter~~ | vor | auf | an | am | hinter | neben |

Marions Hund Benny ist heute allein zu Hause.

Beispiel: Am Morgen liegt Benny *unter*

dem Tisch und schläft.

a Später liegt er .... dem Sessel.

b Benny sitzt .... der Tür.

c Plötzlich sieht er eine Katze.

Sie spielt .... Garten.

d Benny läuft .... der Katze her.

Er will die Katze fangen!

e Endlich kommt Marion nach Hause. Sie sitzt

.... Tisch und isst zu Abend.

f Benny sitzt .... dem Stuhl und wartet.

Er möchte auch etwas haben.

g Am Abend liegt Marion .... dem Sofa und

sieht fern. Benny liegt .... dem Sofa und

schläft schon wieder.

Schritte international 2, Lehrerhandbuch 02.1852 • © Hueber Verlag 2006

A

Sie suchen den Arzt, die Post, die Schule, das Café, das Museum und den Supermarkt.

Fragen Sie Ihre Partnerin / Ihren Partner: „Wo ist …?"

> Wo ist das Café?

Auch Ihre Partnerin / Ihr Partner sucht etwas und fragt Sie.

> Wo ist die Bank?

Antworten Sie: „Zwischen/Neben/Vor/Hinter/ …"

Antworten Sie: „Zwischen/Neben/Vor/Hinter/ …"

Auch Ihre Partnerin / Ihr Partner sucht etwas und fragt Sie.

> Wo ist das Café?

Fragen Sie Ihre Partnerin / Ihren Partner: „Wo ist …?"

> Wo ist die Bank?

Sie suchen den Friseur, die Bank, die Apotheke, das Hotel, den Bahnhof und das Krankenhaus.

Schritte international 2, Lehrerhandbuch 02.1852 • © Hueber Verlag 2006

B

Hinweis: Kopieren Sie die Vorlage so oft auf farbigen Karton, dass Sie jeder Kleingruppe einen Karten-satz geben können. Schneiden Sie die Spielkarten aus und mischen Sie sie. Wenn Sie im Kursraum sehr wenig Platz haben und mehrere Gruppen an einem Tisch spielen, empfiehlt es sich, die Vorlage auf verschiedenfarbige Karten zu kopieren, damit die Domino-Sets nicht versehentlich vermischt werden.

Um 12 Uhr fährt er *nach* Neuss.

Dort geht er *ins* Schwimmbad.

Am Nachmittag holt er Frau Brückner *zu* Hause ab.

Sie gehen zusammen *ins* Café.

Am Abend fährt er wieder *nach* Hause.

Spät am Abend sieht er *im* Wohnzimmer fern.

Herr Roth macht *in der* Stadt Einkäufe.

Er geht gleich am Morgen *zur* Post.

Später geht Herr Roth auch *zur* Bank.

Dann hat er einen Termin *beim* Frisör.

Schritte international 2, Lehrerhandbuch 02.1852 • © Hueber Verlag 2006

Wo ist bitte der Fahrkartenautomat? ● Wo kann ich eine Fahrkarte kaufen? ● Wie bitte?

● Entschuldigung, wo ist der Bahnhof / die U-Bahn-Station? ● Wo muss ich umsteigen?

● Wie weit ist es zum Bahnhof / zur U-Bahn-Station? ● Können Sie das bitte nochmal sagen?

● Eine Fahrkarte nach ... bitte. ● Einfach. ● Noch einmal bitte. ● Hin und zurück.

● Wie komme ich zum Bahnhof / zur U-Bahn-Station? ● Können Sie das bitte wiederholen?

● Wo gibt es hier eine Bank / eine Bäckerei? ● Auf welchem Gleis fährt der Zug nach ... ab?

● Entschuldigung, ich suche die Rosenheimer Straße / die Straßenbahnhaltestelle.

● Wann geht der nächste Zug nach ...? ● Entschuldigung, das habe ich nicht verstanden!

● Wann komme ich in ... an?

Ich möchte eine Fahrkarte kaufen:
Wo ist bitte der Fahrkartenautomat? ...

...

Ich brauche eine Auskunft:
Entschuldigung, wo ist der Bahnhof / die U-Bahn-Station? ...

...

Ich verstehe die Auskunft nicht:
Wie bitte? ...

...

Schritte international 2, Lehrerhandbuch 02.1852 • © Hueber Verlag 2006

Hören Sie das Lied und zeichnen Sie den Weg.

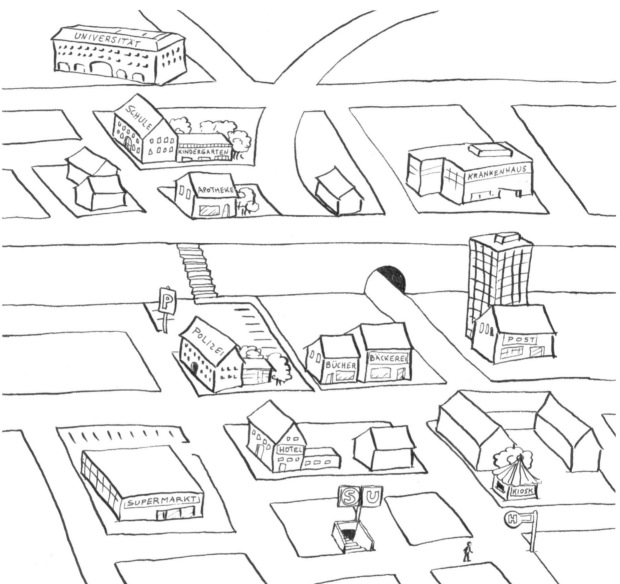

Schritte international 2, Lehrerhandbuch 02.1852 • © Hueber Verlag 2006 • Zeichnung: Gisela Specht, Weßling

Was passt? Lesen Sie und kreuzen Sie an.

```
▽    Anlagen: keine
ab↓  [Monaco  ▼] [Normal ▼]   B  I  U  T   ≡ ≡ ≡   ⋮≡ ⋮≡ ⋮≡ ⋮≡   ⌐A ▼ ▼ ▼
↓ab
```

Liebe Anja,
danke für Deine E-Mail. Klar, wir können uns 1
Samstag treffen! Gern. Passt es .... 2 18 Uhr? Ich habe
noch einen Fernsehstudiotermin mit Corinna, Du weißt schon,
mein neuer Job. Der Termin dauert .... 3 ungefähr
17 Uhr. Dann will ich noch schnell ein kleines Geschenk für
meine Optikerin kaufen. Du, da habe ich was erlebt. Stell
Dir vor, meine Sonnenbrille war schon .... 4 einer
Woche kaputt. Gestern war ich .... 5 dem Deutschkurs
endlich bei der Optikerin. „Die Brille kann man nicht
reparieren, sie ist zu alt." hat sie gesagt. Sie hat es
aber dann doch gemacht. Ich habe die Brille schon
.... 6 vielen Jahren, ich will einfach keine andere!
.... 7 dem Deutschkurs habe ich die Brille wieder
geholt. Und nun pass auf: Die Optikerin hat die Reparatur
total billig gemacht. Ich habe auf der Gitarre ein Lied für
die Optikerin gespielt. Es war wirklich lustig.

Ich spiele Dir das Lied dann vor, okay? Du, noch eine Idee:
.... 8 20 Uhr ist im Tanzpalast eine Tango-Party. Hast
Du Lust?

Wir können ja heute Abend noch telefonieren. Ich bin
.... 9 sechs zu Hause.
Grüße
Timo

1	a am	b um	c für		
2	a in	b um	c bis		
3	a ab	b nach	c bis		
4	a vor	b seit	c für		
5	a vor	b bei	c ab		
6	a seit	b vor	c nach		
7	a in	b nach	c bei		
8	a bis	b von	c ab		
9	a für	b ab	c seit		

Schritte international 2, Lehrerhandbuch 02.1852 • © Hueber Verlag 2006

Variante A

kalt – das Fenster zumachen	warm – das Fenster aufmachen
warm – die Tür aufmachen	kalt – die Tür zumachen
warm – die Heizung ausmachen	kalt – die Heizung anmachen
hell – den Vorhang zumachen	dunkel – den Vorhang aufmachen
dunkel – das Licht anmachen	hell – das Licht ausmachen
laut – den Drucker ausmachen	laut – den Fernseher leise drehen
laut – das Radio leise drehen	laut – die Musik leise machen
dunkel – die Lampe anmachen	hell – die Lampe ausmachen

Variante B

kalt – das Fenster	warm – das Fenster
warm – die Tür	kalt – die Tür
warm – die Heizung	kalt – die Heizung
hell – den Vorhang	dunkel – den Vorhang
dunkel – das Licht	hell – das Licht
laut – den Drucker	laut – den Fernseher
laut – das Radio	laut – die Musik
dunkel – die Lampe	hell – die Lampe

Schritte international 2, Lehrerhandbuch 02.1852 • © Hueber Verlag 2006

Schritte international 2, Lehrerhandbuch 02.1852 • © Hueber Verlag 2006

Wählen Sie unten einige Redemittel aus und schreiben Sie Ansagetexte.

Beispiel:
Hallo! Sie haben die Nummer 030/767 555 83 gewählt.
Leider sind wir im Moment nicht zu Hause.
Bitte sprechen Sie eine Nachricht auf Band.
Vielen Dank. Auf Wiederhören!

Guten Tag!	Sie sind verbunden mit der Nummer	Leider sind wir im Moment nicht zu Hause.	Sie erreichen uns wieder ab	Vielen Dank. Auf Wieder-hören!
Hallo!	Sie sind verbunden mit dem Anschluss	Leider sind wir zurzeit	Sie erreichen uns unter der Nummer	Vielen Dank. Tschüs!
Grüß Gott!	Sie haben die Nummer .... gewählt.	Leider kann ich gerade nicht ans Telefon gehen.	Sie erreichen mich übers Handy. Die Nummer ist	Vielen Dank für Ihren Anruf.
	Hier ist der Anschluss von	Leider bin ich im Moment nicht erreichbar.	Bitte rufen Sie später noch einmal an.	Vielen Dank. Bis bald!
		Leider kann ich	Bitte versuchen Sie es unter der Nummer	
			Bitte sprechen Sie eine Nachricht auf Band.	

1   **Was passt? Ordnen Sie zu.**

a Sehenswürdigkeiten   stehen Brot, Eier, Marmelade, Butter, Käse, Wurst und
                                                        Obst. Die Hotelgäste können hier ihr Frühstück selbst
                                                        auswählen und an ihren Tisch bringen.

b Das Wort „weltberühmt" bedeutet: tut gut: Bei Massagen ist der Alltagsstress schnell
                                                        weg.

c Übernachtungsmöglichkeiten   Menschen aus aller Welt kennen das.

d In einem Gästehaus oder   können Hotels, aber auch Jugendherbergen oder
       in einer Pension   Ferienwohnungen sein.

e Auf einem Frühstücksbuffet   sind zum Beispiel Schlösser, Plätze und Museen in
                                                        einer Stadt. Viele Touristen besichtigen diese Orte.

f Wellness (nur Singular)   kann man übernachten und frühstücken.

2   **Welches Hotel passt zu welcher Person? Sprechen Sie mit Ihrer Partnerin / Ihrem Partner.**

Alexandra hat viel Stress in der Arbeit. Sie ist nervös und sieht sehr müde aus. Außerdem hat sie
starke Rückenschmerzen.

Bernd ist Hobbymaler. Er geht gern zu Fuß und möchte das Schloss zu jeder Tageszeit
malen. Das Hotel soll also in Schlossnähe sein und muss nicht unbedingt ruhig sein.

Christian liebt die Natur und ist sehr aktiv. Er möchte das Schloss besichtigen, aber vor allem
auch Sport machen. Er frühstückt gern gut und viel.

Daniela möchte verschiedene Dinge machen: Schwimmen, spazieren gehen, Geschäfte ansehen ...
Leider hat sie nicht sehr viel Geld.

Ich glaube, die Pension „Sissi" passt zu ...

... möchte wahrscheinlich im Haus „Märchenprinz" übernachten.

... gefällt sicher das Romantikhotel „Elisabeth".

Ich finde, das Gästehaus „Krone" ist für ... gut.

Schritte international 2, Lehrerhandbuch 02.1852 • © Hueber Verlag 2006

1   **Welche Kleidungsstücke haben einen Partner im Englischen?**

a   Markieren Sie und ordnen Sie die Namen zu.

die Jacke – die Hose – das Hemd – der Schuh – der Gürtel – der Pullover – das T-Shirt

....

....

b   Für welche Kleidungsstücke finden Sie keinen Partner? Sehen Sie die Bedeutung im Wörterbuch nach und ordnen Sie zu.

2   **Welche Wörter können Sie mit Hilfe des Englischen auch verstehen? Lesen Sie und markieren Sie die Wörter. Suchen Sie im Wörterbuch die Singularformen und die Artikel.**

> *Liebe Frau Schuster,*
>
> *es ist neue Ware gekommen:*
> *eine Kiste Socken*
> *mehrere Blazer in Rot und Schwarz*
> *verschiedene Hüte (roten Hut bitte für Frau*
> *Kunz zur Seite legen!)*
> *Kinderanoraks*
> *Jeans*
> *Seidenblusen*
> *Bitte in die Regale räumen! Danke.*
>
> *Christa Halbig*

Hinweis: Kopieren Sie die Kopiervorlage mehrmals auf festen farbigen Karton und schneiden Sie die Karten aus. Jedes Paar erhält zwei Kartensätze.

die Jacke

die Jacken

der Rock

der Sportschuh

die Röcke

die Sportschuhe

der Pullover

der Damenschuh

die Bluse

die Pullover

die Damenschuhe

die Blusen

die Hose

der Mantel

das Hemd

das Kleid

die Hosen

die Mäntel

die Hemden

die Kleider

Hinweis: Kopieren Sie die Vorlage für jede Gruppe auf bunte Karten und schneiden Sie die Karten aus.

Sie haben eine Bluse und einen Rock gefunden und möchten beides kaufen. Sie finden die Kasse nicht.	Sie haben Kleider anprobiert. Zwei Kleider gefallen Ihnen sehr gut. Sie wollen aber nur eins kaufen. Sie wissen nicht, welches.
Sie möchten eine Hose kaufen und brauchen Hilfe.	Sie haben einen Pullover in Größe L anprobiert. Der ist zu groß.
Sie haben eine Jacke anprobiert. Sie ist braun. Sie mögen Blau lieber.	Sie möchten ein Heft kaufen. Sie wissen nicht, wo.
Sie möchten Sportschuhe kaufen, aber Sie finden die Sportabteilung nicht.	Sie haben ein Hemd anprobiert. Es gefällt Ihnen gut, aber es ist zu klein.
Sie haben einen Rock gefunden. Er gefällt Ihnen gut, aber er passt nicht richtig. Er ist zu kurz.	Sie möchten ein Wörterbuch kaufen, aber Sie wissen nicht, wo.
Sie haben zwei Jacken anprobiert. Beide gefallen Ihnen gut. Sie wollen aber nur eine kaufen. Sie wissen nicht, welche.	Sie möchten eine CD kaufen. Sie wissen nicht, in welcher Abteilung.
Sie suchen ein Geschenk für Ihre Freundin. Sie liebt Bücher. Sie suchen die Bücherabteilung.	Sie suchen ein Spiel für Ihren Sohn. Er ist sechs Jahre alt. Sie brauchen Hilfe.

1   **Was trägt man in Ihrem Land ...?**

<u>a</u>   Notieren Sie Stichpunkte.

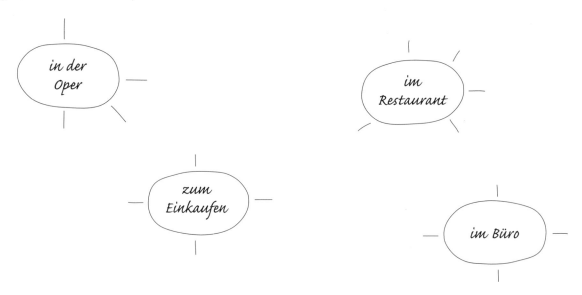

<u>b</u>   Erzählen Sie.

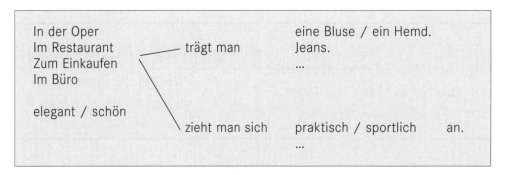

2   **Welche Meinung finden Sie gut? Und welche Meinung haben Sie zum Thema Mode?**
Schreiben Sie.

- Mode finde ich sehr / nicht wichtig.
- Mode interessiert mich sehr / überhaupt nicht.
- Ich möchte gern wissen: Diese Kleidung, diese Farben, diese Schuhe sind jetzt gerade modisch.
- Mode ist Konsum. Das gefällt mir nicht.
- Mode ist teuer. Und ich habe leider kein Geld dafür.
- Ich möchte immer perfekt aussehen. Geld spielt dabei keine Rolle.
- Wichtig ist doch: Was denkt ein Mensch? Wie lebt er? Und nicht: Welche Kleidung trägt er?

3   **Was bedeutet diese Redewendung? Sprechen Sie auch in Ihrer Sprache.**

Kleider machen Leute.

Schritte international 2, Lehrerhandbuch 02.1852 • © Hueber Verlag 2006

Hinweise: Schneiden Sie die Memo-Karten aus und mischen Sie sie. Jede Gruppe von 4 – 5 Spielern erhält einen Kartensatz. Die Karten werden als quadratisches Feld verdeckt auf den Tisch gelegt. Ein TN wird zum Spielleiter erklärt. Nur er darf Karten aufdecken, die Mitspieler bitten um die Karten, z.B. „Ich möchte die dritte Karte in der zweiten Reihe und die vierte Karte in der vierten Reihe." Passen die Karten zusammen, darf der TN sie behalten. Wenn die Karten nicht zusammenpassen, werden sie wieder umgedreht.

12.04.1978
der zwölfte vierte neunzehnhundertachtundsiebzig
24.12.1987
der vierundzwanzigste zwölfte neunzehnhundertsiebenundachtzig
08.07.2006
am achten siebten zweitausendsechs
07.08.2006
vor dem siebten achten zweitausendsechs
23.11.2001
bis zum dreiundzwanzigsten elften zweitausendeins
23.01.2011
bis zum dreiundzwanzigsten ersten zweitausendelf
18.08.1980
am achtzehnten achten neunzehnhundertachtzig
19.08.1808
am neunzehnten achten achtzehnhundertacht

Schreiben Sie die Sätze auch auf Englisch und/oder in Ihrer Sprache. Markieren Sie Subjekt und Objekt wie im deutschen Beispiel und vergleichen Sie mit Englisch und/oder Ihrer Sprache. Was fällt Ihnen auf?

Wer? Wen?/Was? Wer? Wen?/Was?

a Frau Schuler findet den Rock schön. Sie kauft ihn.

Ms. Schuler likes the skirt. She buys it.

....

b Lars liebt Nina. Er liebt sie sogar sehr!

....

....

c Herr und Frau Mai haben ein Kind. Sie lieben es.

....

....

d Lukas hat zwei Hunde. Er bringt sie mit ins Eiscafè.

....

....

Schritte international 2, Lehrerhandbuch 02.1852 • © Hueber Verlag 2006

Ergänzen Sie.

a Liebe Susi, ich komme am Wochenende nach Berlin.

Ich möchte .... gern sehen.

Hast du Zeit? Deine Tanja

b Meine Tochter findet den Rock so schön.

Haben Sie .... auch in Größe 128?

c ● Entschuldigung, kann ich die Sachen mal probieren?

■ Ja, natürlich können Sie .... probieren.

Die Kabinen sind da vorne.

d Haben Sie den Pullover auch in Blau?

In Grün finde ich .... nicht schön.

e So, so! Sie suchen Ihren Koffer?

Sehen Sie .... hier irgendwo? Andere haben wir nicht.

f Da ist ja meine Brille! Endlich!

Ich habe .... schon überall gesucht!

g Hier ist deine Medizin. Nimm .... bitte gleich!

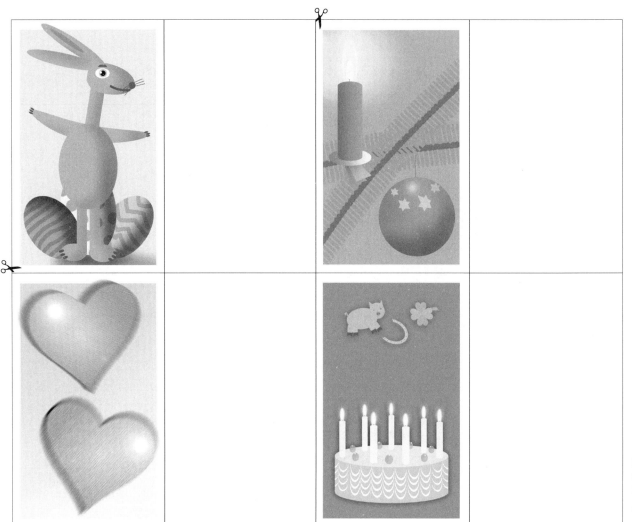

Schritte international 2, Lehrerhandbuch 02.1852 • © Hueber Verlag 2006 • Postkarten: Franz Specht, Weßling

Kopiervorlage „Zwischenspiel zu Lektion 14"

1 **Was wissen Sie über den Nikolaus? Ergänzen Sie.**

- ▪ **Wann und wo hat der Hl. Nikolaus gelebt?**

  Der Hl. Nikolaus hat bis .... nach Christus in ....

  gelebt.

- ▪ **Wie sieht der Nikolaus aus?**

  Der Nikolaus trägt einen .... und auf dem Kopf eine ....

  Beide Kleidungsstücke sind rot. Er hat auch einen .... Der ist lang und

  weiß. Außerdem hat er noch zwei Dinge dabei: Einen .... und ein

  ....

- ▪ **Wann kommt der Nikolaus zu den Kindern?**

  Am ....

- ▪ **Welche Geschenke bringt er oder stellt er vor die Tür?**

  ....

- ▪ **Was steht wohl im goldenen Buch?**

  ....

2 **Feiert man den Nikolaus oder ein ähnliches Fest auch in Ihrem Land?
Notieren Sie Stichpunkte und erzählen Sie.**

Name

Datum

Aussehen

Geschenke

Schritte international 2, Lehrerhandbuch 02.1852 • © Hueber Verlag 2006

Hinweise:

1. Vergrößern Sie die Kärtchen so, dass man eine Nummerierung auf der Rückseite der Kärtchen im Kursraum gut lesen kann. Schneiden Sie dann die Kärtchen aus und übertragen Sie die kleine Ziffer in der vorderen rechten Ecke groß auf die Rückseite der Kärtchen (z.B. Thema „Berufe" = A, d.h. die Kärtchen auf der Rückseite mit A1 bis A5 beschriften). Schöner wird es, wenn Sie die Kärtchen je nach „Wissensgebiet" farblich anders gestalten.
2. Hängen Sie die Kärtchen so an die Tafel oder die Wand, dass die Oberbegriffe (Berufe, Zeit, Praktikum, Reise) und die Rückseite der Kärtchen gut zu sehen sind.
3. Die TN teilen sich in zwei Gruppen. Gruppe 1 beginnt. Ein TN von Gruppe 1 nennt eine Nummer (je niedriger, desto einfacher), z.B. A3. Nehmen Sie das Kärtchen von der Tafel ab und lesen Sie die Frage auf der Vorderseite vor. Die TN von Gruppe 1 beratschlagen und lösen die Frage gemeinsam. Der TN, der die Karte ausgewählt hat, nennt die Lösung. Ist diese richtig, bekommt die Gruppe einen Punkt. Ist sie falsch, wird die Frage an Gruppe 2 weitergegeben, die dann die Möglichkeit bekommt, diese Frage zusätzlich zu ihrer eigenen nächsten Frage zu beantworten, und damit zwei Punkte in dieser Runde machen kann. Gruppe 2 nennt als Nächstes eine Nummer und versucht, diese Frage zu beantworten. Gewonnen hat die Gruppe mit den meisten Punkten.

A Berufe

B Zeit

C Praktikum

D Reise

A1	*A2*
Nennen Sie drei Berufe.	Nennen Sie drei Berufe mit „B".
A3	*A4*
Nennen Sie bei drei Berufen jeweils die männliche und die weibliche Form.	Ich habe keine Arbeit, ich bin ....

Schritte international 2, Lehrerhandbuch 02.1852 • © Hueber Verlag 2006

A5 Ergänzen Sie: Ich arbeite .... Verkäuferin.	**B1** Antworten Sie: Wann haben Sie Ihr Diplom gemacht?
B2 Antworten Sie: Seit wann leben Sie hier?	**B3** Wie ist die Frage für die Antwort: „1973 in Krakau."
B4 Ergänzen Sie: Heute bin ich glücklich. Heute habe ich eine neue Wohnung. Vor zwei Jahren .... ich nicht sehr glücklich. Ich .... keine Wohnung.	**B5** Wie heißt der Satz? Letzten Sommer .... wir mit dem Auto in den Urlaub .... Es .... sehr schön. Wir .... in Österreich.
C1 Antworten Sie: Wo und wie lange möchten Sie gern ein Praktikum machen?	**C2** Erklären Sie: Was sind „gute Kenntnisse"?
C3 Sie suchen ein Praktikum. Wie können Sie eine Stelle finden? Was tun Sie?	**C4** Sie sind Personalchef. Was möchten Sie von einem Praktikanten wissen? (Zwei Fragen.)
C5 Sie möchten ein Praktikum bei einer IT-Firma machen. Welche Fragen haben Sie an den Personalchef? Nennen Sie mindestens drei.	**D1** Was bedeutet „Halbpension", was „Vollpension"?
D2 Sagen Sie es anders. *Beispiel:* Sie müssen zur Touristeninformation gehen. = Gehen Sie zur Touristeninformation. Du musst die Fahrkarte nehmen. ... Ihr müsst zur Abendkasse gehen. ... Sie müssen den Ausweis abgeben. ...	**D3** Welche Sehenswürdigkeiten in München kennen Sie? Nennen Sie mindestens drei.
D4 Was muss man am Fahrkartenautomaten machen?	**D5** Was darf man in einem Hotelzimmer machen? Was darf man nicht machen? Nennen Sie drei Beispiele.

Hinweise:

1. Kopieren Sie die Kopiervorlage mehrmals auf festen Karton, schneiden Sie die Kärtchen aus und verteilen Sie die Kartensätze an Kleingruppen von 3–4 TN.
2. Die TN ziehen reihum eine Karte, lesen die Aufgabenstellung laut vor und versuchen, sie zu lösen. Sind die Mitspieler mit der Lösung einverstanden, darf sie/er die Karte behalten. Wenn nicht, legt sie/er die Karte wieder unter den Stapel. Sie kann später noch einmal gezogen werden.
3. Das Spiel ist zu Ende, wenn alle Karten gezogen wurden. Wer die meisten Karten hat, also die meisten Aufgaben richtig gelöst hat, hat gewonnen.

Wie heißt Ihre Mutter mit Vornamen? → .... Mutter heißt ...	Wie alt ist Ihr Vater? → .... Vater ist ... Jahre alt.	Wie heißt unsere Lehrerin / unser Lehrer mit Familiennamen? → .... Nachname ist ...
Mein Mann hat Kopfschmerzen. Was soll er tun? → Er	Wie geht's weiter? → ich *soll*, du .... , er/sie/es .... , wir .... , ihr .... , sie .... , Sie	Arzt: „Machen Sie viel Sport!" → Was *sollst* du machen? Ich ....
Herr Bader hatte einen Unfall. .... Fuß ist ganz dick.	Frau Maier hatte einen Unfall. .... Hand ist ganz dick.	Der Lehrer ist krank. .... Kopf tut weh.
Sagen Sie es anders: Herr Weise hat Halsschmerzen. = ... Hals tut weh.	Nennen Sie drei Körperteile mit „H": der H.................... , das H.................... , die H.................... .	Sagen Sie es anders: Ich habe Kopfschmerzen. = ... Kopf tut ....
Sagen Sie es anders: Manuela hat Rückenschmerzen. = ... Rücken tut	Wo kann man Medikamente kaufen? → .... Apotheke.	Herr Müller hatte einen Unfall. Er ist jetzt .... Krankenhaus.

Schritte international 2, Lehrerhandbuch 02.1852 • © Hueber Verlag 2006

Timo will Anja treffen. Er sucht sie .... Praxis.	Timo fährt .... der U-Bahn zum Goetheplatz.	Timo fliegt .... Wien.
Gehen Sie geradeaus und dann die (2.) .... Straße rechts.	Gehen Sie hier geradeaus und dann die (1.) .... Straße links.	Gehen Sie bis .... Karolinenplatz.
Gehen Sie die Kapuzinerstraße geradeaus und dann die (3.) .... Straße rechts.	Wo wohnen Sie? → Ich wohne	Wo ist die U-Bahn? → ....
Herr Roth ist .... Schwimmbad.	Herr Roth geht .... Post.	Herr Roth fährt .... Neuss.
Das Mädchen wartet .... der Haltestelle.	Frau Kunze sitzt im Englischkurs .... Herrn Braun.	Die Männer sitzen .... der Bank.
Ich fahre mit	Fahren wir mit .... ins Zentrum?	Wie fahren Sie zum Deutschkurs? → ....
Peter liegt .... Bett.	Wo ist die Katze? →	Mario sitzt .... Eva.

START

Nudeln .... mir gut, aber Reis .... ich nicht.

Nennen Sie vier Kleidungsstücke mit Artikeln!

Die Hose passt Ihnen nicht. Sie brauchen Größe 38. Fragen Sie die Verkäuferin.

Nennen Sie drei Wörter zum Thema „Kleidung kaufen". *Beispiel: die Kasse*
1. ....
2. ....
3. ....

Sie probieren ein Kleid. Die Farbe gefällt Ihnen nicht. Sie möchten das Kleid in Blau. Was sagen Sie?

„Bitte rufen Sie zurück. Meine Telefonnummer ist ...."

„Entschuldigung, ... wann können Sie den Kühlschrank reparieren? Es ist dringend!"

„Entschuldigung, ... wann haben Sie heute geöffnet?"

Das ist Frau Weber ....

Sie sind im Restaurant. Sie möchten die Speisekarte. Fragen Sie den Kellner höflich!

„Tut mir Leid, ich muss noch arbeiten. Ich habe erst .... 19 Uhr Zeit. Dann können wir uns treffen."

Im Büro ist es kalt. Ein Kollege soll das Fenster zumachen. Bitten Sie ihn höflich!

Ergänzen Sie. *Beispiel:* gut – *schlecht*
1. schön
   – ....
2. günstig
   – ....

Wann sieht Frau Weber fern? .... der Arbeit.

Im Zug ist es sehr warm. Sie möchten das Fenster öffnen. Fragen Sie die anderen Fahrgäste höflich!

Sie möchten mit einer Freundin ins Kino gehen. Sie rufen sie an, aber sie ist nicht da. Sprechen Sie auf den Anrufbeantworter.

Was sagt die Frau?

Was kann die Reisegruppe wann machen? (3 Beispiele)

Sie möchten die Schuhe in Größe 37 probieren. Fragen Sie die Verkäuferin höflich!

ZIEL

Was ist das?

Sprechen Sie über die deutschsprachigen Länder: Was gefällt/ schmeckt Ihnen?

● „Wollen wir heute zusammen ins Kino gehen?"
■ „Wann bist du fertig?"
● „Ungefähr .... einer Stunde."

„Die Jacke gefällt .... gut, aber sie passt .... nicht.“

Was ist das?

Sie haben ein Handy gekauft. Sie wissen aber nicht, wie es funktioniert. Was lesen Sie?

Was ist ein CallBike? Erklären Sie.

Ergänzen Sie. *Beispiel: der* Brief
1. .... Rechnung
2. .... Anrufbeantworter
3. .... Telefon

Ergänzen Sie. *Beispiel:* der Rock – die *Röcke*
1. das Hemd – die ....
2. das Kleid – die ....

Ihre Waschmaschine ist kaputt. Der Kundenservice soll kommen. Was sagen Sie am Telefon?

Sie rufen Freunde an. Der Anrufbeantworter ist an. Was sagen Sie?

„Wie lange dauert die Reparatur?“ – „.................... ca. 17 Uhr.“

Sie suchen die Elektroabteilung. Fragen Sie an der Information.

Was hört die Frau? Sprechen Sie.

Was machen Sie in der Freizeit? Nennen Sie drei Beispiele mit „gern“, „lieber“, „am liebsten“.

Ergänzen Sie. *Beispiel:* der Schuh – die *Schuhe*
1. der Pullover – die ....
2. der Mantel – die ....

Wie heißt das Gegenteil?
1. das Fenster aufmachen – ....
2. das Licht anmachen – ....

„Helfen Sie mir!“ Sagen Sie es <u>höflich</u>!

Im Bus hört ein Junge neben Ihnen sehr laut Musik. Er soll die Musik ausmachen. Bitten Sie ihn <u>höflich</u>!

„Der Kuchen schmeckt .... nicht. Er ist nicht mehr gut.“

Was können Sie gut, besser, am besten? Erzählen Sie.

Was fragt der Chef? (2 Beispiele)

Was sagt die Frau dem Techniker?

Sie finden im Klassenzimmer eine Uhr und fragen: „ .... die Uhr?“

Was essen Sie am liebsten? Was trinken Sie am liebsten?

Der Pullover ist zu kurz. Fragen Sie die Verkäuferin <u>höflich</u>! nach einem anderen Pullover!

Was mögen Sie (nicht)? (3 Beispiele)

Schritte international 2, Lehrerhandbuch 02.1852 • © Max Hueber Verlag 2006

Test zu Lektion 8

Name: ....

1   **Schreiben Sie.**

Beispiel: Ich bin *Lehrerin* ....

Ich arbeite an einer Sprachschule.

a Ich bin ....

Ich arbeite im Krankenhaus.

b Ich bin Exportkauffrau. Aber im Moment habe ich

eine Stelle ....

c Ich bin ....

Ich arbeite zurzeit aber auch .... Verkäuferin.

d Ich bin ....

Aber ich arbeite nicht. Ich bin arbeitslos.

Punkte ..... / 6

2   **Ergänzen Sie.**

Beispiel:

● *Wie lange* haben Sie als Verkäufer gearbeitet?   ■ Ein Jahr lang.

a ● .... sind Sie nach Deutschland gekommen?   ■ Vor zwei Monaten.

b ● Und .... leben Sie schon in Hamburg?   ■ Seit sechs Wochen.

c ● .... sind Sie arbeitslos?   ■ Seit drei Tagen.

d ● .... und wo sind Sie geboren?   ■ 1985 in Erlangen.

e ● .... haben Sie Ihre Ausbildung gemacht?   ■ Vor fünf Jahren.

f ● .... lernen Sie Deutsch?   ■ Seit drei Jahren.

Punkte ..... / 6

Schritte international 2, Lehrerhandbuch 02.1852 • © Hueber Verlag 2006

3 Was haben Sie gestern gemacht? Schreiben Sie.

Heute <u>suche</u> ich ein Praktikum im Internet. Ich <u>finde</u> viele Praktikumsbörsen und <u>lese</u> gleich mal ein paar Anzeigen. Dann <u>schreibe</u> ich die interessanten Angebote auf einen Zettel. Das Angebot für ein Praktikum als Kindergärtnerin <u>ist</u> besonders interessant. Ich <u>schreibe</u> sofort eine E-Mail. Schon zehn Minuten später <u>habe</u> ich eine Antwort von der Chefin. Sie <u>ist</u> sehr freundlich. Ich bekomme die Stelle. Juchu! Ich <u>bin</u> sehr glücklich und <u>tanze</u> im Zimmer. Ein toller Tag!

Gestern habe ich ein Praktikum im Internet ...

....

....

....

....

....

Punkte ..... / 10

4 Richtig oder falsch? Kreuzen Sie an.

Für meinen Obst- und Gemüseladen suche ich für drei Nachmittage in der Woche eine **Verkäuferin** (von 14 bis 18.30 Uhr), gerne auch Studentin. Deutschkenntnisse erforderlich. Haben Sie Interesse? Dann rufen Sie bitte **Herrn Stede** an unter **0 41 62/91 21 03**.	Mikrochip-Produktionsfirma sucht für ein Projekt Praktikanten mit guten Informatikkenntnissen. Sie sprechen gut Deutsch und Englisch. Alter: 18-30. Dauer: 1. Mai bis 31. Oktober. Schreiben Sie an Herrn Weber: **t.weber@mikrochip.de**

                                        richtig   falsch

<u>a</u> Herr Stede möchte Obst kaufen. ❏ ❏
<u>b</u> Er braucht eine Verkäuferin. ❏ ❏
<u>c</u> Die Arbeitszeit für die Verkäuferin ist am Vormittag. ❏ ❏
<u>d</u> Studenten sind willkommen. ❏ ❏
<u>e</u> Die Firma sucht ein neues Projekt. ❏ ❏
<u>f</u> Für dieses Praktikum braucht man Deutschkenntnisse. ❏ ❏
<u>g</u> Das Angebot ist nur für junge Erwachsene. ❏ ❏
<u>h</u> Das Praktikum dauert sechs Monate. ❏ ❏

Punkte ..... / 8

Insgesamt: .... / 30

Bewertungsschlüssel	
30 – 27 Punkte	sehr gut
26 – 23 Punkte	gut
22 – 19 Punkte	befriedigend
18 – 15 Punkte	ausreichend
14 – 0 Punkte	nicht bestanden

Schritte international 2, Lehrerhandbuch 02.1852 • © Hueber Verlag 2006

Test zu Lektion 9

Name: ....

1 **Was kann man mit einem Formular machen? Schreiben Sie.**

Man kann ein Formular:

ausfüllen .... ; .... ; .... ;

Punkte ..... / 2

2 **Ergänzen Sie.**

Beispiel: Kinder, *wartet* .... einen Moment, wir sind gleich da! (warten)

a .... bitte leise. Papa fährt Auto! (sein)

b Habt ihr Hunger? .... doch einen Apfel. (essen)

c .... mir mal die Wasserflasche, ich habe Durst. (geben)

d Du kannst das Formular nicht ausfüllen? .... doch mal her. (zeigen)

e Was hast du nicht verstanden? .... doch mal vor. (lesen)

f .... das Formular da drüben .... (abgeben)

Punkte ..... / 6

3 **Was müssen Sie jeden Tag machen? Schreiben Sie fünf Sätze.**

Ich muss jeden Morgen um 7 Uhr aufstehen. Dann ... .

....

....

....

....

....

....

Punkte ..... / 10

Schritte international 2, Lehrerhandbuch 02.1852 • © Hueber Verlag 2006

Test zu Lektion 9

4 **Ergänzen Sie in der richtigen Form: *können, müssen, dürfen, möchten***

● Entschuldigung, meine Familie und ich .... gern in eine andere Wohnung ziehen.

Was .... ich denn da machen?

■ Sie .... ein Formular ausfüllen.

● Entschuldigen Sie, das habe ich jetzt nicht verstanden.

.... Sie das bitte wiederholen?

■ Sie füllen dieses Formular aus. Sie können es mit nach
Hause nehmen oder hier ausfüllen.

.... Sie es hier ausfüllen?

● Ja. Entschuldigung, ... ich Sie

etwas fragen?

Was .... ich denn hier reinschreiben?

■ Sie schreiben hier Ihren Familiennamen und Ihr Geburtsdatum. Wann sind Sie denn geboren?

● Im Mai. Und hier, das verstehe ich auch nicht.

.... Sie mir noch einmal helfen, bitte?

■ Was brauchen Sie denn?

● Die Staatsangehörigkeit, was ist das? .... Sie mir das erklären?

■ Ihre Nationalität, verstehen Sie?

● Und berufstätig? Ich arbeite im Moment nicht. Dann muss ich das auch nicht ausfüllen, oder?

■ Doch. Sie .... „nein" ankreuzen.

● Gut. .... ich das Formular hier abgeben?

■ Ja, aber Sie .... die Unterschrift nicht vergessen.

● Vielen Dank!

Punkte ..... / 12

Insgesamt: .... / 30

Bewertungsschlüssel

30 – 27 Punkte	sehr gut
26 – 23 Punkte	gut
22 – 19 Punkte	befriedigend
18 – 15 Punkte	ausreichend
14 – 0 Punkte	nicht bestanden

Schritte international 2, Lehrerhandbuch 02.1852 • © Hueber Verlag 2006

Name: ....

1   **Ergänzen Sie in der richtigen Form: *mein, dein, Ihr, euer*.**

Beispiel: ● Wie siehst du denn aus? *Dein* .... Fuß ist ja ganz dick!

       ■ Ja, ich habe auch starke Schmerzen.

a ● Guten Tag, Frau Grimm! Was haben Sie denn gemacht? .... Hand ist ja ganz dick!

     ■ Ja, sie tut auch weh.

b ● Hallo, Sabine! Bist du krank? .... Nase ist ganz rot!

     ■ Ja, sie tut auch ganz schön weh! Ich habe Schnupfen.

c ● Guten Tag, Herr Bergmann! Wie geht es Ihnen heute?

     ■ Danke, heute geht es mir schon besser, aber .... Bein tut noch ein bisschen weh.

d ● Hallo, Melanie! Was hast du denn gemacht? .... Arm ist ja ganz dick!

     ■ Ja, er tut auch sehr weh. Ich bin hingefallen.

e ● Guten Abend, Frau Geismar! Was ist passiert? .... Augen sind ja ganz rot!

     ■ Ja, sie tun auch weh und ich sehe nicht gut.

f ● Hallo, Markus. Wie geht's?

     ■ Danke, gut. .... Fuß tut nicht mehr so weh.

g ● Guten Morgen, Frau Bauer! Wie geht's? Tut .... Rücken noch so weh?

     ■ Ja, leider!

h ● Hallo, Anna! Hallo, Carlos! Was machen .... Kinder? Sind sie noch krank?

     ■ Nein, es geht ihnen gut.

Punkte ..... / 8

2   **Was tut den Leuten weh? Schreiben Sie.**

Beispiel: *Ihre Hand* .... tut weh.

 a .... tut weh.

 c .... tun weh.

 b .... tut weh.

 d .... tut weh.

Punkte ..... / 8

Schritte international 2, Lehrerhandbuch 02.1852 • © Hueber Verlag 2006

Test zu Lektion 10

3 **Was hat der Arzt gesagt? Schreiben Sie.**

Beispiel: { Herr Schuster, bleiben Sie heute im Bett!

Der Arzt hat gesagt, er *soll im Bett bleiben.*...

a { Frau Baumann, trinken Sie viel! Jeden Tag mindestens zwei Liter!

Der Arzt hat gesagt, sie ....
Jeden Tag mindestens zwei Liter.

b { Frau Philipp, Sie sind zu dick. Machen Sie eine Diät!

Der Arzt hat gesagt, ich bin zu dick. Ich ....

c { Claudia, iss mehr Obst! Du brauchst jetzt Vitamine.

Der Arzt hat gesagt, Claudia ....
Sie braucht jetzt Vitamine.

Punkte ..... / 6

4 **Ordnen Sie das Gespräch.**

☑ Praxis Dr. Neumaier, guten Tag!

☐ Hm, diese Woche haben wir keinen Termin mehr frei.
Aber Sie können nächsten Montag um 8 Uhr kommen.

☐ Kann ich dann vielleicht morgen kommen?

☐ Gut, dann komme ich morgen Nachmittag um 16 Uhr vorbei! Danke. Auf Wiederhören!

☐ Guten Morgen. Hier ist Bremer. Ich habe Zahnschmerzen. Wann kann ich vorbeikommen?

☐ Mal sehen! – Ja, morgen von 16 bis 18 Uhr ist offene Sprechstunde. Da können Sie gern kommen.

☐ Heute geht es nicht mehr. Der Herr Doktor ist nur noch eine halbe Stunde in der Praxis.

☐ Das ist zu spät. Ich habe starke Schmerzen.
Kann ich bitte heute noch kommen?

☐ Bitte. Auf Wiederhören!

Punkte ..... / 8

Insgesamt: .... / 30

Bewertungsschlüssel	
30 – 27 Punkte	sehr gut
26 – 23 Punkte	gut
22 – 19 Punkte	befriedigend
18 – 15 Punkte	ausreichend
14 – 0 Punkte	nicht bestanden

Schritte international 2, Lehrerhandbuch 02.1852 • © Hueber Verlag 2006

Test zu Lektion 11

Name: ....

1 Ergänzen Sie.

Beispiel: ● Wie weit ist es zum Marienplatz? Kann ich dahin zu Fuß gehen?

■ Nein, das ist zu weit. Sie müssen mit *der* .... U-Bahn fahren.

a ● Wie weit ist es zum Bahnhof? Kann man dahin zu Fuß gehen?

■ Nein, das ist zu weit. Aber Sie können mit .... Straßenbahn fahren.

b ● Entschuldigung, wie komme ich zum Nordbad?

■ Sie können mit .... Bus Nummer 58 fahren.

c ● Entschuldigen Sie bitte, wie komme ich nach Augsburg?

■ Am besten mit .... Zug.

d ● Wie kommt man am schnellsten nach Hamburg?

■ Mit .... Flugzeug.

e ● Verzeihung, können Sie mir sagen, wie ich nach Moosburg komme?

■ Das ist schwierig. Fahren Sie am besten mit .... Auto.
Züge fahren nicht nach Moosburg.

Punkte ..... / 5

2 Ergänzen Sie.

> Am links zum erste Am zum in geradeaus geradeaus links geradeaus rechts

● Entschuldigen Sie bitte, wie komme ich denn zum Museum?

■ Das ist ganz einfach. Gehen Sie hier .... weiter bis ....

Karolinenplatz. .... Karolinenplatz gehen Sie dann .... in

die Blumenstraße. Gehen Sie weiter .... bis .... Kino.

.... Kino gehen Sie .... die

Bahnhofstraße. Gehen Sie etwa 100 Meter weiter .... und dann die

.... Straße .... Da sehen Sie schon das Museum.

Punkte ..... / 12

Schritte international 2, Lehrerhandbuch 02.1852 • © Hueber Verlag 2006

Test zu Lektion 11

3 Wo steht das Auto? Ordnen Sie zu.

a ☑ Das Auto steht vor dem Bahnhof.

b ☐ Das Auto steht an der Haltestelle.

c ☐ Das Auto steht unter dem Hotel.

d ☐ Das Auto steht vor der Garage.

e ☐ Das Auto steht auf dem Parkplatz.

f ☐ Das Auto steht zwischen den Häusern.

g ☐ Das Auto steht hinter dem Restaurant.

Punkte ..... / 6

4 Was antworten Sie? Schreiben Sie.

Beispiel: Wann fährt der nächste Zug nach Dresden?

Um 12.27 Uhr.

a Wann kommt das Flugzeug aus Tokyo an?

....

b Wie komme ich zum Bahnhof?

....

c Muss ich umsteigen?

Ja, ...

d Kommt der Zug pünktlich?

Nein, ...

e Entschuldigung, wo finde ich den Fahrkartenautomaten?

....

f Wie lange dauert die Fahrt nach Berlin?

....

g Wie viel kostet eine Fahrkarte nach Bamberg?

....

Punkte ..... / 7

Insgesamt: .... / 30

Bewertungsschlüssel	
30 – 27 Punkte	sehr gut
26 – 23 Punkte	gut
22 – 19 Punkte	befriedigend
18 – 15 Punkte	ausreichend
14 – 0 Punkte	nicht bestanden

Schritte international 2, Lehrerhandbuch 02.1852 • © Hueber Verlag 2006

Name: ....

1   **Ergänzen Sie.**

| nach dem | nach dem | ~~vor der~~ | Vor der | beim | Vor dem | beim | bei der | nach der |

Beispiel: Die Krankenschwester gibt Tim *vor der* .... Operation eine Spritze.

a Das ist Herr Sauter .... Arbeit.

b .... Examen muss Katrin viel lernen.

c Das ist Bruno .... Arbeit.

d Herr Roth fährt .... Besuch in Neuss wieder nach Hause.

e .... Party bügelt Frau Hartmann ihre Bluse.

f Das ist Herr Sauter .... Unfall.

g Das sind Olaf und Sven .... Baden.

h Das ist Herr Roth .... Schwimmen.

Punkte ..... / 8

2   **Was antworten Sie? Schreiben Sie.**

Beispiel: Verzeihen Sie, es ist sehr warm hier.

Könnten Sie bitte das Fenster aufmachen?

a Entschuldigung, es ist sehr kalt hier.

....

b Mein Fernseher ist kaputt.

....

c Hör mal, Rita, es ist ziemlich dunkel hier.

....

d Du hörst so laut Musik!

....

e Die Sonne scheint. Da brauchen wir die Lampe nicht.

....

f Herr Mühlbauer hat im Moment leider keine Zeit.

....

Punkte ..... / 12

Schritte international 2, Lehrerhandbuch 02.1852 • © Hueber Verlag 2006

3   **Ergänzen Sie.**

Beispiel: ● Verzeihen Sie, wann sind Sie wieder im Büro?

■ *Ab*............. heute Nachmittag *um*............. 14 Uhr.

a ● Mein Drucker ist kaputt. Ich brauche ihn dringend.

Wie lange brauchen Sie für die Reparatur?

■ .... morgen.

b ● Ich brauche dringend Hilfe. Wann kann Ihr Techniker kommen?

■ .... einer Stunde ist er bei Ihnen.

c ● Entschuldigung, wann ist Doktor Kunze wieder im Haus?

■ Leider erst morgen .... 8 Uhr.

d ● Verzeihen Sie, wie lange haben Sie geöffnet?

■ .... 20 Uhr, ... Samstag .... 18 Uhr.

e ● Wann kann ich den Computer wieder abholen?

■ .... zwei Tagen ist er fertig.

f ● Entschuldigen Sie, wann kann ich mit Herrn Becker sprechen?

■ .... 13 Uhr. Dann ist er wieder im Büro.

g ● Wann beginnen die Ferien?

■ .... drei Wochen, glaube ich.

h ● Musst du heute lange arbeiten?

■ Na, so .... acht schon, denke ich.

Punkte ..... / 10

Insgesamt: .... / 30

Bewertungsschlüssel	
30 – 27 Punkte	sehr gut
26 – 23 Punkte	gut
22 – 19 Punkte	befriedigend
18 – 15 Punkte	ausreichend
14 – 0 Punkte	nicht bestanden

Schritte international 2, Lehrerhandbuch 02.1852 • © Hueber Verlag 2006

Test zu Lektion 13

Name: ....

1   **Wie heißen die Kleidungsstücke? Notieren Sie mit dem Artikel!**

....

....

....

....

die Hose

Punkte ..... / 5

2   **Schreiben Sie.**

Beispiel: der Rock – *die Röcke* ....

a   der Gürtel   –   ....

b   das T-Shirt   –   ....

c   das Hemd   –   ....

d   die Hose   –   ....

e   der Mantel   –   ....

Punkte ..... / 5

3   **Ergänzen Sie.**

Beispiel: ● Sieh mal, die Hose!

■ *Die* .... ist langweilig!

a   ● Sieh mal, das Hemd!

■ .... ist super!

b   ● Wie findest du den Mantel?

■ .... finde ich zu teuer!

c   ● Und das Hemd?

■ .... ist günstig!

d   ● Was sagst du zu dem Gürtel?

■ .... finde ich sehr schön!

Aber .... ist zu teuer.

e   ● Ach, sieh mal! Der Rock ist aber toll!

■ Ja, ... gefällt mir auch sehr gut.

f   ● Und wie findest du das T-Shirt?

■ Ganz schön! .... steht dir bestimmt gut.

Punkte ..... / 7

Schritte international 2, Lehrerhandbuch 02.1852 • © Hueber Verlag 2006

4 **Was passt? Markieren Sie.**

Beispiel: ● Gefällt mir/Ihnen/ihm der Rock?

■ Ja, aber er ist zu groß.

a ● Sag mal, Tanja, wie gefällt euch/Ihnen/dir das Kleid?

■ Sehr gut! Wie viel kostet es?

b ● Wie findest du den Rock?

■ Er gefällt dir/mir/ihm gut, aber er passt Ihnen/mir/uns leider nicht.

c ● Was sagst du zu der Hose?

■ Die steht ihm/ihr/dir sehr gut! Nimm sie doch!

d ● Schmeckt mir/euch/uns der Salat?

■ Ja, sehr gut!

e ● Wem gehört das Wörterbuch?

■ Uns/Ihnen/Dir! Wir haben es gestern vergessen.

f ● Frau Schiller, der Mantel steht dir/ihr/Ihnen sehr gut!

■ Vielen Dank!

Punkte ..... / 7

5 **Schreiben Sie.**

Beispiel: ● Kannst du gut Auto fahren?

■ Ja, aber ich fahre noch *besser* .... Fahrrad.

a ● Möchtest du gern mal nach Berlin fahren?

■ Ja, aber noch .... möchte ich nach Hamburg und .... möchte ich nach Wien.

b ● Kannst du gut Samba tanzen?

■ Ja, aber ich tanze noch .... Tango.

c ● Wer spricht .... Deutsch? Silvana oder Marco?

■ Silvana!

d ● Was kostet .... ? Ein Wanderurlaub in Bayern oder ein Städteurlaub in Köln?

■ Ich glaube, ein Urlaub in Köln.

e ● Ich esse sehr viel, meine Schwester isst noch mehr, aber mein Bruder isst ....

Punkte ..... / 6

Insgesamt: .... / 30

Bewertungsschlüssel	
30 – 27 Punkte	sehr gut
26 – 23 Punkte	gut
22 – 19 Punkte	befriedigend
18 – 15 Punkte	ausreichend
14 – 0 Punkte	nicht bestanden

Schritte international 2, Lehrerhandbuch 02.1852 • © Hueber Verlag 2006

Test zu Lektion 14

Name: ....

1 Welches Datum ist heute? Schreiben Sie.

Heute ist der ...

Beispiel: (14.7.) *Vierzehnte siebte* ....

a (17.4.) ....   **d** (1.12.) ....

b (23.5.) ....   **e** (27.9.) ....

c (30.3.) ....   **f** (29.11.) ....

Punkte ..... / 6

2 Ergänzen Sie: *der, am, vom ... bis (zum)*.

Beispiel: Der Wievielte ist heute?   Heute ist *der* .... 14. Juli.

a Welches Datum ist heute?   .... 27. Januar.

b Wann bekommt man in Deutschland
die Weihnachtsgeschenke?   .... 24. Dezember.

c Wie lange dauern die Ferien?   .... 12. April .... 21. April.

d Wann hast du Geburtstag?   .... 7. August.

e Der Wievielte ist morgen?   Morgen ist .... 15. März.

Punkte ..... / 5

3 Ergänzen Sie: *mich, dich, ihn, es, sie, euch* und *Sie*.

Beispiel: ● Nikos Vater ist in Deutschland. Kennst du *ihn* .... schon?
   ■ Ja, er ist sehr nett.

a ● Ist das dein Fahrrad?
   ■ Ja, ich habe .... seit zwei Wochen. Es ist noch ganz neu.

b ● Kennst du schon den neuen Film mit Franka Potente?
   ■ Ja, ich habe .... schon gesehen. Er war super!

c ● Fährst du heute zum Fitness-Center? Kannst du .... mitnehmen? Mein Auto ist kaputt.
   ■ Na, klar! Wann soll ich .... abholen?

d ● Kommt ihr heute Nachmittag mit ins Schwimmbad?
   ■ Wir haben leider keine Zeit. Unsere Tante ist im Krankenhaus. Wir besuchen .... heute.

e ● Verzeihen Sie, Herr Becker! Darf ich .... etwas fragen?
   ■ Ja, natürlich.

f ● Hallo, Sabine, hallo, Claudia! Ich habe .... ja lange nicht gesehen! Wo wart ihr?

g ● Wie findest du meine Bluse?
   ■ Sie steht dir gut. Wo hast du .... gekauft?

Punkte ..... / 8

Schritte international 2, Lehrerhandbuch 02.1852 • © Hueber Verlag 2006

4   **Verbinden Sie die Sätze mit *denn*.**

Beispiel: Nikos Mutter kann nicht kommen. Ihre Schwester ist krank.

Nikos Mutter kann nicht kommen, denn ihre Schwester ist krank. ....

a   Sebastian darf nicht Tennis spielen. Der Arzt hat es verboten.

....

b   Maryam lernt Deutsch. Sie möchte in Deutschland eine Arbeit finden.

....

c   Robert macht viel Sport. Er will fit bleiben.

....

d   Selma geht jeden Samstag in die Disko. Sie tanzt gern.

....

e   Karin muss zum Zahnarzt. Sie hat schon seit drei Tagen Zahnschmerzen.

....

f   Elke hat gestern viel eingekauft. Sie macht heute eine Party.

....

Punkte ..... / 6

5   **Was sagen Sie? Schreiben Sie.**

Beispiel: Gute Besserung! ....

   a   ....

   d   ....

   b   ....

   e   ....

   c   ....

Punkte ..... / 5

Insgesamt: .... / 30

Bewertungsschlüssel	
30 – 27 Punkte	sehr gut
26 – 23 Punkte	gut
22 – 19 Punkte	befriedigend
18 – 15 Punkte	ausreichend
14 – 0 Punkte	nicht bestanden

Lektion 8   Beruf und Arbeit

Folge 8: *Superjob!*

Timo:	Für wie lange ist das? Für zwei oder drei Stunden? Aha. Und wo? … Moment mal, ich schreibe das gleich mit … äh, warte mal. So, ich hatte keinen Stift, aber jetzt bin ich bereit. Ja, ja … Okay, das hab' ich! Nein, du, ich mache das wirklich gerne! Also dann: um 14 Uhr. Bis dann, tschüs!

Max: Und? Kenne ich ihn?
Sabine: Was?
Max: Na los! Sag schon!
Sabine: Was denn?
Max: Ach, komm! Tu nicht so! Du verstehst mich sehr gut!
Sabine: Nein, tut mir leid. Ich verstehe kein Wort.
Max: Wie heißt er?
Sabine: Wer denn?
Max: Ich möchte es wissen.
Sabine: Sag mal, Max, geht das jetzt schon wieder los!?

Max: Seit wann kennst du ihn? Seit gestern? Seit einer Woche?
Sabine: Ach …
Max: Oder vielleicht schon seit einem halben Jahr?
Sabine: Du fängst also wirklich wieder damit an!?
Max: Ist es ein Kollege? Ein Arbeitskollege?
Sabine: Hör auf, Max, hör doch bitte auf!
Max: Sag es mir: Wie oft wart ihr schon zusammen?
Sabine: Du bist krank, Max!

Timo: Guten Tag, Herr … äh … Großmann.
Max: Wer sind Sie?
Timo: Ich …
Max: Ist er das?
Sabine: So ein Quatsch!
Max: Das gibt's doch nicht! Er kommt hierher? In meine Wohnung?
Sabine: Max! MAX! Ich kenne diesen Mann doch gar nicht.

Max: Aber du kennst sie, du kennst Sabine!
Timo: Nein.
Max: Nein? Aber ich kenne dich! Ich hab' dich schon mal gesehen! Was machst du? Wo arbeitest du?
Timo: Ich bin Verkäufer. Ich arbeite als Aushilfe, bei Frau Meier.
Max: Frau Meier?
Timo: Im Blumenladen.
Max: Im Blumenladen?
Timo: Ich bringe Ihre Blumen. Sie hatten sie bestellt.
Max: Ach, richtig! Oh Gott! Tut mir leid!

Max: Bitte, kannst du mir noch einmal verzeihen, Sabine?
Regisseur: Wunderbar! Danke! Das war's dann.

Timo: Meinst du, das war gut so, Corinna?
Corinna: Also, ich finde, du warst toll! Stimmt doch, oder? Er war doch wirklich toll!?
Assistentin: Ja wirklich! Das war eine sehr gute Idee von dir, Corinna. Und vielen Dank für Ihre schnelle Hilfe, Herr Arhonen!
Timo: Aber gerne.
Assistentin: Jetzt brauche ich nur noch Ihre Unterschrift. Hier bitte …
Vielen Dank!

Assistentin: Sie bekommen 100 Euro pro Stunde. Sie waren zwei Stunden hier, das macht also 200 Euro. Hier, bitte.
Timo: Oh! Vielen Dank!
Assistentin: Ähm, noch eine Frage: Für wie lange sind Sie denn in Deutschland, Herr Arhonen?
Timo: Insgesamt für ein halbes Jahr.
Assistentin: Aha. Und seit wann sind Sie schon hier?
Timo: Ich bin seit zwei Monaten hier. Warum wollen Sie das so genau wissen?
Assistentin: Ach, ich hatte da gerade eine Idee. Möchten Sie im nächsten Monat vielleicht noch einmal bei uns arbeiten?
Timo: Aber ja! Gerne!

Schritt A   A1

1 Lehrerin: Setzt euch, bitte! Ruhe!
Wir wollen als Erstes die Hausaufgaben kontrollieren. Alexander …
Alexander: Oh nein! Warum ich?

2 Verkäuferin: Kann ich Ihnen helfen?
Kundin: Ähm, ich suche ein T-Shirt.
Verkäuferin: Ein T-Shirt? Gerne. Wie finden Sie das hier?
Kundin: Na ja, die Farbe finde ich nicht so schön.
Verkäuferin: Ach, das ist kein Problem. Das haben wir auch in vielen anderen Farben …

3 Stewardess: Guten Tag und herzlich Willkommen an Bord unseres Lufthansafluges von Köln nach Amsterdam. Ich mache Sie jetzt mit den Sicherheitsvorkehrungen bekannt …

4 Ärztin: So, machen Sie doch bitte mal ganz auf, ja?
Patient: Hhoo?
Ärztin: Ja, sehr schön. Gut so! Und jetzt sagen Sie mal „A"!
Patient: Aaaaahhhh …
Ärztin: H-hm. Ja ja, Sie können wieder zumachen.
Patient: Was ist?
Ärztin: Es ist ein bisschen rot, eine leichte Infektion, aber kein Problem, ich gebe Ihnen ein Medikament.

5 Journalist: Guten Tag, mein Name ist Hoppe, ich mache hier Interviews für den „Morgenkurier". Darf ich Sie etwas fragen?

Passantin: Ja, bitte?

Journalist: Sie wissen sicher: unsere Stadt bekommt einen neuen Bahnhof. Was ist Ihre Meinung: Brauchen wir wirklich zwei Bahnhöfe?

Passantin: Äh, tut mir leid, aber ich bin nicht von hier.

Journalist: Ach so …

6 Studentin: So, das wär's. Die Seminararbeit ist fertig. Jetzt muss ich sie nur noch abgeben.

Bibliothekar: Achtung! Die Universitätsbibliothek schließt in zehn Minuten!

7 Architekt: Humboldt und Partner, Jürgen Humboldt, guten Tag!

Anrufer: Ja, hier Dieter Meier, guten Tag.

Architekt: Guten Tag, Herr Meier. Was kann ich denn für Sie tun?

Anrufer: Ja, Sie haben doch letztes Jahr das Haus für die Familie Utzschneider gemacht, nicht wahr?

Architekt: Utzschneider? Ja, ja richtig.

Anrufer: Ja, sehen Sie, und das gefällt meiner Frau und mir so gut.

Architekt: Das freut mich, Herr Meier

Anrufer: Tja, so ein Haus möchten wir nun auch gerne haben.

Architekt: Ja, dann kommen Sie doch einfach mal hierher, Sie und Ihre Frau! Dann können wir ganz ausführlich über Ihr Projekt sprechen.

8 Programm-
miererin: Und? Funktioniert das Programm? Nein, so ein Mist. Das blöde Programm funktioniert immer noch nicht. Aber halt – Moment – ha! Ich glaube, ich hab's. Ja, ja, ja, jaaaa!!!! Wahnsinn, das ist es, es funktioniert!

9 Rezeptionist: Guten Tag! Was kann ich für Sie tun?

Frau Braun: Guten Tag! Wir suchen ein Zimmer für zwei Nächte.

Rezeptionist: Tut mir leid. Wir haben zurzeit überhaupt nichts frei. Erst wieder ab übermorgen.

Frau Braun: Ach so? Na, da kann man nix machen.

Rezeptionist: Tja, tut mir wirklich leid. Aber gehen Sie doch mal über die Straße und fragen Sie drüben im „Imperial". Vielleicht haben die noch was.

Frau Braun: Ja gut! Vielen Dank! Auf Wiedersehen!

Rezeptionist: Bitte! Gerne! Auf Wiedersehen!

10 Kaufmann: Im ersten Jahr haben wir im Ausland von kalkulierten 5000 Stück nur 3000 Stück verkauft. Hm … Pro Stück gab es 35 Prozent Rabatt. Außerdem haben wir 1000 Freiexemplare vergeben. Kalkuliert waren nur 500 …

Schritt B   B1

a Assistentin: Seit wann sind Sie hier?

Timo: Seit zwei Monaten.

b Timo: Corinna, wann bist du nach Deutschland gekommen?

Corinna: Vor drei Jahren.

Schritt B   B3

Frau Skumbin: Skumbin?

Herr Probst: Hallo? Spreche ich mit Frau Edyta Skumbin?

Frau Skumbin: Ja?

Herr Probst: Guten Tag, Frau Skumbin. Mein Name ist Probst von der Firma „Hansa".

Frau Skumbin: Ah, Herr Probst.

Herr Probst: Sie haben uns eine E-Mail geschrieben.

Frau Skumbin: Ja, genau.

Herr Probst: Sie möchten gerne in unserer Marketing-Abteilung ein Praktikum machen.

Frau Skumbin: Ja, das ist richtig!

Herr Probst: Ich habe da noch ein paar Fragen an Sie, Frau Skumbin. Haben Sie denn einen Moment Zeit?

Frau Skumbin: Ja, natürlich.

Herr Probst: Sie schreiben hier, Sie haben Wirtschaft und Marketing studiert. Wann haben Sie denn Ihr Diplom gemacht?

Frau Skumbin: Vor drei Monaten.

Herr Probst: Vor drei Monaten, hm, und im Moment machen Sie gerade ein Praktikum bei einer Firma in Warschau?

Frau Skumbin: Bei „Marketing & Media", genau.

Herr Probst: Wie lange sind Sie dort schon?

Frau Skumbin: Bei „Marketing & Media" arbeite ich jetzt seit einem Monat.

Herr Probst: Gut. Und das andere Praktikum, das bei „Föbis" in Köln, wann haben Sie das denn gemacht?

Frau Skumbin: Bei „Föbis"? Hm, ich denke, das war vor einem Jahr. Ja, ja richtig! Das war genau vor einem Jahr.

Herr Probst: Sie sprechen sehr gut Deutsch, Frau Skumbin!

Frau Skumbin: Oh, danke!

Herr Probst: Wie lange lernen Sie denn schon Deutsch?

Frau Skumbin: Schon vier Jahre.

Herr Probst: Toll! Wirklich super!

Frau Skumbin: Das freut mich.

Herr Probst: Gut. Jetzt habe ich noch eine kleine Frage zum Schluss: Wann sind Sie geboren, Frau Skumbin?

Frau Skumbin: 1983.

Herr Probst: 1983. Gut. Ach ja, Ihre Zeugnisse, die brauche ich noch. Können Sie uns die schicken?

Frau Skumbin: Ja, natürlich! Das mache ich gleich heute noch.

Herr Probst: Sehr schön. Tja, ich denke, es gibt kein Problem. Sie können bei uns einen Praktikumsplatz haben.

Frau Skumbin: Oh toll! Das ist super! Vielen Dank!

Schritt C **C1**

a **Timo:** Moment mal, ich schreibe das gleich mit. So, ich hatte keinen Stift. Aber jetzt bin ich bereit.

b **Timo:** Meinst du, das war gut so, Corinna?

Corinna: Also, ich finde, du warst toll! Stimmt doch, oder?

Assistentin: Ja, wirklich! Das war eine sehr gute Idee von dir, Corinna.

Schritt C **C2**

Ich hatte eine große Leidenschaft: kochen. Dann hatte ich eine kleine Firma – Jans Partyservice – und viel Arbeit. Nach drei Jahren hatte ich eine große Firma, viele Arbeiter und viel Stress. Ich war sehr müde. Dann hatte ich eine gute Idee: Ich habe die Firma verkauft. Heute bin ich wieder glücklich und habe wieder eine große Leidenschaft: kochen und essen.

Lektion 9   In einer fremden Stadt

Folge 9: *Gemütlichkeit*

Timo: Entschuldigen Sie?

Passant A: Ja?

Timo: Darf ich Sie etwas fragen?

Passant A: Ja, gerne!

Timo: Ich verstehe dieses Wort nicht. Können Sie mir vielleicht helfen?

Passant A: „Gemütlichkeit". Hm-hm.

Timo: Ja, genau: „Gemütlichkeit". Was ist denn das? Was bedeutet das Wort?

Passant A: Tja, Gemütlichkeit – ja-ja – wie erkläre ich Ihnen das?

Timo: Man sagt doch, hier in München gibt es besonders viel „Gemütlichkeit".

Passant A: Na gut, das ist schon richtig, aber, wissen Sie, das ist gar nicht so einfach! Gemütlichkeit, hm, das ist, naja, das, das bedeutet eben „gemütlich sein", verstehen Sie?

Timo: Ja, aber, was ist denn das: „gemütlich"?

Passant A: Ach, wissen Sie was? Geh'n Sie doch zur Touristeninformation am Marienplatz! Fragen Sie da mal! Die müssen das wissen.

Passant B: Zur Touristeninformation?

Passant B: Zur Touristeninformation?! Ha! Da lach' ich ja!

Passant A: So? Da lachen Sie? Wissen Sie es denn besser?

Passant B: Aber sicher! Er muss ins Hofbräuhaus gehen!

Timo: Ins Hofbräuhaus?

Passant B: Genau! Im Hofbräuhaus findet man die echte original bayerische Gemütlichkeit!

Passant A: Ach was! Das stimmt doch gar nicht!

Passant B: In München steht ein Hofbräuhaus, oans, zwoa, gsuffa! Da schau'n zwei fesche Madel'n raus, oans, zwoa, gsuffa!

Passant A: T-ha! Na hören Sie mal! Im Hofbräuhaus findet man alles Mögliche, aber ganz sicher keine Gemütlichkeit!

Passant B: So? So?!

Passant A: Da ist es laut und …

Passant B: Ein Prosit, ein Prosit der Gemütlichkeit!

Passant A: Muss das denn sein? Seien Sie doch bitte leise!

Arbeiter: Was? Was möchtest du wissen? Zeig mal! Ach so: „Gemütlichkeit"!? Na ja, das ist ganz einfach!

Timo: Was!? Wirklich!?

Arbeiter: Gemütlichkeit ist … Also das ist Gemütlichkeit, verstehst du?

Timo: Nein. Das habe ich nicht verstanden. Können Sie das bitte wiederholen?

Anderer Arbeiter: Hey! Andi! Kommst du mal?

Arbeiter: Tut mir leid. Ich hab' keine Zeit mehr.

Anderer Arbeiter: Hey! Andi! Komm doch her!

Arbeiter: Ich muss weiterarbeiten, okay?

Timo: Äh, ja, vielen Dank!

Timo: Entschuldigung?

Junge Frau: Ja?

Timo: Darf ich mich hier hinsetzen?

Junge Frau: Na klar! Warum denn nicht?

Timo: Aaachhh!

Junge Frau: Ja, ja, so geht's mir manchmal auch. Aber hier ist es so richtig schön gemütlich, stimmt's?

Timo: Gemütlich? Ach? Ach so! Ja! Hier ist es richtig schön gemütlich.

Schritt A **A3**

a **Mann:** Hassnambrassnam. Wie? Also nein! Das versteht doch kein Mensch! Kein Mensch versteht das!

Frau: Sagen Sie mal, haben Sie ein Problem?

Mann: Ja! Der Automat da! Der funktioniert nicht!

Frau: Doch, doch. Der funktioniert. Sie müssen zuerst das Fahrtziel auswählen.

Mann: Was?

Frau: Das Fahrtziel! Wo möchten Sie denn hinfahren?

Mann: Nach Starnberg.

Frau: Nach Starnberg. So! Und danach müssen Sie hier auswählen: Erwachsener oder Kind?

Mann: Na, Erwachsener natürlich!

Frau: Ja? Na, gut. Jetzt zeigt er den Preis an – sechs Euro, sehen Sie?

Mann: Sechs Euro. Aber ich habe keine sechs Euro! Ich hab nur 'nen Zehn-Euro-Schein.

Frau: Der geht auch. Den müssen Sie einfach hier reinschieben.

Mann: Wo?

Frau: Hier.

Mann: Da?

Frau: Ja.

Mann:	Ah?
Frau:	Hören Sie? Hier kommt die Fahrkarte und da ist das Wechselgeld.
Mann:	Aha! Ist ja gar nicht so schwer.
Frau:	Sag' ich doch!
Mann:	Also, vielen Dank dann …
Frau:	Bitte, bitte! Hallo?
Mann:	Ja?
Frau:	Sie müssen die Fahrkarte noch stempeln.
Mann:	Ja, ja, stempeln das weiß ich schon …
Frau:	Männer!

Schritt B   B4
vgl. Kursbuch Seite 21

Schritt C   C2
vgl. Kursbuch Seite 22

Schritt E   E1

Herr Shalabi:	Guten Tag.
Frau Huber:	Guten Tag. Kann ich Ihnen helfen?
Herr Shalabi:	Haben Sie noch ein Zimmer frei?
Frau Huber:	Für Sie allein?
Herr Shalabi:	Entschuldigung?
Frau Huber:	Möchten Sie ein Einzelzimmer?
Herr Shalabi:	Ja, genau! Ein Einzelzimmer.
Frau Huber:	Und für wie lange?
Herr Shalabi:	Wie bitte?
Frau Huber:	Bis wann möchten Sie das Zimmer? Bis morgen?
Herr Shalabi:	Nein. Bis übermorgen.
Frau Huber:	Bis Mittwoch? Hm, da muss ich nachsehen. Hm, nein, tut mir leid, da haben wir nur noch ein Doppelzimmer.

Schritt E   E2

Frau Huber:	Bis Mittwoch? Hm, da muss ich nachsehen. Hm, nein, tut mir leid, da haben wir nur noch ein Doppelzimmer.
Herr Shalabi:	Entschuldigung, das habe ich nicht verstanden.
Frau Huber:	Wir haben nur noch ein Zimmer für zwei Personen, kein Einzelzimmer.
Herr Shalabi:	Ach so, Sie haben kein Zimmer.
Frau Huber:	Ach, wissen Sie was? Ich gebe Ihnen jetzt das Doppelzimmer zum Preis für ein Einzelzimmer.
Herr Shalabi:	Wie bitte? Können Sie mir das noch mal erklären?
Frau Huber:	Wir haben ein Zimmer. Sie bekommen ein Zimmer. Ein Zimmer bis Mittwoch.
Herr Shalabi:	Oh, schön!
Frau Huber:	Möchten Sie Halbpension oder Vollpension?
Herr Shalabi:	Tut mir leid, ich spreche nicht so gut Deutsch. Was bedeutet das: „Halbpension" oder „Vollpension"?
Frau Huber:	Halbpension bedeutet: Sie bekommen Frühstück und Abendessen. Vollpension heißt: Sie bekommen Frühstück, Mittagessen und Abendessen.

Herr Shalabi:	Ach so! Aber, äh, ich möchte nur Frühstück. Geht das auch?
Frau Huber:	Ja, natürlich, das geht auch.
Herr Shalabi:	Und was kostet das?
Frau Huber:	Übernachtung mit Frühstück kostet 85 Euro pro Nacht.
Herr Shalabi:	Gut, okay, das ist in Ordnung.
Frau Huber:	Ja. Dann brauche ich bitte Ihren Ausweis.
Herr Shalabi:	Meinen was? Das habe ich nicht verstanden.
Frau Huber:	Ich brauche Ihren Ausweis, Ihr Personaldokument, Ihren, äh, Pass.
Herr Shalabi:	Ach so! Mein Pass! Ja klar! Hier, bitte!
Frau Huber:	Vielen Dank! Jetzt müssen Sie nur noch dieses Formular hier ausfüllen.
Herr Shalabi:	Ein Formular? Okay!
Frau Huber:	Ah ja, und noch eine Frage, Herr, äh, Shalabi.
Herr Shalabi:	Ja, bitte?
Frau Huber:	Haben Sie Gepäck dabei?
Herr Shalabi:	Ja ja, mein Gepäck ist noch draußen im Auto.
Frau Huber:	Gut, das lasse ich dann gleich holen, okay?
Herr Shalabi:	Ja, bitte, das ist nett.

Zwischenspiel 9 *Da tanzt die ganze Stadt*
Lebensfreude im rheinischen Karneval

Sprecherin:	Hallo, liebe Hörerinnen und Hörer! Ich begrüße Sie ganz besonders herzlich aus der berühmten Karnevalsstadt Düsseldorf! Ich stehe hier am größten deutschen Fluss, an der Elbe, zusammen mit vielen, vielen anderen Menschen. Sie können es sicher auch zu Hause gut hören: Hier hat heute, am 12. Dezember, genau um 12 Uhr und 12 Minuten, der diesjährige Karneval begonnen oder der ‚Fasching', wie man hier im Norden Deutschlands auch gerne sagt. Zehn Tage lang feiern die Leute jetzt, dann ist die verrückte fünfte Jahreszeit wieder zuende. Zuende ist jetzt auch diese kurze Sendung. Na? Haben Sie die vier Fehler gefunden?

Lektion 10   Gesundheit

Folge 10: *Psittakose?*

Timo:	Papageien … Krankheit – Todes-Virus … weiter auf Seite zwei … Schon drei Menschen tot. Oh, oh, oh!
Koko:	Oh, oh, oh! Oh, oh, oh!
Timo:	Ech-ech!!
Koko:	Ech-ech-ech!!
Timo:	Oh, oh, oh!
Koko:	Oh … oh … oh! Ech-ech-ech!
Timo:	Koko? Was ist denn? Bist du krank?
Sprech-stundenhilfe:	Tierarztpraxis Dr. Schubert. Guten Tag!
Timo:	Ja, äh. Hier ist Timo Arhonen. Könnte ich bitte mit Frau Doktor Schubert sprechen?

Sprech- stundenhilfe:	Um was geht es denn? Ich meine: Ist es privat?
Timo:	Ja, äh, nein, äh, Koko ist krank, äh, der Papagei …
Sprech- stundenhilfe:	Es geht also um Ihren Papagei?
Timo:	Nein, nein, nicht um meinen Papagei …
Koko:	Koko ist krank! Krank!
Sprech- stundenhilfe:	Ja, was denn nun?
Timo:	Bitte, es ist dringend. Ich muss Anja sprechen, äh, ich meine Frau Dr. Schubert.
Koko:	Anja! Oh … oh … oh! Anja!
Sprech- stundenhilfe:	Anja? Also ist es doch privat? Einen Moment bitte, ich versuche es mal.
Timo:	Danke! Vielen Dank!
Koko:	Ech-ech! Koko ist KRANK! Ech-ech!
Anja:	Papageienkrankheit?
Timo:	Ja, er hustet.
Anja:	Er hustet? Koko hustet?
Timo:	Ja doch! Er hustet! Er macht so: „Ech-ech!"
Koko:	Ech-ech! Ech-ech!
Timo:	Da! Schon wieder! Hörst du?
Anja:	Hm. Sieht er denn krank aus?
Timo:	Wie meinst du das?
Anja:	Wie sehen denn seine Augen aus?
Timo:	Moment …
Timo:	Komm, Koko, zeig mal deine Augen! Na? Hm … Ich sehe jetzt seine Augen. Und was soll da sein?
Anja:	Sind sie entzündet? Oder geschwollen?
Timo:	Entzündet? Geschwollen? Ich verstehe nicht. Was heißt das?
Anja:	Na, sehen sie rot und dick aus?
Timo:	Rot? Dick? Hm. Ich weiß nicht, hm. Na? Sehen deine Augen dick aus?
Koko:	Dick? DICK! Ech-ech!
Timo:	Ich weiß nicht, ich glaube schon.
Anja:	Du glaubst schon? Aha. Tut ihm etwas weh? Was meinst du?
Timo:	Tut dir was weh, Koko?
Koko:	Weh! Weh! Oje!
Anja:	Na? Hat er Schmerzen?
Timo:	Ein bisschen vielleicht.
Anja:	Ein bisschen?
Timo:	Was soll ich denn jetzt machen?
Anja:	Tja, Psittakose.
Timo:	Was?
Koko:	Was? Was? Was?
Anja:	Papageienkrankheit …
Timo:	Ach so, ja.
Anja:	Das ist eine sehr, sehr schlimme Krankheit.

Timo:	Oh je! Ich glaube, meine Augen tun auch schon ein bisschen weh. Soll ich gleich mit Koko in deine Praxis kommen?
Anja:	Hierher? Nein – nein! Ihr müsst unbedingt zu Hause bleiben.
Timo:	Was? Ist es so schlimm? Aber ich …
Anja:	Kein aber! Ihr sollt zu Hause bleiben, hörst du?
Koko:	Was? Was? Was?
Timo:	Ruhig, Koko! Anja sagt, wir sollen zu Hause bleiben.
Anja:	Unser Koko hat ganz schöne Augen …
Koko:	Jaaa!
Anja:	Die sind gar nicht entzündet und gar nicht geschwollen. Nein.
Koko:	Nein! Nein!
Anja:	Unser Koko ist ganz gesund.
Koko:	Ja-ha!
Anja:	Nur Anja hat ein Problem …
Koko:	Soooo?
Anja:	Ja, Anja hat nämlich ganz schlimmen Hunger!
Timo:	Vielen Dank, Anja, das war wirklich sehr nett von dir!
Anja:	Kein Problem, Timo. Weißt du, bei Psittakose muss man wirklich sehr, sehr vorsichtig sein.
Koko:	Psittakose! Hahaha!

Schritt A   A2
vgl. Kursbuch Seite 30

Schritt B   B1
a	Timo:	Koko ist krank. Er hustet.
	Anja:	Sieht er denn krank aus? Wie sehen denn seine Augen aus? Sind sie dick und rot?
	Timo:	Hm, ich weiß nicht, aber sein Kopf ist ganz heiß.
b	Junge Frau:	Hallo, Anton, wie geht's? Und wie geht es Corinna? Sind ihre Kopfschmerzen wieder weg?
	Anton:	Ja, aber jetzt tut ihr Hals weh.
	Junge Frau:	Oh je, die Arme.

Schritt B   B3/B4
1	Mutter:	Kinder, euer Wasser ist ja schon ganz kalt. Und ihr seid noch ganz schmutzig!
2	Mutter:	Herr Doktor, Florian und Simon sind krank. Die beiden haben Ohrenschmerzen. Ihre Ohren tun sehr weh!
	Arzt:	Dann lasst mal sehen. Oh ja, die sehen nicht gut aus.
3	Frau:	Anton, ich kann schon gar nichts mehr lesen.
	Anton:	Ich kann das auch nicht lesen. Unsere Augen sind einfach nicht mehr so gut.

Schritt C   C1

Anja: Das ist eine schlimme Krankheit. Bleibt bitte zu Hause.
Timo: Was?
Koko: Was? Was? Was?
Timo: Anja sagt, wir sollen zu Hause bleiben.

Schritt C   C2

vgl. Kursbuch Seite 32

Schritt C   C3

Moderator: Hier ist wieder das Gesundheitstelefon. Sie haben Fragen zum Thema Gesundheit? Dann rufen Sie an unter Null-achttausend-eins-zwo-eins-zwo-eins-sechsunddreißig.
Herr Lex: Guten Tag. Hier spricht Lex.
Moderator: Herr Lex, was ist Ihr Problem?
Herr Lex: Ich bin oft sehr müde ...
Moderator: Aha. Und sind Sie auch schon beim Arzt gewesen, Herr Lex?
Herr Lex: Ja ja, aber mein Arzt kann gar nichts finden. Was soll ich denn jetzt tun?
Moderator: Herr Lex, wie viel trinken Sie am Tag? Drei Liter?
Herr Lex: Drei Liter?! Nein!!
Moderator: Zwei Liter?
Herr Lex: Nein, nein ...
Moderator: Einen Liter?
Herr Lex: Na ja, vielleicht ...
Moderator: Also, Herr Lex, Sie trinken zu wenig!
Herr Lex: Wirklich?
Moderator: Ja. Man wird nämlich besonders leicht müde, wenn man zu wenig trinkt, wissen Sie? Ich gebe Ihnen – und allen anderen Zuhörern – jetzt drei wirklich gute Tipps gegen die Müdigkeit. Tipp eins: Sie sollten viel trinken ...
Herr Lex: Okay!
Moderator: Tipp zwei: Sie sollten viel spazieren gehen!
Herr Lex: Aha ...
Moderator: Tipp drei: Sie sollten viel Obst und Gemüse essen. Okay, Herr Lex?
Herr Lex: Ja, vielen Dank! Auf Wiederhören!
Moderator: Tschüs! Und ich habe hier schon gleich die nächste Anruferin ...
Christine: Ja, hallo, hier ist die Christine.
Moderator: Hi, Christine! Was ist dein Problem? Oder deine Frage?
Christine: Ja, also, seit ein paar Wochen habe ich oft Kopfschmerzen. Ganz besonders schlimm ist es am Abend.
Moderator: Am Abend? Sag mal, liest du viel?
Christine: Ja, das stimmt!
Moderator: Aha! Na ja, da haben wir's schon: viel lesen, das ist ganz schlecht für die Augen, Christine.
Christine: Ja aber, ich muss ja leider! Ich hab' nämlich bald 'ne Prüfung und da les' ich bis spät in die Nacht.
Moderator: Na schön, aber dann musst du unbedingt mehr Pausen machen.
Christine: Mehr Pausen?

Moderator: Und jede Stunde mal das Fenster öffnen. Frische Luft hilft auch sehr gut gegen Kopfschmerzen.
Christine: Okay, ich versuch's.
Moderator: Ja, also dann: tschüs! Und viel Glück für die Prüfung!
Christine: Danke! Tschüs!
Moderator: So, und wir machen jetzt wieder etwas Musik. Nein, halt! Da ist noch ein Anrufer! Hallo? Wer ist da?
Herr Maier: Guten Tag! Hier Maier.
Moderator: Was kann ich für Sie tun, Herr Maier?
Herr Maier: Ich bin immer so nervös!
Moderator: Aha.
Herr Maier: Und ich schlafe schlecht und ich habe keinen Hunger.
Moderator: Was sagt denn Ihr Arzt dazu?
Herr Maier: Was soll der sagen? Der hat nichts gefunden.
Moderator: Darf ich Sie fragen, Herr Maier, was machen Sie denn beruflich?
Herr Maier: Ich bin Manager, ja, Manager in einer Technologiefirma.
Moderator: Da sind Sie sicher viel unterwegs, oder?
Herr Maier: Na klar! Reisen, reisen, reisen. Von Stadt zu Stadt.
Moderator: Ich verstehe.
Herr Maier: Von Termin zu Termin, immer unterwegs, Woche für Woche, Monat für Monat, Jahr für Jahr ...
Moderator: Herr Maier.
Herr Maier: Ja?
Moderator: Ich glaube, Sie arbeiten zuviel.
Herr Maier: Was?
Moderator: Machen Sie mal Urlaub!
Herr Maier: Urlaub?
Moderator: Ja! Urlaub in einem Wellness-Hotel.
Herr Maier: Was?
Moderator: Oder gehen Sie öfter mal ins Fitnessstudio. Machen Sie Sport! Sport ist gut gegen Nervosität und Stress!
Herr Maier: Na, Sie sind vielleicht gut! Und meine Termine? Nee, nee, das geht nicht!
Moderator: Wie Sie meinen, Herr Maier.
Herr Maier: Ich kann doch meine Termine nicht einfach verpassen!
Moderator: Uff! Das war Herr Maier. Und wir machen jetzt ein bisschen Musik!

Schritt E   E1

Gespräch 1

Herr Waldhausen: Gesundheitspark, Waldhausen, guten Tag.
Herr Müller: Guten Morgen, hier spricht Müller. Ich möchte gerne Krafttraining machen. Das geht doch bei Ihnen, oder?
Herr Waldhausen: Aber sicher, Herr Müller.
Herr Müller: Kann ich da zuerst auch einen Fitness-Check machen?
Herr Waldhausen: Natürlich! Das müssen Sie sogar. Wir machen nämlich immer zuerst einen Fitness-Check.

Herr Müller:	Aha, sehr gut! Wie ist das, brauche ich da einen Termin oder kann ich einfach vorbeikommen?
Herr Waldhausen:	Nein, nein, Sie brauchen einen Termin. Wann haben Sie denn Zeit? Am Vormittag oder am Nachmittag?
Herr Müller:	Vormittag ist gut.
Herr Waldhausen:	Na prima! Dann kommen Sie doch gleich morgen Vormittag um 10 Uhr, ja?
Herr Müller:	In Ordnung. Tja dann, vielen Dank und bis morgen!
Herr Waldhausen:	Bis Morgen! Tschüs, Herr Müller!

Gespräch 2

Frau Heinlein:	Sabine Heinlein, guten Tag!
Frau Novak:	Hallo, Frau Heinlein! Hier ist Marlene Novak.
Frau Heinlein:	Frau Novak! Was kann ich denn für Sie tun?
Frau Novak:	Es tut mir sehr leid, Frau Heinlein, aber ich muss den Massage-Termin heute Nachmittag absagen.
Frau Heinlein:	Ach, ist doch gar kein Problem, Frau Novak. Möchten Sie vielleicht gleich einen neuen Termin vereinbaren?
Frau Novak:	Nein nein, Frau Heinlein. Ich ruf' Sie nächste Woche wieder an, okay?
Frau Heinlein:	Klar. Ganz, wie Sie möchten.
Frau Novak:	Also dann, tschüs!
Frau Heinlein:	Tschüs, Frau Novak!

Gespräch 3

Sprechstundenhilfe:	Praxis Doktor Meyer, guten Tag.
Mann:	Guten Tag, mein Name ist Weißhaupt. Ich habe morgen einen Termin bei Frau Dr. Meyer. Kann ich bitte schon heute kommen? Es ist dringend.
Sprechstundenhilfe:	Hm, mal sehen. Um halb drei habe ich noch einen Termin frei. Passt das?
Mann:	Ja, das passt gut. Vielen Dank. Bis später.
Sprechstundenhilfe:	Auf Wiederhören.

Schritt E   **E2**

Sprechstundenhilfe:	Praxis Doktor Meyer, guten Tag.
Mann:	Guten Tag, mein Name ist Weißhaupt. Ich habe morgen einen Termin bei Frau Dr. Meyer. Kann ich bitte schon heute kommen? Es ist dringend.
Sprechstundenhilfe:	Hm, mal sehen. Um halb drei habe ich noch einen Termin frei. Passt das?
Mann:	Ja, das passt gut. Vielen Dank. Bis später.

Lektion 11   In der Stadt unterwegs
Folge 11: *Fremde Männer*

Timo:	Oh! Hoppla!
Hanna:	Hey! Pass doch auf!
Timo:	Oh, tut mir leid, Entschuldigung! Ich hab' dich nicht gesehen.
Hanna:	Ist schon okay! Aber nächstes Mal passt du besser auf, ja?
Timo:	Hm-hm. Sag mal, was machst du hier eigentlich? Du bist doch wohl nicht allein am Bahnhof, oder?
Hanna:	Nö! Wieso? Meine Mama ist auch da.
Timo:	Ach so? Wo ist sie denn?
Hanna:	Sie ist da drüben.
Timo:	Wo denn?
Hanna:	Na, da! Beim Bäcker!
Timo:	Beim Bäcker? Ist das deine Mama?
Hanna:	Nein, nein, meine Mama ist … Mama? MAMA!
Timo:	Hey, hey! Keine Angst! Wir finden deine Mama gleich wieder. Sie ist sicher nicht weit weg.
Hanna:	Huh, ich will zur Mama!
Timo:	Na, na, na! Nicht weinen! Deine Mama sucht dich bestimmt auch schon und … Hey! Sag mal, wo wart ihr denn gerade, deine Mama und du?
Hanna:	Zu Hause.
Timo:	Nein, ich meine danach. Wohin seid ihr gegangen?
Hanna:	Zum Buchladen.
Timo:	Zum Buchladen?
Timo:	Entschuldigung?
Passantin:	Ja?
Timo:	Gibt es hier einen Buchladen?
Passantin:	Ja natürlich, die Bahnhofsbuchhandlung.
Timo:	Aha. Und wo ist die?
Passantin:	Die ist da hinten.
Timo:	Da hinten? Wo denn?
Passantin:	Gehen Sie hier einfach geradeaus weiter …
Timo:	Geradeaus. Hm …
Passantin:	… und dann bei den Fahrkartenautomaten links.
Timo:	Bei den Automaten links.
Passantin:	Dann sehen Sie die Buchhandlung schon. Sie ist auf der rechten Seite.
Timo:	Na prima! Vielen Dank!
Passantin:	Bitte!
Timo:	Na? Siehst du deine Mama?
Hanna:	Nein. Hier ist sie nicht.
Timo:	Hm. Sag mal, wie heißt du denn eigentlich?
Hanna:	Ich heiße … Ups!
Timo:	Was ist denn?
Hanna:	Ich darf ja gar nicht mit dir sprechen!
Timo:	Was!?
Hanna:	Mama hat gesagt, ich darf nicht mit fremden Männern sprechen!
Timo:	Du darfst mir nicht sagen, wie du heißt?
Hanna:	Nö, zuerst muss ich meine Mama fragen.

Timo:	Ja, aber da müssen wir deine Mama doch zuerst mal finden, oder?
Hanna:	Stimmt! Oder wir rufen sie an!
Timo:	Anrufen?
Hanna:	Hast du denn kein Handy?
Hanna:	Wir sind vor dem Buchladen. Ja, wo wir vorhin waren. Ja. Okay! Wir bleiben hier. Bis gleich! Äh, du, Mama ... Darf ich dem Mann eigentlich sagen, wie ich heiße?
Hanna:	Ich heiße Hanna. Und wie heißt du?
Timo:	Das darf ich nicht sagen. Da muss ich erst meine Mama fragen.

Schritt A   A2

Frau 1: Entschuldigen Sie, wie komme ich denn zum Bahnhof?
Frau 2: Also, das ist ganz einfach. Sie gehen geradeaus weiter. Dann kommen Sie an einen Platz. Das ist der Karolinenplatz. Am Karolinenplatz gehen Sie nach links und dann wieder geradeaus. Am Kino gehen Sie nach rechts. Nach zirka dreihundert Metern sehen Sie schon den Bahnhof.
Frau 1: Vielen Dank. Sehr nett von Ihnen.

Schritt A   A4
vgl. Kursbuch Seite 40

Schritt A   A5
Sie hören folgende Geräusche: Flugzeug, Auto, Fahrrad, Straßenbahn, Bus, Zug.

Schritt B   B1
vgl. Kursbuch Seite 41

Schritt D   D4

a Achtung, eine Durchsage: Wegen Bauarbeiten fährt die Linie U6 von Freitagabend, 20 Uhr, bis Sonntagabend, 22 Uhr, nur bis Kieferngarten. Bitte benutzen Sie zwischen Kieferngarten und Garching-Hochbrück die bereitstehenden Ersatzbusse.

b Guten Morgen, meine Damen und Herren. Ich begrüße Sie im Namen der Deutschen BA. Ihr Flug 723 nach Düsseldorf ist nun zum Einsteigen bereit. Bitte halten Sie die Bordkarten bereit. Vielen Dank.

c Achtung, Herr Ilhan Filiz, gebucht mit Lufthansa 3360 nach Ankara, bitte begeben Sie sich umgehend zum Ausgang D 23. Wir möchten den Flug jetzt schließen.

d Achtung, Frau Maria Wagner, bitte kommen Sie zum Lufthansa-Schalter im Zentralbereich. Es liegt eine Nachricht für Sie bereit. Ich wiederhole: Frau Maria Wagner ...

e Achtung, eine Durchsage: Herr Manfred Brunner, angekommen mit dem Lufthansa-Flug Nummer 5732 aus Sofia, Ankunft 8 Uhr 45, bitte holen Sie Ihr Gepäck an der Gepäckausgabe in Terminal eins ab.

Schritt E   E1
vgl. Kursbuch Seite 44

Schritt E   E3
vgl. Kursbuch Seite 44

Zwischenspiel 11 *Entschuldigen Sie ...?*
vgl. Kursbuch

Lektion 12   Der Kunde ist König
Folge 12: *Ich liebe sie.*

Timo:	Tzz! Hm!
	Op- ... Op- ... Wie heißt das: Optiker? Ja, genau: Optiker! Optiker ... Hm ... Hm ...
	Optik Weber, Sonnenstraße 12. Sonnenstraße 12? Hey, das ist doch gleich neben der Schule, oder? Na, das ist doch super!
Frau Weber:	Optik Weber, guten Tag
Timo:	Hallo, guten Morgen. Mein Name ist Arhonen. Ich habe eine Frage.
Frau Weber:	Ja, bitte?
Timo:	Könnten Sie vielleicht meine Sonnenbrille reparieren? Sie ist kaputt.
Frau Weber:	Tja, das kann ich nicht so einfach am Telefon beantworten. Dazu muss ich Ihre Brille erst mal sehen.
Timo:	Ja, natürlich! Wann könnte ich denn zu Ihnen kommen?
Frau Weber:	Wir haben bis 18 Uhr geöffnet.
Timo:	Aha! Gut. Dann komme ich so in einer halben Stunde, ja?
Frau Weber:	Gerne!
Timo:	Also dann, bis gleich! Auf Wiederhören!
Frau Weber:	Wiederhören!
Frau Weber:	Hm.
Timo:	Was meinen Sie? Kann man das reparieren?
Frau Weber:	Na ja, wissen Sie, das ist ziemlich viel Arbeit.
Timo:	Hm, hm.
Frau Weber:	Und Arbeit ist teuer.
Timo:	Wie teuer?
Frau Weber:	Na, ich denke 40 bis 50 Euro?
Timo:	Ffiuuu!
Frau Weber:	Wollen Sie wirklich so viel Geld ausgeben? Für diese billige alte Sonnenbrille?
Frau Weber:	Sehen Sie mal, hier! Die sieht doch toll aus!
Timo:	Ja?
Frau Weber:	Doch! Die ist sehr modern und passt viel besser zu Ihnen.
Timo:	So? Finden Sie?

Frau Weber:	Hm-hm. Und das Allerbeste ist der Preis: Sie kostet nur 29 Euro 90! Hier, bitte! Setzen Sie sie doch mal auf!
Timo:	Nein, nein danke! Ich möchte lieber meine alte Brille.
Frau Weber:	Das verstehe ich nicht. Warum denn?
Timo:	Wissen Sie, ich habe diese Sonnenbrille schon seit vielen, vielen Jahren.
Frau Weber:	Aha.
Timo:	Für mich ist sie sehr wichtig.
Frau Weber:	Hm, hm.
Timo:	Ich mag sie einfach. Ich möchte keine andere, okay? Ich liebe sie.
Frau Weber:	Ja, ich verstehe.
Timo:	Also? Wie lange brauchen Sie für die Reparatur?
Frau Weber:	Na ja – ein bis zwei Stunden dauert das schon.
Timo:	Ab wann kann ich die Brille abholen?
Frau Weber:	Sagen wir: ab 14 Uhr. Wir haben bis 18 Uhr durchgehend geöffnet.
Timo:	Hey! Super! Die sieht ja fast wie neu aus!
Frau Weber:	Hm-hm.
Timo:	Das haben Sie wirklich sehr gut gemacht!
Frau Weber:	Oh, vielen Dank! Und hier ist Ihre Rechnung, bitte.
Timo:	Was? Nur 25 Euro? Aber …, aber …, Sie sagten doch …
Frau Weber:	Ich weiß, ich sagte: 40 bis 50 Euro. Aber bei der Arbeit hatte ich dann eine tolle Idee.
Timo:	Eine Idee?
Frau Weber:	Hier!
Timo:	Hä?
Frau Weber:	Singen Sie!
Timo:	Wie?
Frau Weber:	Würden Sie mir bitte ein Lied vorsingen?
Timo:	Aber …, aber … Okay!
Timo:	Hey, Mann, ist vielleicht Deine Brille kaputt? Deine Brille kaputt? Deine Brille kaputt? Dann geh zu Frau Weber und alles ist gut! Alles ist gut! Hey, alles ist gut! Sie hat bei der Arbeit die besten Ideen, die besten Ideen, ja die besten Ideen. Geh zu Frau Weber, du wirst es schon seh'n, du wirst es schon seh'n, du wirst es schon seh'n!

Schritt A A2

Petra Kastelliz:	Guten Tag, meine Damen und Herren, im Namen von „Fischer Reisen" begrüße ich Sie ganz besonders herzlich hier in der schönen Mozartstadt Salzburg. Mein Name ist Petra Kastelliz. Ich möchte Ihnen jetzt gerne unser Programm für morgen vorstellen. Ach ja, hat jemand Fragen? Sie können jederzeit gerne Ihre Fragen stellen. Also, wir frühstücken morgen um acht Uhr hier drüben im Frühstücksraum …

Mann:	Äh, bitte …
Petra Kastelliz:	Eine Frage? Bitte schön!
Mann:	Meine Frau und ich schwimmen vor dem Frühstück gerne und … ähh …
Petra Kastelliz:	Sie können vor dem Frühstück gerne noch schwimmen. Es gibt ja ein schönes, großes Schwimmbad hier im Hotel. Sie finden es im Erdgeschoss links und es ist schon ab sechs Uhr dreißig geöffnet.
Mann:	Ja! Danke!
Petra Kastelliz:	Beim Frühstück bekommen Sie einen Stadtplan von Salzburg. Nach dem Frühstück machen wir dann eine Stadtrundfahrt mit dem Bus. Und nach der Stadtrundfahrt haben Sie eine Stunde Freizeit.
Mann:	Äh, bitte, Frau Kastelliz?
Petra Kastelliz:	Ja?
Mann:	Und wann gibt's das Mittagessen?
Petra Kastelliz:	Das Mittagessen ist um 13 Uhr 30 hier im Hotelrestaurant. Beim Mittagessen bekommen Sie schon die Opernkarten für den Abend. Nach dem Mittagessen machen wir einen Ausflug nach Schloss Hellbrunn. Und nach dem Ausflug besichtigen wir Mozarts Geburtshaus.
Mann:	Äh, ich …
Petra Kastelliz:	Das Abendessen ist um 18 Uhr wieder hier im Hotel.
Mann:	Oh, danke schön!
Petra Kastelliz:	Nach dem Abendessen besuchen wir die Oper. Wir sehen Mozarts „Don Giovanni". Nach der Oper können Sie einen Spaziergang zum Hotel machen. Wer möchte, kann aber auch mit dem Bus fahren.
Mann:	Äh, Frau Kastelliz?
Petra Kastelliz:	Ja?
Mann:	Wie lange ist denn das Schwimmbad geöffnet?
Petra Kastelliz:	Bis 23 Uhr.
Mann:	Aha …
Petra Kastelliz:	Meine Damen und Herren, ich hoffe, das Programm gefällt Ihnen! Ich wünsche Ihnen jetzt eine gute Nacht und wir sehen uns dann morgen beim Frühstück wieder! Wer noch Fragen hat …
Mann:	Äh, Frau Kastelliz …?
Petra Kastelliz:	Ja?

Schritt B B1

a	Timo:	Ja, natürlich! Wann könnte ich denn zu Ihnen kommen?
	Frau Weber:	Wir haben bis 18 Uhr geöffnet.
	Timo:	Aha! Gut. Dann komme ich so in einer halben Stunde, ja?
	Frau Weber:	Gern!
	Timo:	Also dann, bis gleich! Auf Wiederhören!

b Timo: Ab wann kann ich die Brille abholen?
  Frau Weber: Sagen wir: ab 14 Uhr. Wir haben bis 18 Uhr durchgehend geöffnet.

Schritt B　　B2
a vgl. Kursbuch Seite 51

b Mann: Das Licht funktioniert nicht mehr! Können Sie einen Techniker schicken?
  Rezeptionistin: Ja. Er ist in einer Minute da.
  Mann: Na, Gott sei Dank!

Schritt C　　C1
a Timo: Könnten Sie vielleicht meine Sonnenbrille reparieren? Sie ist kaputt.
  Frau Weber: Tja, das kann ich nicht so einfach am Telefon beantworten. Dazu muss ich Ihre Brille erst mal sehen.

b Frau 1: Guten Tag. Ich möchte bitte Herrn Graf sprechen.
  Frau 2: Würden Sie vielleicht einen Moment warten? Herr Graf telefoniert gerade.

c Mann 1: Hier darf man nicht rauchen. Machen Sie die Zigarette aus!
  Mann 2: Ja, ist ja schon gut!

Schritt E　　E1
1 Frau Schmeller: Guten Tag, hier spricht Eva Schmeller. Ich möchte gern für morgen, Freitag, einen Tisch für vier Personen reservieren. Wenn möglich, einen ruhigen Tisch am Fenster. Danke und auf Wiederhören.

2 Autovermietung: Guten Tag, Herr Winter. Hier ist die Autovermietung Laufer. Sie haben bei uns ein Fahrzeug reserviert. Sie können das Auto morgen ab 8 Uhr 30 hier abholen. Bitte rufen Sie uns an, wenn Sie das Auto morgen nicht holen können. Auf Wiederhören.

Schritt E　　E3
1 Ansagerin: Guten Tag! Sie sind verbunden mit dem Ticketservice der Berliner Theater. Unsere Bürozeiten sind von Montag bis Freitag von 9 bis 18 Uhr. Bitte rufen Sie während der Bürozeiten an oder sprechen Sie nach dem Signalton eine Nachricht aufs Band.
  Frau Wagner: Guten Tag, hier spricht Frau Wagner vom Hotel „Alte Post". Für Samstag, um 19:00 Uhr, möchten wir bei Ihnen drei Konzertkarten auf den Namen Junghans reservieren. Falls das nicht möglich ist, rufen Sie doch bitte unter der Berliner Nummer 33 77 86 54 zurück. Vielen Dank.

2 Herr Bauer: Hallo, hier spricht Alfons Bauer vom Hotelrestaurant in der „Alten Post". Leider bin ich momentan nicht zu erreichen. Sie können aber nach dem Piepton eine Nachricht auf Band sprechen.
  Frau Wagner: Ja, guten Tag, Herr Bauer, hier ist Gisela Wagner von der Rezeption. Herr Bauer, eine kurze Info fürs Restaurant: Am Dienstag kommt spätabends noch eine Reisegruppe mit zehn Personen an. Die Leute möchten gerne um 23:00 Uhr noch warm essen. Können Sie bitte den Koch informieren? Vielen Dank und auf Wiederhören!

3 Matthias Langer: Dies ist der Anschluss von Matthias Langer. Ich bin momentan leider nicht erreichbar. Sie können mir aber gerne eine Nachricht auf Band sprechen.
  Frau Wagner: Wagner hier, vom Hotel „Alte Post". Nächsten Samstag haben wir hier eine Geburtstagsfeier und die Gäste suchen einen Musiker. Sie möchten gerne Jazz-Musik haben. Haben Sie vielleicht am Samstag Zeit? Bitte melden Sie sich möglichst bald bei mir. Meine Telefonnummer wissen Sie ja. Vielen Dank und auf Wiederhören!

Zwischenspiel 12 *Zu Besuch beim Märchenkönig*
Rezeption: Haus „Märchenprinz", guten Tag?
Anrufer: Äh ja, guten Tag. Ich möchte Schloss Neuschwanstein besichtigen und …
Rezeption: Da sind Sie bei uns genau richtig! Neuschwanstein ist ja gleich um die Ecke!
Anrufer: Wie bitte?
Rezeption: Das Schloss ist ganz in der Nähe!
Anrufer: Ach so! … Ja … Und was kosten die Zimmer?
Rezeption: Möchten Sie ein Einzel- oder ein Doppelzimmer?
Anrufer: Ein Einzelzimmer, bitte.
Rezeption: Das Einzelzimmer kostet mit Frühstück 89 Euro pro Nacht …
Anrufer: Wie? Was haben Sie gesagt?
Rezeption: 89 Euro inklusive Frühstück!
Anrufer: Ah, ah ja. Vielen Dank! Danke schön!
Rezeption: Hallo? Sind Sie noch dran?

Lektion 13　　Neue Kleider
Folge 13: *Ein Notfall*
Anja: Oh, guck mal, Timo! Die Hose da! Die ist toll!
Timo: Du, Anja, es ist schon 13 Uhr.
Anja: Ach komm! Eine Hose, das geht ganz schnell.
Timo: Sag mal, musst du nicht arbeiten?
Anja: Ja ja, aber erst um zwei. Das schaffen wir doch leicht!
Timo: Ja? Bist du sicher?

Anja:	Natürlich! Los, komm! Wir gehen rein.

Anja:	Super! Die Hose gefällt mir. Und dir?
Timo:	Ich weiß nicht … der Gürtel ist schön, aber …
Anja:	Doch! Die Hose ist auch sehr schön. Die steht dir wirklich sehr gut.
Timo:	Na ja, aber sie passt nicht zu dem T-Shirt.
Anja:	Das stimmt. Warte, ich bring' dir ein Hemd.

Anja:	Na also! Mit Hemd siehst du gleich viel besser aus.
Timo:	Findest du? Hm, aber ich …
Boutique-besitzerin:	Kann ich Ihnen helfen?
Anja:	Haben Sie auch schicke Jacken?
Boutique-besitzerin:	Natürlich! Ich zeige Ihnen welche. Einen Moment, bitte.
Timo:	Jacken?
Anja:	Na klar: zur neuen Hose brauchst du 'ne neue Jacke.
Timo:	Ja, aber …

Boutique-besitzerin:	Hier, sehen Sie mal: Gefällt Ihnen die?
Timo:	Welche?
Boutique-besitzerin:	Diese hier.
Timo:	Hm, ich weiß nicht …
Anja:	Nein, die gefällt uns gar nicht.
Boutique-besitzerin:	Und diese?
Timo:	Oh, die sieht ziemlich teuer aus.
Anja:	Nein, die ist auch nichts. Solche Jacken stehen dir nicht.
Boutique-besitzerin:	Tja, tut mir leid. Andere Jacken haben wir im Moment nicht.
Anja:	Haben Sie Pullover?

Boutique-besitzerin:	Ein Pullover, eine Hose, ein Hemd, … Toll sehen Sie aus! Sehr schick! Ihre Frau hat einen sehr guten Geschmack!
Timo:	Es ist nicht meine Frau …
Boutique-besitzerin:	Und ein Gürtel … das macht dann zusammen 228 Euro und 95 Cent.
Timo:	Huh, schon 14 Uhr 30! Anja? Wo ist sie denn?

Anja:	Hallo, Frau Bertram? Hier ist Anja. Ja, es ist schon halb drei, ich weiß … Tut mir leid, aber ich habe hier einen Notfall …
Timo:	Einen Notfall?
Anja:	Es kann noch bis vier oder halb fünf dauern …
Timo:	Bis halb fünf?
Anja:	Ja? Okay? Super! Also bis nachher! Tschüs!
Timo:	Was denn für ein Notfall?

Anja:	Na, wir brauchen doch noch 'ne neue Jacke für dich, oder?
Timo:	Was?!
Anja:	Ach ja, da fällt mir noch was ein!
Timo:	Noch was? Was denn noch?
Anja:	Timo, welche Schuhgröße hast du eigentlich?
Timo:	Nein!

Schritt A   A1

Anja:	Oh, sieh mal! Die Hose da! Die ist toll! Und den roten Pullover finde ich auch sehr schön. Und das Hemd? Wie findest du das?
Timo:	Das gefällt mir ganz gut. Und 29,- Euro – das ist günstig!
Anja:	Und die Jacke, sieh mal!
Timo:	Die kostet nur 50 Euro. Das ist auch sehr günstig! Und wie gefallen dir die roten Schuhe da?
Anja:	Ich und rote Schuhe? Nein, das geht nicht.

Schritt A   A2
vgl. Kursbuch Seite 60

Schritt B   B2
vgl. Kursbuch Seite 61

Schritt D   D1

a		
	Boutique-besitzerin:	Sehen Sie mal! Gefällt Ihnen die?
	Timo:	Welche?
	Boutique-besitzerin:	Diese hier.
	Timo:	Hm, ich weiß nicht …

b		
	Anja:	Welcher Pullover gefällt dir?
	Timo:	Dieser!

c		
	Anja:	Sieh mal, das Hemd! Das finde ich schön!
	Timo:	Welches?
	Anja:	Dieses hier.

Schritt D   D2
vgl. Kursbuch Seite 63

Lektion 14   Feste
Folge 14: *Das müssen wir feiern!*

Anton:	Guck mal, hier!
Corinna:	Was ist denn das?
Anton:	Das habe ich heute auf dem Küchentisch gefunden.
Corinna:	Hey! Das ist ja toll! Das freut mich für ihn.
Anton:	Mich auch.
Corinna:	Das müssen wir feiern, findest du nicht?
Anton:	Ja, aber wie?
Corinna:	Wie? Pass auf! Ich hab' da eine Idee …

Anja:	Deine Idee finde ich super, Corinna!
Corinna:	Ja? Das ist schön. Kommst Du auch?
Anja:	Natürlich! Ich komme gern. Aber wann?
Corinna:	Geht's bei dir am Freitag?
Anja:	Diesen Freitag?
Corinna:	Ja.
Anja:	Hm. Das ist Freitag, der siebzehnte, ja?
Corinna:	Genau …
Anja:	Um wie viel Uhr?
Corinna:	Am späten Nachmittag, so ab fünf vielleicht?
Anja:	Ja, das geht.
Timo:	Freitagnachmittag, Wochenende, ein See, schönes Wetter … Hach, was braucht man mehr?
Anton:	Gar nichts. Äh, du sag mal: Wollen wir ein Boot mieten und ein bisschen auf dem See herumfahren?
Timo:	Ein Boot?
Anton:	Ja, das macht Spaß.
Timo:	Meinst du?
Anton:	Na, sicher!
Timo:	Ich möchte aber lieber in der Sonne liegen.
Anton:	Ach, komm schon! Ich lade dich ein.
Timo:	Na schön …
Timo:	Du, Anton …
Anton:	Ja?
Timo:	Da ist noch ein Boot!
Anton:	Ja, wirklich?
Timo:	Hey, hörst du nicht, Anton? Du sollst aufpassen, da ist noch ein Boot.
Anton:	Ein zweites Boot? Wo denn?
Timo:	Na da! Hinter dir! Siehst du es denn nicht? Achtung! Hallo! Vorsicht!
Anja und Corinna:	Huch!
Timo:	Was ist denn das? Da sind ja Anja und Corinna!
Anton, Anja, Corinna:	Wir gra-tu-lie-ren!
Timo:	Warum denn?
Anja:	Das hast du gut gemacht!
Timo:	Ja, was denn?
Corinna:	Wir gratulieren zum Deutsch-Zertifikat!
Timo:	Hey! Wer hat euch denn das gesagt?
Anton:	Du selbst.
Timo:	Ich?
Anton:	Ja, du, denn du hast das Ding in der Küche vergessen.
Timo:	Ach so!
Anja:	Hier, guck mal: Wir haben es für dich eingerahmt.
Timo:	Vielen Dank!
Corinna:	Den Rahmen hab' ich gekauft.
Timo:	Aha …
Corinna:	Und? Wie findest du ihn?

Timo:	Der sieht echt toll aus! Hoppla!
Anton, Anja, Corinna:	Hoch soll er leben, hoch soll er leben, dreimal hoch!
Anton:	Also noch mal: Herzlichen Glückwunsch!
Corinna:	Ja, herzlichen Glückwunsch!
Anja:	Herzlichen Glückwunsch, Timo!
Timo:	Vielen Dank! Das ist sehr lieb.
Corinna:	Wird das noch ein Happy End? Was meinst du?
Anton:	Ich denke schon, vielleicht … ach, keine Ahnung …

Schritt A   A1
vgl. Kursbuch Seite 70

Schritt A   A3

a	Anne:	Sieh mal, ein Brief von Michael und Katrin.
	Florian:	Von denen haben wir ja schon ewig nichts mehr gehört. Was schreiben sie denn?
	Anne:	„Liebe Anne, lieber Florian, wir trauen uns! Am vierzehnten Juni wollen wir den großen Schritt wagen. Die Trauung ist um elf Uhr im Standesamt Ebersberg. Die Hochzeitsfeier findet anschließend im Gasthaus Klostersee statt. Wir hoffen, ihr kommt. Katrin und Michael." Waaaahnsinn, das gibt's nicht, die heiraten!
b	Jürgen:	Weber.
	Stefan:	Hallo, Jürgen. Hier ist Stefan.
	Jürgen:	Hallo, Stefan. Wie geht's?
	Stefan:	Danke, gut – na ja, eigentlich, eher nicht so gut. Ich zieh' doch um am Samstag. Und … vielleicht hast du Zeit … und könntest mir helfen?
	Jürgen:	Samstag, Samstag, hm, was ist denn das für ein Datum?
	Stefan:	Der dreiundzwanzigste, warum?
	Jürgen:	Ah, der dreiundzwanzigste. Wusste ich doch, dass am Samstag was war. Du, da hat meine Mutter ihren 60. Geburtstag. Das geht leider nicht.
	Stefan:	Schade, schade, aber – tja – kann man nichts machen.
c	Frau:	Du, hör mal, Silvia hat nächste Woche Geburtstag. Wir sind eingeladen. Da brauchen wir doch noch ein Geschenk.
	Mann:	Ach! Wann ist denn der Geburtstag?
	Frau:	Am Samstag. Das ist der elfte.
	Mann:	Was??? Am elften April? Mann, da spielt doch Schalke gegen Hertha. Ich wollte doch unbedingt das Spiel sehen.

d Anrufbe-
antworter: Hallo. Hier ist der Anschluss von Jutta Klein. Im Moment bin ich leider nicht zu Hause. Bitte hinterlassen Sie eine Nachricht.

Alex: Hallo Jutta! Hier ist Alex. Vielen Dank für die Einladung zu deiner Grillparty. Ich kann leider nicht kommen, denn ich bin vom zwölften bis zum dreißigsten August in Urlaub. Tut mir leid, aber wir sehen uns im September mal, okay? Bis dann.

Schritt B   B1
vgl. Kursbuch Seite 71

Schritt E   E3
vgl. Kursbuch Seite 74

Lektion 8 Beruf und Arbeit
Schritt A   **Übung 6**
vgl. Arbeitsbuch Seite 83

Schritt A   **Übung 7**
vgl. Arbeitsbuch Seite 83

Schritt A   **Übung 8**
a   Der Computer ist nicht teuer. – Ja, aber ich möchte doch einen Fernseher.
b   Leider kann ich morgen nicht kommen. Auf Wiedersehen, bis Donnerstag.
c   Welche Wörter verstehen Sie nicht?
d   Meine Schwester und mein Bruder haben beide keine Kinder.

Schritt D   **Übung 26**
1   Amann, Hotel Krone. Guten Tag, Frau Sandri. Kommen Sie bitte am Donnerstag und Freitag nicht erst am Nachmittag zur Arbeit, sondern schon am Vormittag um 7 Uhr 30, also von 7 Uhr 30 bis 16 Uhr. Ich hoffe, das geht für die zwei Tage.
2   Grüß Gott! Sie sind mit der Praxis von Dr. Koch verbunden. Leider rufen Sie außerhalb der Sprechzeiten an. Die Praxis ist vom 18.8. bis zum 19.9. wie folgt geöffnet: von Montag bis Mittwoch von 9 Uhr bis 13 Uhr und am Donnerstag von 14 Uhr bis 17 Uhr 30. Am Freitag ist die Praxis geschlossen. In dringenden Fällen wenden Sie sich bitte an die Klinik von Doktor Geisenhofer. Die Telefonnummer lautet: 33078543.
3   Hallo Mutti. Hier ist Karin. Bist du morgen Nachmittag zu Hause? Ich hoffe, du hast Zeit! Kann ich Hanna bringen? Ich muss von 14 Uhr bis 19 Uhr arbeiten. Wir kommen um 13 Uhr, mein Bus fährt um Viertel nach eins. Hoffentlich klappt es. Ruf doch bitte an! Bis dann.

Lektion 9 In einer fremden Stadt
Schritt A   **Übung 6**
vgl. Arbeitsbuch Seite 93

Schritt B   **Übung 8**
vgl. Arbeitsbuch Seite 94

Schritt B   **Übung 9**
vgl. Arbeitsbuch Seite 94

Lektion 10 Gesundheit
Schritt D/E   **Übung 21**
1   Guten Tag. Hier ist der Anrufbeantworter der Firma Mediaart. Wir sind umgezogen. Unsere neue Adresse ist: Weilheimerstraße 87. Auch unsere Telefonnummer hat sich geändert. Sie lautet: 78 34 56.
2   Guten Tag. Hier spricht Bettina Bönisch. Ich habe morgen Nachmittag, 14.30 Uhr, einen Termin. Jetzt bin ich aber krank, ich habe Fieber und muss den Termin leider absagen. Ich ruf' am Dienstag noch einmal an. Dann können wir einen neuen Termin vereinbaren. Vielen Dank und auf Wiederhören.
3   Hallo Ina! Hier ist Klaus. Du, tut mir leid, aber ich kann noch nicht um halb 8 Uhr zu Hause sein. Ich muss leider bis 8 Uhr arbeiten. Aber wir können uns doch auch gleich vorm Kino treffen. Um halb neun? Bis dann.

Schritt D/E   **Übung 22**
vgl. Arbeitsbuch Seite 109

Lektion 11 In der Stadt unterwegs
Schritt A   **Übung 2**
1   Mann: Wo ist hier die Post, bitte?
      Frau: Gehen Sie dort an der Ampel nach rechts, dann die zweite Straße links und circa hundert Meter geradeaus. Die Post ist links.
2   Frau: Entschuldigung, wo ist die nächste U-Bahn-Station?
      Mann: Gehen Sie hier nach links, dann die erste Straße rechts und dann die zweite Straße links. Da sind dann der Goetheplatz und die U-Bahn-Station.

Schritt A   **Übung 8**
vgl. Arbeitsbuch Seite 113

Schritt D   **Übung 27**
a   Achtung eine Durchsage. Frau Annemarie Herrmann, angekommen mit British Airways aus London, wird gebeten, zum Informationsschalter der Lufthansa zu kommen. Ich wiederhole: Frau Annemarie Herrmann, angekommen aus London …
b   Achtung, letzter Aufruf für den Passagier Herrn Jürgen Wanda, gebucht auf Flug LH 353 nach Hamburg. Bitte kommen Sie unverzüglich zum Schalter D 5. Ihr Flugzeug ist abflugbereit. Ich wiederhole: letzter Aufruf für …
c   Sehr verehrte Passagiere! In unserem Flughafenrestaurant bieten wir Ihnen heute ein günstiges Mittagsmenü für 6.90 Euro an. Und für unsere kleinen Gäste gibt es den Kinderteller „Snoopy" für nur 2.90 Euro. Besuchen Sie uns doch ab 11 Uhr im Restaurant „Fly away" in der Abflughalle.

Schritt D   **Übung 31**

1 Frau: Entschuldigung, auf welchem Gleis fährt der Zug
      nach Ulm?
   Mann: Auf Gleis 3.
2 Mann: Fährt hier der Bus nach Moosbach ab?
   Mann: Nein, das ist die Haltestelle dort.
3 Frau: Entschuldigung, wie viel Verspätung hat der Zug?
   Mann: Circa 20 Minuten.
   Frau: Dann bekomme ich den Anschluss in Frankfurt
      nicht mehr.

Lektion 12   Der Kunde ist König
Schritt C   **Übung 21**
vgl. Arbeitsbuch Seite 129

Schritt C   **Übung 22**
vgl. Arbeitsbuch Seite 129

Lektion 13   Neue Kleider
Schritt A   **Übung 3**
a ▲ Na, wie ist die Hose?
   ● Die ist super.
   ▲ Und der Pullover?
   ● Der auch.
b ▼ Sieh mal, das Hemd.
   ■ Das ist schön, aber zu teuer.
   ▼ Und wie findest du den Mantel?
   ■ Den finde ich nicht so schön.
c ▲ Wie findest du meinen Rock?
   ● Den finde ich schön.
   ▲ Und die Schuhe?
   ● Die finde ich auch gut.
d ▼ Wie findest du die Musik?
   ■ Die ist super!
e ▲ Wie war denn der Film?
   ● Der war langweilig.

Schritt B   **Übung 15**
vgl. Arbeitsbuch Seite 137

Lektion 14   Feste
Schritt A   **Übung 3**
a ● Welches Datum ist heute?
   ■ Heute ist der 13.5.
b ■ Hallo, Olga. Ich habe Theaterkarten für den 16.
   ● Das ist ja prima.
c ▲ Rufen Sie mich doch bitte am 24.3. noch einmal an.
      Vielen Dank.
d ■ Wann sind Sie geboren, Frau Kowalski?
   ● Am 3.2.1980.
e ▲ Kommst du zu unserem Sommerfest am 20.7.?
   ● Aber sicher!
f ● Zahnarztpraxis Doktor Schneider, guten Tag.
   ■ Begemann, guten Tag. Ich hätte gern einen Termin.

● Ich habe erst einen Termin am Mittwoch, den 5.4., um
   10 Uhr 30. Geht das?
■ Ja, danke.

Schritt C   **Übung 13**
vgl. Arbeitsbuch Seite 144

Hörtexte Arbeitsbuch

Prüfungstraining Start Deutsch 1

Hören

Teil 1 – Kreuzen Sie an: *a*, *b* oder *c*. Sie hören jeden Text zweimal.

Beispiel:
Chef: Schönen guten Morgen Frau Müller.
Müller: Morgen, Herr Schneider.
Chef: Ich möchte Ihnen eine neue Mitarbeiterin vorstellen. Das ist Frau Heuer. ...
Heuer: Grüß Gott.
Müller: Guten Morgen.
Chef: Frau Heuer kommt aus Wien. In den letzten Jahren hat sie aber in der Schweiz gearbeitet. Sie sitzt ab sofort in der Telefonzentrale.
Müller: Ja, dann herzlich willkommen. Und einen guten Start.
Heuer: Danke sehr.
Müller: Ich hoffe, es gefällt Ihnen bei uns.

Nummer 1
Frau: Entschuldigen Sie bitte, in welchem Zimmer wohnt denn Herr Nussbaum?
Rezeptionist: Einen Moment bitte. Hier haben wir es gleich. Ja, Herr Nussbaum wohnt in Zimmer 345. Das ist im dritten Stock.
Frau: Vielen Dank. ... Äh, gibt es hier einen Lift?
Rezeptionist: Ja, natürlich, gehen Sie dort vorn bitte links, dann sehen Sie ihn schon.

Nummer 2
Mädchen: Du, Julia, dieser Laden um die Ecke macht zu. Da ist alles total billig. Und es gibt super Jacken.
Julia: So? Ich hab' leider kein Geld.
Mädchen: Die sind nicht teuer. Jede Jacke nur 14 Euro.
Julia: Echt?
Mädchen: Ja! Regulär haben die 49 Euro gekostet.

Nummer 3
Luisa: Hallo Susi, hier ist Luisa.
Susi: Hey, Luisa, schön dass du anrufst. Ich hab' ja lang nichts von dir gehört. Wie geht es dir?
Luisa: Gut, danke, und dir?
Susi: Sehr gut, danke.
Luisa: Du, was ich dich fragen wollte: Wollen wir uns nicht mal wieder treffen? Wir haben uns schon so lange nicht mehr gesehen ...
Susi: Ja, sehr gern. Wie wäre es gleich am Samstagabend? Wir könnten mal wieder in die „Wunderbar" gehen.
Luisa: Ja, gute Idee! Ich kann dich ja mit dem Auto abholen. Vielleicht so um sieben?
Susi: Du, ich bin vorher noch bei meinen Eltern. Vielleicht treffen wir uns einfach direkt in der Bar, so um halb acht?
Luisa: Ja, das ist auch gut. Dann bis Samstag. Ich freu' mich.
Susi: Ich freu mich auch schon ...

Nummer 4
Mann: Entschuldigung, darf ich Sie was fragen?
Frau: Ja gern.
Mann: Ich muss zur St.-Anna-Kirche. Kann ich da mit der Straßenbahn fahren oder muss ich den Bus nehmen?
Frau: Hm ... Sie können schon mit der Straßenbahn fahren, aber dann müssen Sie am Jakobsplatz in den Bus umsteigen und noch drei Stationen fahren. Das dauert ziemlich lange.
Mann: Hm.
Frau: Wissen Sie was, besser geht es eigentlich mit der U-Bahn. Da müssen Sie hier geradeaus bis zur Kreuzung gehen. Dort ist die U-Bahn-Station.
Mann: Ah ja.
Frau: Und dann nehmen Sie die Linie 8. Das sind nur vier Stationen bis zum St.-Anna-Platz. Und dort ist auch die Kirche.
Mann: Ja, gut, das mache ich. Vielen Dank für Ihre Hilfe.
Frau: Gern geschehen.

Nummer 5
Mädchen: Sara Nusser.
Junge: Hallo Sara, hier ist Julius. Sag mal, ist Tom zu Hause?
Mädchen: Nee, der ist nicht da. Kann ich ihm was ausrichten?
Junge: Ja. Sag ihm doch bitte, dass wir uns am Samstag um drei bei Mira treffen. Die wohnt in der Wahlstraße 10.
Mädchen: Das muss ich mir aufschreiben. Also, am Samstag um 3 in der ... Wie heißt die Straße?
Junge: In der Wahlstraße 10. Ich buchstabiere: W-A-H-L, Wahl-straße 10.
Mädchen: Okay, ich sag' es ihm.

Nummer 6
Freundin: Ich freue mich schon auf das Picknick. Soll ich was mitbringen?
Freund: Hm. Zu essen haben wir genug.
Freundin: Vielleicht etwas zu trinken?
Freund: Das bringt Erwin schon mit.
Freundin: Ja, was fehlt denn noch?
Freund: Vielleicht für die Kinder was zum Spielen. Dann ist es denen nicht zu langweilig.
Freundin: Gut, dann bringe ich einen Fußball mit.

Teil 2 – Kreuzen Sie an: „richtig" oder „falsch". Sie hören jeden Text einmal.

Beispiel
Der Fahrer des VW Golf mit dem Kennzeichen MZ U 396 – bitte fahren Sie Ihr Auto weg. Sie stehen vor dem Ausgang.

Nummer 7
Achtung: Herr Esser, angekommen mit dem ICE Siegfried aus Bonn – bitte gehen Sie zum Informationsschalter. Ihr Abholer wartet dort auf Sie. Herr Esser, zur Information, bitte.

Nummer 8
Achtung, eine Durchsage: Wegen eines Unfalls fährt dieser Zug nicht weiter. Bitte steigen Sie in den Zug auf dem Gleis gegenüber. Bitte alle aussteigen.

Nummer 9
Frau Hermine Wolf, bitte kommen Sie zur Sammelkasse im zweiten Stock zurück. Sie haben Ihre Kundenkarte vergessen.

Nummer 10
Herr Kohl, gebucht auf den Lufthansa-Flug 234 nach Brüssel – bitte gehen Sie umgehend zum Ausgang D 15. Wir schließen diesen Flug.

Teil 3 – Kreuzen Sie an: *a*, *b* oder *c*. Sie hören jeden Text zweimal.

Nummer 11
Hallo, Ludwig. Hier ist Erika. Im Radio habe ich gerade gehört: Gleich kommt ein schlimmes Gewitter. Könntest du bitte in meinem Zimmer das Fenster zumachen? Es regnet sonst wieder rein. Mach auch bitte die Balkontür zu. Das ist ganz lieb. Danke. Tschüs.

Nummer 12
Also, die Party ist im Westpark. Wir gehen wieder zu dem Grillplatz beim See. Am besten, du kommst mit der U-Bahn. Die Haltestelle heißt Westpark. Wir treffen uns um drei im U-Bahnhof. Servus. Bis dann.

Nummer 13
Guten Tag, hier spricht Müller von der Firma Comtest. Ich kann zu dem Termin am Montag um 15 Uhr leider nicht kommen. Könnten wir den Termin vielleicht auf Mittwochnachmittag verschieben? Das wäre sehr nett. Ich rufe dann am Dienstagvormittag noch mal an.

Nummer 14
Hallo, Frau Serf. Hier Hoffmann. Unsere Sekretärin ist diese Woche krank. Könnten Sie bitte morgen schon um acht Uhr kommen und zwei Stunden länger arbeiten – also, so bis siebzehn Uhr. Bitte rufen Sie zurück. Danke.

Nummer 15
Praxis Doktor Neumann. Unsere Sprechzeiten sind Montag, Dienstag, Donnerstag und Freitag jeweils von neun bis dreizehn und von fünfzehn bis achtzehn Uhr. Wir danken für Ihren Anruf.

Lösungen zu den Übungen im Arbeitsbuch

Lektion 8

A

1 Kaufmann/Kauffrau, Journalist/Journalistin, Hotelfach-
mann/ Hotelfachfrau, Verkäufer/Verkäuferin, Architekt/
Architektin, Lehrer/Lehrerin, Flugbegleiter/Flugbegleiterin,
Hausmann/Hausfrau

3 **a** Job **b** Studierst ... – ... Ausbildung ... **c** Studieren ... – ...
arbeite als ... **d** ... Journalist **e** ... zur Schule – ... Klasse

4 *Musterlösung*:
a Bist du Kauffrau? **b** Was bist du von Beruf? **c** Was
studierst du? **d** Was ist sie von Beruf?

5 *Musterlösung*:
Mein Name ist Claudia Sassone. Ich komme aus Italien,
aus Triest. Meine Hobbys sind Lesen und Tanzen. Ich
spiele auch sehr gerne Fußball und Tischtennis. Deutsch
habe ich in Italien gelernt. Zurzeit mache ich eine
Ausbildung als Verlagskauffrau.

6 Lehrer • Programmierer • Verkäufer • Schüler • Partner

8 **a** Computer ... teuer – aber ... möchte ... Fernseher.
b Leider ... Wiedersehen ... Donnerstag **c** ... Wörter
verstehen ... **d** Meine Schwester ... Bruder ... keine Kinder

B

9 **a** Vor **b** Seit **c** Seit **d** Seit

10 **b** In Belgrad. **c** Vor zehn Jahren. **d** Seit einem Jahr. **e** Nein,
ich arbeite als Programmierer.

11 **a** Vor **b** Seit **c** Vor **d** Seit **e** Vor

12 **a** vor einer Woche **b** vor drei Jahren **c** seit einem Monat
d seit einem Tag

13 ... einer Woche – ... acht Monaten – ... einem Jahr – ...
sieben Wochen ... – ... einer Woche

14 **b** ... seit ... **c** ... am ... – Von ... bis ... **d** ... am ... **e** ... seit
... – ... am ... vor ... **f** Am ... am ... – Um ... – ... vor ... **g** Im
...

16 **a** Wann haben Sie als Ärztin gearbeitet? – Seit wann
arbeiten Sie als Ärztin? **b** Wie lange lernen Sie schon
Deutsch? – Wann haben Sie den Deutschkurs in Berlin
gemacht? **c** Seit wann fährst du jedes Jahr nach Italien? –
Wann bist du nach Italien gefahren?

17 **b** Mein Mann arbeitet seit acht Monaten als
Programmierer. **c** Vor drei Wochen haben wir eine schöne
Wohnung gefunden. **d** Ich suche seit einem Jahr eine
Arbeit als Hotelfachfrau. **e** Seit einer Woche mache ich
wieder einen Deutschkurs.

18 **a** Ich bin 1985 in Buenos Aires geboren. **b** Seit 2 Jahren
studiere ich. **c** Vor 3 Monaten bin ich nach Deutschland
gekommen. **d** Vor 2 Monaten habe ich einen Deutschkurs
gemacht. **e** Seit einem Monat mache ich ein Praktikum.

C

19 Wo wart ihr denn am Samstag?
Ich war zu Hause.
Wir waren auch zu Hause, wir hatten Besuch. Meine Eltern
waren da.
Ich war in der Schule. Meine Kinder hatten Schulfest.
Und wo warst du? Hattest du ein schönes Wochenende?
Ich war zu Hause, ich habe Kuchen gemacht und ...
Ich hatte doch Geburtstag, aber ihr seid nicht gekommen.
Warum denn nicht?

		sein	haben	
ich	bin	war	habe	hatte
du	bist	warst	hast	hattest
er/es/sie	ist	war	hat	hatte
wir	sind	waren	haben	hatten
ihr	seid	wart	habt	hattet
sie/Sie	sind	waren	haben	hatten

20 **a** ... hatte ... – ... sind ... – ... war ... war ... – ... hatten ... –
... ist ... – ... bin ... ! ... war ... – ... hatte ... **b** ... ist ..., ...
ist ..., ... ist ... – ... habe ... – ... wart ... – ... waren – ... –
war ... Hattet ... – ... war ... hatten ...

21 **a** ... war ... hatte ... – ... hatte ... war ... **b** ... waren ... hat
... habt ... – ... waren ... war ... haben ... **c** Warst ... – ...
waren ...

22 Ich hatte noch keine Arbeit – ich war arbeitslos. Ich hatte
auch keine Freunde. Mein Bruder war schon seit einem
Jahr in Deutschland. Er hatte schon eine Arbeit. ... Ich
habe einen Sprachkurs gemacht. Dann habe ich eine
Arbeit gesucht. Dann habe ich auch Freunde gefunden.

D

23 **a** der Frühling: März, April, Mai **b** der Sommer: Juni, Juli,
August **c** der Herbst: September, Oktober, November **d** der
Winter: Dezember, Januar, Februar

24 Stefanie: Im März; Heiko: Im Mai; Julia: Im August;
Annette: Im Oktober; Mirko: Im Dezember

25 **a** ... am ... – ... von ... bis ... **b** Im ... im ... **c** Im ... **d** ... für
... **e** Um ... **f** ... für ...

26 1 c 2 b 3 b

E

27 **a** 1 ... um 6 Uhr früh anfangen und bis 14 Uhr arbeiten.
2 ... ich bekomme nur 900 € pro Monat. 3 ... als
Telefonistin in einem Call Center. 4 Die Arbeit ist auch
sehr langweilig. 5 ... seit Mitte Juni ... 6 Im Oktober
fängt ja meine Ausbildung als Hotelfachfrau an!!!
7 Das finde ich nicht gut.

b *Musterlösung*:

Seit zwei Monaten ... als Architektin in Hannover. ... arbeite von 9 Uhr 30 bis 18 Uhr 30. ... sehr nett und sympathisch. ... 30 Tage ...

Lektion 9

A

1 **b** Wir **c** Jens und Olga **d** Ich **e** Maria **f** Sie **g** Ihr
ich/er/sie muss • du musst • wir/sie/Sie müssen • ihr müsst

2 **b** Wo **müssen** wir **warten**? **c** Was **muss** man hier **machen**? **d** Wir **müssen** noch das Wechselgeld **nehmen**. **e** Peter **muss** noch **bezahlen**.

3 **a** Sie muss noch das Zimmer aufräumen. **b** Du musst noch Hausaufgaben machen. **c** Ihr müsst morgen früh einen Test schreiben! **d** Du musst aufstehen!

4 **b** Können ... **c** Willst ... **d** ... kann ... **e** Möchtet ... **f** ... muss ... **g** ... will ...

5 **a** ... musst ... – ... will ... . muss ... **b** ... könnt ... müsst ... **c** ... musst ... . kann ... **d** ... kannst ... – ... will ... **e** ... müssen ... **f** ... kann ... muss ...

6 **a** ▲ Och, nein! ◆ Doch, ich muss jetzt gehen.
b ■ Kannst du heute kommen? ● Nein, tut mir Leid.
■ Du kannst kommen, da bin ich sicher, aber du willst nicht kommen. **c** ▼ Ich kann schon lesen. ● Das glaube ich nicht. ▼ Doch, ich kann schon lesen. **d** ■ Wir wollen jetzt fernsehen. ◆ Nein, jetzt nicht! ■ Wir wollen aber fernsehen. ◆ Ihr könnt aber jetzt nicht!

B

8 Warten Sie einen Moment! ↘ Unterschreiben Sie hier! ↘ Bezahlen Sie an der Kasse? ↗ Kaufen Sie doch einen Stadtplan! ↘ Reservieren Sie die Tickets? ↗

9 Kommen Sie heute? – Kommen Sie heute um fünf! – Schlafen Sie gut! – Essen Sie ein Brötchen! – Essen Sie einen Apfel! – Trinken Sie viel Milch? – Kaufen Sie eine Fahrkarte? – Gehen Sie zur Touristeninformation!

10 Gehst du ... ? Geh ... ! Geht ihr ... ? Geht ... ! • Kommst du ...? Komm ... ! Kommt ihr ... ? Kommt ... ! • Rufst du ... ? Ruf ... ! Ruft ihr ... ? Ruft ... ! • Stehst du ... ? Steh ... ! Steht ihr ... ? Steht ... ! • Arbeitest du ... ? Arbeite ... ! Arbeitet ihr ... ? Arbeitet ... ! • Sprichst du ...? Sprich ... ! Sprecht ihr ... ? Sprecht ... ! • Liest du ... ? Lies ... ! Lest ihr ... ? Lest ... ! • Nimmst du ... ? Nimm ... ! Nehmt ihr ... ? Nehmt ... ! • Isst du ... ? Iss ... ! Esst ihr ... ? Esst ... ! • Schläfst du ... ? Schlaf ... ! Schlaft ihr ... ? Schlaft ... !

11 **a** ... oder gehen Sie ein bisschen spazieren! – Machen Sie einen Kurs! – Lesen Sie die Anzeigen in der Zeitung! Fragen Sie Ihre Lehrerin! **b** Rufen Sie die Touristeninformation an! – Gehen Sie an die Abendkasse!

12 **a** ... geh schwimmen! Besuch die Oma oder spiel Fußball oder ruf Freunde an! Aber sei um sechs Uhr zu Hause! **b** ... geht schwimmen! Besucht die Oma oder spielt Fußball oder ruft Freunde an! Aber seid um sechs Uhr zu Hause!

13 **a** ..., seid bitte leise! **b** ... bitte das Fenster zu! – ..., macht bitte das Fenster zu! **c** ..., warte bitte einen Moment! – ..., warten Sie bitte einen Moment! **d** ..., komm bitte um acht Uhr! – ..., kommen Sie bitte um acht Uhr! **e** ..., bezahl an der Kasse! – ..., bezahlen Sie an der Kasse! **f** ..., unterschreibt bitte hier! – ..., unterschreiben Sie bitte hier! **g** ..., sieh bitte im Wörterbuch nach! – ..., seht bitte im Wörterbuch nach!

14 **a** Arbeite doch nicht so viel! – Mach doch Urlaub! **b** Geh doch ins Museum! **c** Kommen Sie bitte um fünf Uhr! **d** Sprechen Sie bitte langsam! **e** Nimm mich bitte mit.

C

16 **a** ... dürfen ... **b** ... darfst ... **c** ... dürft ... **d** Darf ... **e** ... dürfen ... **f** Darf ...

17 **a** 1 Ich kann nicht mitfahren. 2 Ich darf nicht mitfahren. 3 Ich will nicht mitfahren. 4 Ich möchte gern mitfahren.
b 1 Hier müssen wir warten. 2 Hier dürfen wir fahren.

D

19 **a** ... Eintritt ... **b** ... Ermäßigung **c** ... Sehenswürdigkeiten ... **d** ... besichtigen? ... Führung ...

20 **b** ... berühmt. ... gemütlich. **c** ... jung. ... wütend. **d** ... preiswert. ... teuer. **e** ... wenig. ... viel.

21 *Musterlösung*:
... eine Stadtrundfahrt gemacht. Danach sind wir ins Zentrum gefahren und haben den Stephansdom besichtigt. Gestern Abend waren wir im Schloss Schönbrunn. Am Samstag haben wir einen Ausflug an den Neusiedler See gemacht. ...

E

23 **a** Was heißt „Ziel auswählen"? / Was bedeutet „Ziel auswählen"? – ... Das Wort verstehe ich nicht. Was heißt „stempeln"? / Was bedeutet „stempeln"? Können Sie das bitte erklären?
b Können Sie das bitte wiederholen? – Was heißt ... ? / Was bedeutet ...?

24 **b** wiederholen **c** auswählen **d** die Halbpension **e** das Konzert **f** der Haushalt **g** täglich **h** das Auto

25

15.7.	20.7.	
Tag der Ankunft	Tag der vorauss. Abreise	
Murray	Susan	12.05.1980
Name	Vorname	Geburtsdatum
10897 Berlin		Irisch
Postleitzahl, Ort		Staatsangehörigkeit
Kantstraße 34	Deutschland	
Straße, Hausnummer	Staat	

Lektion 10

A

1

(links)	(rechts)
Kopf	Auge
Hals	Nase
Finger	Mund
Hand	Ohr
Arm	Bauch
Rücken	Bein

2 fünf Finger – zwei Füße – zwei Augen – zwei Ohren – zwei Hände – zwei Arme – zwei Beine

3

der Kopf	**das** Ohr	**die** Nase	**die** Ohren
Fuß	Auge	Hand	Beine
Hals	Bein		Hände
Mund			Arme
Finger			Augen
Rücken			Zähne
Bauch			Finger
Arm			Füße

4 **a** … Ihre … – … meine … **b** … dein … – … mein … **c** … meine … – … deine … – … meine … **d** … deine … – … meine … **e** … Ihr … **f** Deine … **g** … Ihre … **h** … Ihre …

B

5

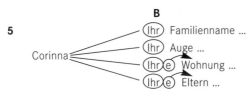

Corinna — (Ihr) Familienname …
— (Ihr) Auge …
— (Ihr)(e) Wohnung …
— (Ihr)(e) Eltern …

6 **b** … ihre … **c** … ihre … **d** … ihr … **e** … sein … **f** … seine … **g** … seine …

7 Ihre … ihr … . Ihr … . Ihre … ihr … ihre … . Ihre … . Ihr … . Seine … .

8 *Musterlösung*:
Also, sein Name ist Ivano. Er kommt aus Italien. Seine ganze Familie lebt seit 25 Jahren in Deutschland. Seine Schwester und seine drei Brüder sind in Deutschland geboren. Seine Eltern haben ein Restaurant. Spaghetti schmecken dort sehr gut.

10 **a** Unsere … **b** Unsere … unsere … **c** … unser … **d** … ihre … **e** … euer … **f** … eure …

11 **b** Ist das ein Fahrkartenautomat? **c** Lädst du den Tennislehrer auch ein? **d** Anja möchte den Papagei untersuchen. **e** Oje! Wie sieht denn der Fuß aus? Er ist ja ganz dick! **f** Er hat einen interessanten Job. **g** Der Job ist leider langweilig.

12 **b** … sein … **c** … ihren … **d** … sein … **e** … meinen …

13 meine, deine
seine, ihre ⎫
unsere, eure ⎬ Zeitschrift
ihre, Ihre ⎭

	Führerschein	Auto	Zeitschrift
Ich habe	meinen	mein	meine
Hast du	deinen	dein	deine
Er hat	seinen	sein	seine
Sie hat	ihren	ihr	ihre
Wir haben	unseren	unser	unsere
Habt Ihr	euren	euer	eure
Sie haben	Ihren	Ihr	Ihre
Haben Sie	Ihren	Ihr	Ihre

14 **a** … meinen … **b** … Ihren … Ihre … Ihr … – … Ihren … **c** … unseren … **d** … seine … **e** … mein …

C

15 … sollst … – … soll … – Soll … – Sollen … – … sollt … – Sollen … – … sollen …

16 **b** Steh bitte endlich auf! **c** Du sollst bitte langsam sprechen. **d** Seid bitte leise! **e** Sie sollen bitte hier unterschreiben. **f** Kreuzen Sie bitte „Ja" oder „Nein" an! **g** Fragen Sie bitte Herrn Müller! **h** Ihr sollt hier bitte warten! **i** Macht bitte die Musik leise! **j** Du sollst dein Zimmer aufräumen! **k** Iss nicht so viel Schokolade!

17 **a** … musst … **b** … sollst/darfst … **c** … soll … **d** … müssen … **e** … soll/darf … **f** … müssen … **g** … sollst … **h** … sollen … muss … **i** … muss …

18 *Musterlösung*:
… Ich soll sein Lieblingsessen kochen und ich soll auch einen Kuchen machen. Ich soll für ihn auch fünf Flaschen Multivitaminsaft kaufen! Der Arzt hat gesagt, er soll viel trinken. Dann soll ich seine Freundin Theresa anrufen und sie einladen. …

Lösungen zu den Übungen im Arbeitsbuch

D/E

19 b Sehr geehrte Damen und Herren,

ich habe Ihre Anzeige in der Augsburger Zeitung gelesen und ich habe folgende Fragen:
Wie viel kostet ein Doppelzimmer mit Halbpension?
Wie teuer ist ein 4-Bett-Zimmer mit Halbpension.
Haben Sie auch Kinderermäßigung? Sind Ende Februar zwei Zimmer frei?

Vielen Dank im Voraus!

Mit freundlichen Grüßen ...

20 b ... verschieben **c** ... einladen **d** ... absagen
21 1 c 2 b 3 c

Lektion 11

A

1 a Gehen Sie geradeaus und die zweite Straße links. **b** Tut mir Leid, ich bin auch fremd hier. **c** Gehen Sie hier nach links und immer geradeaus.

3 *Musterlösung*:
a Ist hier eine Bäckerei in der Nähe? **b** Gibt es hier eine Post? **c** Wo ist hier der Bahnhof? **d** Entschuldigung, ich suche die Wilhelmstraße.

4 *Musterlösung*:
Gehen Sie zuerst geradeaus und dann die erste Straße links. Gehen Sie weiter geradeaus und dann die dritte Straße rechts. Nach ca. 200 m sehen Sie schon das Kino.

5 B das Auto C das Fahrrad D der Zug E das Taxi F die Straßenbahn G das Flugzeug H die U-Bahn

6 a ... mit dem Bus. **b** ... mit dem Taxi, mit dem Fahrrad, mit dem Auto. **c** ... mit der U-Bahn, mit der Straßenbahn. **d** Mit dem Flugzeug.

7 a Michael: Ich nehme den Bus. Frank: Ich nehme die U-Bahn. Gerd: ... Vielleicht fährt jetzt kein Bus mehr und auch keine Straßenbahn. ... Peter: ... Ich nehme ein Taxi.
b Michael: mit dem Bus; Frank: mit der U-Bahn; Gerd: zu Fuß; Peter: mit dem Taxi

B

9 1 Kino 2 Post 3 Restaurant 4 Bahnhof 5 Bank 6 Bushaltestelle 7 Hotel 8 Supermarkt 9 Apotheke 10 Bäckerei
10 b 3 **c** 2 **d** 6 **e** 4 **f** 5
11 a auf **b** in **c** neben **d** an **e** an **f** unter **g** hinter **h** über

12 (links) (rechts)
auf — zwischen
unter — neben/auf
in — hinter
— auf

13 Auf dem Tisch. – In der Tasche. – Hinter dem Fernseher. – Auf dem Sofa. – Neben dem Telefon. – Unter dem Sofa. – Zwischen den Wörterbüchern.
14 dem Tisch, Sofa ... – **der** Tasche, ... – **den** Büchern, ...
15 b ... im ... **c** Im ... **d** ... auf dem ... **e** ... in der ... **f** ... in der ... **g** An der ...
16 b Das Restaurant „Taverne" in der Bahnhofstraße ist sehr gut. **c** Sie müssen an der Ampel nach rechts gehen. **d** Ich habe Manuela im Deutschkurs kennen gelernt. **e** Olga wartet an der Bushaltestelle.
17 Im Kino? Am Bahnhof? Im Café Paradiso? An der Bushaltestelle? An der U-Bahn-Station? Am Parkplatz? In der Disko? Im Fitnessstudio?
18 *Musterlösung*:
B ... Sie ist in der Praxis. C Timo arbeitet. Er ist im Studio. D Timo und Anja joggen. Sie sind im Park. E Timo und Hanna warten. Sie sind im Bahnhof. F Timo kauft Joggingschuhe. Er ist im Sportgeschäft. G Timo und Anton tanzen Tango. Sie sind zu Hause.

C

19 a Ich war bei Paul. Wir waren im Schwimmbad und dann in der Stadt. **b** Ich fahre zu Denis. Wir gehen ins Schwimmbad und dann in die Stadt. **c** Zur Apotheke, ich brauche Aspirin. **d** Was hast du in der Apotheke gekauft? **e** Ich war im Deutschkurs und dann beim Arzt. **f** Zuerst gehe ich in den Deutschkurs und dann zum Arzt. **g** Bist du heute morgen mit dem Fahrrad in die Schule gefahren? Ich war nicht in der Schule, ich bin krank. **h** Gehst du mit ins Kino? Ach, ich habe keine Lust, ich war erst gestern im Kino. **i** In Leipzig. **j** Nach Berlin. **k** ... Ich bin schon um zehn Uhr nach Hause gegangen. ... Ich war erst um zwei Uhr zu Hause.

Wo?		Wohin?	
im	Schwimmbad	ins	Schwimmbad
in der	Stadt	in die	Stadt
in der	Apotheke	zur	Apotheke
im	Deutschkurs	in den	Deutschkurs
beim	Arzt	zum	Arzt
in der	Schule	in die	Schule
im	Kino	ins	Kino
in	Leipzig	nach	Berlin
zu	Hause	nach	Hause

LÖSUNGEN **146**

20 **a** ... beim ... **b** ... zum ... **c** ... nach ... – ... zu ... **d** ... nach ... – ... in ... **e** ... nach ... – ... nach ... – ... in ... – ... in ... **f** ... zu ... – ... im ... **g** ... in ... – ... in der ... – ... in ... **h** Im ... **i** Nach ... – ... in die ... **j** ... zur ... – ... zur ... **k** ... nach ...

21 **a** Fährt die U-Bahn zum Flughafen? **b** Im September fahren wir in die Schweiz. **c** Ich gehe noch schnell zur Post. **d** Im Urlaub fahren wir in die USA. **e** Warst du schon beim Arzt? **f** Heute Abend sind wir zu Hause. **g** Am Samstag fahre ich zu Oma Anna. **h** Waren Sie schon in der Bank? **i** Ich bin müde. Ich gehe jetzt nach Hause.

22 *Musterlösung*:

B zum Kiosk C zum Bahnhof D nach Dresden E zum Blumenladen F ins Krankenhaus

23 *Musterlösung*:

... zur Bank gegangen und habe Geld geholt. Dann bin ich zum Kiosk gegangen und habe ein Buch für meine Mutter gekauft. Danach bin ich mit der Straßenbahn zum Bahnhof gefahren und bin mit dem Zug nach Dresden gefahren. Am Nachmittag war ich dann in Dresden. Ich bin noch zum Blumenladen gegangen und habe Blumen gekauft. Dann bin ich ins Krankenhaus gefahren.

D

25 **a** umsteigen, aussteigen, einsteigen **b** die Ankunft, die Abfahrt, der Fahrplan, der Schalter, die Durchsage, die Fahrkarte

26 **b** Wann fliegt dein Flugzeug ab? **c** Gibt es eine Ermäßigung für Jugendliche? **d** Holst du mich am Flughafen ab? **e** Wo ist denn hier eine Bushaltestelle? **f** Ist der Zug pünktlich?

27 **a** richtig **b** falsch **c** richtig

E

28 **a** ... umsteigen ... – fährt ... ab. ... kommen ... an. **b** Hin und zurück ... einfach? – ... Verspätung – Circa ... – ... Kiosk ...

29 **b** ... in ... **c** ... am ... **d** ... um ... **e** Am ... **f** Nach ... um ... nach ... **g** ... im ...

30 **1** Entschuldigung, auf welchem Gleis fährt der Zug nach Ulm? **2** Fährt hier der Bus nach Moosbach ab? **3** Entschuldigung, wie viel Verspätung hat der Zug? – Dann bekomme ich den Anschluss in Frankfurt nicht mehr.

Lektion 12

A

1 **a** Am ... um ... – ... von ... bis ... . für ... **b** Seit ... – ... vor ...

2 **b** ... nach dem Sport. **c** Beim Frühstück. **d** ... nach der Arbeit. **e** ... beim Abendessen. **f** Vor dem Essen. **g** Vor der Arbeit. **h** ... nach den Hausaufgaben.

3

vor/nach	dem Sport	dem Mittagessen	der Arbeit	den Hausaufgaben
bei	beim Sport	beim Mittagessen	bei der Arbeit	bei den Hausaufgaben

4 *Musterlösung*:

... Vor dem Frühstück geht er joggen. Beim Frühstück liest er Zeitung. Nach dem Frühstück fährt er mit dem Fahrrad zur Arbeit. Um 12 Uhr macht er Mittagspause. Beim Mittagessen spricht er mit seinen Kollegen. Nach dem Mittagessen geht er 20 Minuten spazieren. Dann arbeitet er bis 17 Uhr. Nach der Arbeit fährt er sofort nach Hause und macht das Abendessen. Beim Abendessen sieht er fern. Nach dem Abendessen telefoniert er mit seiner Mutter.

6 **a** Nach dem Unterricht. **b** Vor einem Monat. **c** Seit einer Woche. **d** Ja, nach den Feiertagen. **e** Ja, seit einer Stunde. **f** Vor zwei Wochen.

7

der ...	das ...	die ...	die ... **n**
nach *dem* Unterricht	nach *dem* Essen	nach *der* Schule	nach *den* Prüfungen
vor *dem* Kurs	vor *dem* Frühstück	vor *der* Reise	vor *den* Prüfungen
vor *einem* Monat	vor *einem* Jahr	vor *einer* Stunde	vor zwei Wochen
vor *einem* Tag	seit *einem* Jahr	seit *einer* Woche	seit drei Tage**n**

8 **a** ... seit ... **b** Vor einem ... **c** ... vor einer ... **d** ... nach der ... **e** Seit ... **f** Bei der ... **g** ... vor dem ... – ... nach dem ... **h** ... beim ... . Beim ..., beim ..., beim ...

B

9 in einem Tag – in einer Woche – in zwei Monaten – in einer Stunde – in einem Jahr – in zwei Wochen – in einem Monat – in zwei Jahren

10 **a** Ab ... – Bis ... **b** Bis ... – ... bis ... – ... ab ... **c** ... in ... – Bis ... **d** ... bis ... – ... in ...

11 **a** Bis ... – in – **b** Um ... – ... ab ... **c** ... am ... . ab ... . bis ... **d** Ab ... bis ...

12 **a** In 20 Minuten. **b** Ab 15 Uhr. **c** Nach 15 Uhr. **d** Bis 18 Uhr. **e** Ab 7 Uhr. **f** Seit halb neun.

13 **a** Wann … ? **b** Wie lange … ? **c** Bis wann … ? **d** Ab wann … ? **e** Wann … ? **f** Seit wann … ? **g** Wie lange … ?

14 **b** Seit Montag. – Drei Tage. **c** Noch vier Tage. – Bis Freitag. **d** Im August. – Vor zwei Tagen. **e** In zwei Wochen. – Am Sonntag. **f** Bis September. – Zwei Monate. **g** Fünf Monate. – Seit fünf Monaten. **h** Vor fünf Monaten. – 2003.

15 *Musterlösung:*
- Meine Kaffeemaschine funktioniert nicht mehr. Bis wann können Sie sie reparieren?
- ▲ Bis Freitag.
- Noch eine ganze Woche! Geht es nicht bis Dienstag?
- ▲ Nein. Aber vielleicht geht es bis Mittwochnachmittag?
- Und ab wann kann ich am Mittwoch meine Kaffeemaschine abholen?
- ▲ Ab 15 Uhr. Wir haben bis 18 Uhr geöffnet.

C

17 **a** Würden Sie bitte vorbeikommen? **b** Könntest du mich bitte bald anrufen? Würdest du mich bitte bald anrufen? **c** Könnten Sie bitte später noch einmal anrufen? Würden Sie bitte später noch einmal anrufen? **d** Könntest du bitte Briefmarken kaufen? Würdest du bitte Briefmarken kaufen? **e** Könntest du mir bitte Feuer geben? Würdest du mir bitte Feuer geben? **f** Könnten Sie bitte den Flug nach Wien buchen? Würden Sie bitte den Flug nach Wien buchen? **g** Könntest du bitte dein Handy ausmachen? Würdest du bitte dein Handy ausmachen? **h** Könntest du mir bitte den Weg erklären? Würdest du mir bitte den Weg erklären?

18 **b** zu **c** an **d** aus

19 Die Balkontür ist zu. – Das Licht ist aus. – Das Radio ist aus. – Die Fenster sind auf.

20 *machen:* eine Party – einen Plan – das Essen – einen Kuchen – einen Kurs
anmachen, ausmachen: das Radio – den Computer – das Licht – die Heizung – den Herd
aufmachen, zumachen: die Tür, ein Buch, die Augen, den Schrank, das Fenster, den Mund, die/eine Dose, die/eine Flasche, den Laden

21 Mach bitte den Fernseher aus! – Aber der Fernseher ist schon aus!
Mach bitte die Haustür zu! – Aber die Haustür ist schon zu!
Mach bitte überall das Licht aus! – Aber das Licht ist überall aus!
Ist das Radio vielleicht noch an? – Nein! Das Radio ist auch aus.

D

23 **a** B **b** B **c** A **d** B

E

25 **b** reparieren **c** das Telefon **d** danken **e** der Drucker **f** übernachten **g** schließen **h** informieren

26 2 Rechnung 3 Gebrauchsanweisung 4 Optiker 5 Kreuzung 6 Karten 7 Nachricht 8 Briefmarke

27 *Musterlösung:*
ich: das **Lich**t, **leich**t, **sich**, **sich**er, **streich**en …
du: der **Dur**st, die **Du**sche, die **Dur**chsage …
er: das Bi**er**, die Lehr**er**in, der Brud**er**, besond**er**s …
es: all**es**, inter**ess**ant, **ess**en, l**es**en, …
sie: **sie**ben, **sie**zen, der **Sie**g, …

28 *Musterlösung:* das **R**adio **r**eparieren, der **F**ernseher **f**unktioniert, **T**ee **t**rinken, **K**affee **k**ochen, im **B**ett **b**leiben …

Lektion 13

A

1 eine – ein – einen – einen – Das – der – die – den

2
1	Jacke	6	Rock
2	Pullover	7	Hemd
3	Schuhe	8	Bluse
4	Kleid	9	Mantel
5	Hose		

3 **a** Die – Der **b** Das – Den **c** Den – Die **d** Die **e** Der

4 **a** … der … – Der … – Den … **b** … den … – Den … – … die … – Die … **c** …die … – … die … – … die … **d** … den … – Den … **e** … der … **f** … das … – … das … – Das … **g** … die … – … die …

5 **a** … Den können wir nicht nehmen. **b** Nein, den finde ich teuer. **c** Ja, finde ich auch. Der war gar nicht teuer. **d** Das war klasse! **e** Das habe ich seit drei Monaten. Mit dem fahren wir nach Spanien. **f** Nein, den kenne ich nicht. **g** Nein, der ist nicht gut. Nimm doch den Apfelsaft! **h** Nimm doch den da!

6 **b** sehr schön ≠ hässlich **c** falsch ≠ richtig **d** langsam ≠ schnell **e** weiß ≠ schwarz **f** gesund ≠ krank **g** alt ≠ neu **h** interessant ≠ langweilig **i** groß ≠ klein **j** schmal ≠ breit **k** kalt ≠ warm **l** laut ≠ leise

7 **a** Haus/Wohnung: … billig, günstig, alt, neu, modern, schön, hässlich, groß, klein
b Straße: alt, neu, modern, schön, hässlich, breit, schmal, groß, klein
c Buch: teuer, billig, günstig, alt, neu, schön, groß, klein, gut, langweilig, interessant

d Text: alt, neu, schön, gut, langweilig, interessant

e Musik: alt, neu, modern, schön, hässlich, langsam, schnell, laut, leise, gut, langweilig, interessant

B

9 **A** ■ Die passt *mir* super, aber die Farbe gefällt *mir* nicht.

B ▲ Gefällt *dir* die Bluse nicht?

◆ Doch, die gefällt *mir* gut, aber sie ist sehr teuer.

C ■ Schau mal, die Hose gefällt *mir*.

▲ Aber die passt *dir* doch nicht.

D ◆ Entschuldigung, gehört die Zeitung *Ihnen*?

● Nein, die gehört *mir* nicht.

10 du/dir, Sie/Ihnen; er/ihm, sie/ihr; wir/uns; ihr/euch, Sie/Ihnen; sie/ihnen

11 **b** Gehört das Fahrrad dir? **d** Gehört das Fahrrad ihr? **e** Gehören die Bücher uns? **f** Gehören die Bücher euch? **g** Gehört das Haus ihnen? **h** Frau Koch, gehört das Fahrrad Ihnen?

12 … und sie möchte ihm gefallen. …, es passt ihr aber leider nicht. … Es gehört Mira, sie hat es ihr geliehen.

13 Ich bringe ihr ein Buch mit. – Ich bringe ihnen eine CD mit. – Ich bringe euch ein Spiel mit.

C

16 **a** Ja, aber er spielt lieber Geige. **b** Beides zusammen. **c** Beides zusammen: Fahrrad fahren und Geige spielen.

17 Frau Hagner geht gern ins Kino, aber ihr Mann geht lieber tanzen.

Herr Klein sieht gern fern, aber seine Frau liest lieber. Jamila spielt gern Fußball, aber ihr Bruder Omar sieht lieber fern.

18 **a** … am besten. **b** … lieber … **c** … besser. **d** … mehr … – … am meisten … **e** … besser … **f** … mehr … **g** … am liebsten …

D

19 **b** Welcher … – Dieser … **c** Welcher … – Dieser … **d** Welches … – Dieses … **e** Welche … – Diese … **f** Welcher … – Dieser …; Welches … – Dieses …; Welche … – Diese …; Welcher … – Dieser …; Welche … – Diese …

20 Welches Buch … – Dieses …; Welche Schuhe … – Diese …; Welchen Fotoapparat … – Diesen …; Welcher Koffer … – Dieser …; Welche Pizza … – Diese …; Welchen Kuchen … – Diesen …; Welche Brieftasche … – Diese …

21 **a** … dieses … – Welchen … **b** … welche … – Diese … **c** Welches … – Dieses … **d** … dieses … – Welches … – … dieses … **e** Welches … **f** Welcher … – Dieser …

E

23 **a** Sehr gut. **b** Ja, sie ist genau richtig. **c** Ja, aber sie passt mir nicht. **d** Der blaue da. **e** Ich auch. **f** Hier bitte.

24 **a** Im Obergeschoss. **b** Rot steht Ihnen sehr gut. **c** Tut mir leid, den habe ich nur in Blau. **d** An der Kasse dort hinten rechts. **e** Nein, leider nur noch in dieser Größe. **f** Ja, gern. Was suchen Sie?

Lektion 14

A

1 **b** Der zwanzigste vierte. – Der zwanzigste April. **c** Der fünfzehnte sechste. – Der fünfzehnte Juni. **d** Der dreiundzwanzigste zweite. – Der dreiundzwanzigste Februar. **e** Der dritte zwölfte. – Der dritte Dezember. **f** Der erste erste. – Der erste Januar.

2 Stefanie: Am fünfzehnten März. Heiko: Am zweiten Mai. Maja: Am achtundzwanzigsten Juli. Sonja: Am siebzehnten September.

Bäckerei Kunz: Vom ersten (achten) bis (zum) fünfundzwanzigsten August

Herr Meinert: Vom dritten bis (zum) zwanzigsten Juli

Frau Braun: Vom achten bis (zum) neunzehnten November

3 **a** der 13.5. **b** für den 16. **c** am 24.3. **d** am 3.2.1980 **e** am 20.7. **f** am 5.4. um 10.30 Uhr

4 **a** … später … circa … **b** … bald … **c** … täglich … **d** … früh … später …

B

5 **a** Anja hat Timo zum Abendessen eingeladen. Sie findet ihn sehr sympathisch. Timo bringt Anton und Corinna mit. Sie sind auch Freunde von Anja.

b Timo hat seine Eltern nach Deutschland eingeladen. Natürlich besuchen sie ihn. Anja will sie auch kennen lernen.

6 …

die Zeit bestimmt dich

die Zeit bestimmt ihn

die Zeit bestimmt uns

die Zeit bestimmt euch

die Zeit bestimmt sie

7 … …

du siehst die Sonne die Sonne sieht dich

er sieht die Sonne die Sonne sieht ihn

wir sehen die Sonne die Sonne sieht uns

ihr seht die Sonne die Sonne sieht euch

sie sehen die Sonne die Sonne sieht sie

8 **a** … euch … **b** … dich … **c** … mich … **d** … sie … – … sie … **e** … es … **f** … ihn … – … dich … **g** Sie … **h** … mich …

9 **b** Ja, natürlich. Ich kenne ihn schon lange. **c** Ich finde sie sehr sympathisch. **d** Er arbeitet beim Fernsehen.

C

10 **a** ..., denn er hat nicht genug Geld. **b** ..., denn es ist schon so spät. **c** ..., denn heute Abend kommt Besuch. **d** ..., denn er muss noch Hausaufgaben machen.

11 *Musterlösung*:
a ..., denn sie macht gern Sport. **b** ..., denn er geht nicht gern zu Fuß. **c** ..., denn die Lehrerin will einen Test schreiben. **d** ..., denn sie will dort ihren Freund treffen.

12 **a** Anton und Timo gratulieren Corinna, denn sie hat heute Geburtstag. – Am Abend machen sie ein großes Fest, denn Corinna liebt Partys. **b** Ich komme gern, aber ich kann erst sehr spät kommen. – Ich mache einen Salat und ich bringe auch einen Kuchen mit. **c** Ich lerne Italienisch, denn ich finde die Sprache sehr schön. **d** Gehen wir tanzen oder bleiben wir zu Hause?

D/E

14 **b** Geburtstag feiern, Geburtstag haben **c** eine SMS schreiben, eine SMS schicken **d** zur Hochzeit gratulieren, zur Hochzeit einladen **e** ein Geschenk kaufen, ein Geschenk machen **f** eine Einladung verschicken, eine Einladung bekommen

16 **a** richtig **b** richtig **c** falsch

Wiederholungsstationen

2 *Musterlösung*:
-e: der Brief – die Briefe, der Tisch – die Tische, der Film – die Filme ...

¨e: die Stadt – die Städte, der Sohn – die Söhne, der Gast – die Gäste ...

-er: das Kind – die Kinder, das Bild – die Bilder, das Schild – die Schilder, ...

¨er: das Fahrrad – die Fahrräder, der Mann – die Männer, das Haus – die Häuser, ...

-n: der Name – die Namen, die Schule – die Schulen, die Straße – die Straßen, ...

-en: die Zahl – die Zahlen, die Uhr – die Uhren, die Sendung – die Sendungen, ...

-: das Zimmer – die Zimmer, der Koffer – die Koffer, der Arbeiter – die Arbeiter, ...

¨: der Bruder – die Brüder, der Apfel – die Äpfel, die Mutter – die Mütter, ...

-s: das Foto – die Fotos, das Auto – die Autos, das Büro – die Büros, ...

3 **a** Hilfst ... – ... hilft ... **b** Fährst ... **c** ... trifft ... **d** Gibt ... **e** ... spricht ... **f** ... nimmt ... **g** Isst ... **h** Liest ... **i** Gibst ... **j** Nimmst ... **k** ... siehst ... aus

4 der (Mantel); den (Arzt); den (Termin); der (Parkplatz); der (Ausgang); einen (Pullover); ein (Schokoladenkuchen); einen (Obstkuchen); ein (Fahrkartenautomat); einen (Bruder); ein (Brief)

5 **b** Ich habe keinen Hunger. **c** Haben Sie kein Telefon? **d** Ich liebe ihn nicht. **e** Ich fahre nicht mit dem Bus. **f** Sie hat keine Zeit. **g** Ich arbeite nicht als Verkäuferin. **h** Die Musik gefällt mir nicht.

7 **b** ... der ... **c** ... einen ... – ... der ... **d** ... einen ... – ... einen ... einen ... **e** ... einen ... – ... eine ... die ...

8 **a** Stunden **b** Stunden **c** Uhr **d** Stunden **e** Uhr

9 **b** Der zwölfte erste. **c** Der dritte sechste. **e** Am zweiundzwanzigsten siebten. **f** Am einunddreißigsten achten.

11 **a** Von ... bis ... von ... bis ..., am ... am ... bis ... **b** Vor ... **c** Am ... **d** ... **e** Am ... um ... **f** Seit ... **g** Vor ... **h** Im ...

12 **a** ... nach ... **b** In ... **c** ... beim ... **d** ... bis ... **e** ... für ... **f** ... ab ... **g** ... in ...

13 **b** Mein Zug kommt um 18 Uhr an. **c** Holst du mich in Frankfurt ab? **d** Der Bus fährt in zwei Minuten ab. **e** Sie sehen wirklich sehr gut aus. **f** Wir steigen in Wien um. **g** Jörg, machst du bitte den Fernseher aus! **h** Ich rufe dich am Wochenende an. **i** Alex, bitte steh endlich auf und räum dein Zimmer auf!

14 **b** Möchtet ... **c** ... sollen ... **d** Darf ... **e** Können ... **f** ... kann ... **g** Willst ...

15 **b** Kannst ... **c** Möchtest ... **d** Sollen/Wollen ... **e** ... möchte/will ... **f** ... kann ... **g** ... müssen ... **h** ... wollt ... **i** ... dürfen ...

16 **b** ... seid ... **c** ... hat ... **d** ... bist ... **e** Haben ... **f** Hast ... **g** ... ist ... **h** ... haben ... **i** Habt ...

17 Ich habe gemacht. – Du hast gesucht. – Du hast geschrieben. – Er ist gegangen. – Sie haben gesagt. – Wir sind gekommen. – Wir haben gekauft. – Ihr habt geschlafen. – Ihr habt geantwortet. – Sie haben gespielt. – Sie sind gefahren. – Ihr habt gesprochen. – Sie sind gereist. – Ich habe gelernt. – Wir haben gegessen. – Ihr habt getrunken. – Du hast genommen.

18 **b** Fahr bitte Auto! – Ich bin Auto gefahren. – Fahrt bitte Auto! – Wir sind Auto gefahren.

c Lern bitte die Wörter! – Ich habe die Wörter gelernt. – Lernt bitte die Wörter! – Wir haben die Wörter gelernt.

d Iss bitte nicht so viel! – Ich habe nicht so viel gegessen. – Esst bitte nicht so viel! – Wir haben nicht so viel gegessen.

e Seien Sie bitte leise! – Wir sind leise gewesen. / Wir waren leise.

f Fragen Sie bitte die Lehrerin! – Wir haben die Lehrerin gefragt.

20 a ... warst ... **b** ... war ... **c** ... war ... warst ... **d** ... war ... **e** ... waren ... hatten ... **f** ... hatte ... **g** ... war ... **h** ... war ... **i** ... wart ... **j** ... waren ... **k** ... hatten ... waren ...

21 *Musterlösung:*

Links ist ein Flugzeug, rechts sind es zwei. Links ist ein Hotel hinter der Post, rechts ein Restaurant. Links ist eine Apotheke neben der Post, aber rechts eine Bäckerei. Links ist ein Bus an der Haltestelle, rechts stehen Fahrräder. Vor dem Krankenhaus links steht ein Auto, vor dem Krankenhaus rechts steht ein Bus. Rechts gibt es keine U-Bahn. Links ist ein LKW auf dem Parkplatz, auf dem Parkplatz rechts ist nichts.

22 a Wer ... ? **b** Wie ... ? **c** Wen ... ? **d** Woher ... ? **e** Was ... ? **f** Wo ... ? **g** Was ... ? **h** Wann ... ? **i** Wohin ... ? **j** Wie viel ... ?

23 a ..., denn ... **b** ... und ... **c** ... oder ... **d** ..., denn ... . Aber ...

24 a ... beim ... – ... zum ... **b** Aus ... – In ... **c** ... zur ... – ... zur ... **d** ... zu ... – ... nach ... **e** In der ... – ... in die ... **f** ... in der ...

25 a Marco, könntest du bitte das Radio ausmachen? / Würdest du bitte das Radio ausmachen? **b** Könnten Sie bitte langsam sprechen? / Würden Sie bitte langsam sprechen? **c** Könnten Sie das bitte noch einmal erklären? / Würden Sie das bitte noch einmal erklären? **d** Nina, könntest du bitte das Frühstück machen? / Würdest du bitte das Frühstück machen?

26 a ... am meisten. **b** ... lieber ... **c** ... lieber. **d** ... besser ... am besten ... **e** ... am liebsten ... am besten? – Am liebsten ... am besten ...

27 du: dir – Frau Hagner: Ihnen – Jonas: Ihm – Elke: ihr – wir: uns

Musterlösung:

Es gefällt mir. Gefällt es dir? Und gefällt es Ihnen, Frau Hagner? Ihm gefällt es sicher. Und ihr gefällt es auch. Natürlich gefällt es uns allen.

28 a ... mich ... ihn ... – ... dich ... **b** ... sie ... – ... sie ... **c** ... es ... **d** ... ihn ... **e** ... mich ... mich ... – ... dich ... dich ... **f** ... sie ... – ... sie ...

29 a ... ihren ... – ... ihr ... – ... ihren ... **b** ... mein ... – ... dein ... dein ... **c** ... Ihre ... **d** ... deine ... – Mein ... meine ... **e** ... Ihr ... – Seine ... **f** ... deinen ... deinen ... **g** ... eure ... – ... unsere ... **h** ... Ihren ... **i** ... ihre ...

Start Deutsch 1 Die Prüfung

Hören

1	2	3	4	5	6	7	8	9	10	11	12	13	14	15
b	a	a	b	b	c	richtig	falsch	falsch	falsch	b	b	b	a	c

Lesen

1	2	3	4	5	6	7	8	9	10	11	12	13	14	15
falsch	richtig	richtig	falsch	richtig	b	b	a	b	b	richtig	falsch	falsch	falsch	falsch

Schreiben 1

1	2	3	4	5
Federico	Italien	männlich	Einzelzimmer	Architektur

Schreiben 2

Musterlösung:

Lieber ...

im Moment mache ich eine Reise, denn wir haben keinen Deutschkurs. Jetzt bin ich in Salzburg. Hier ist es sehr schön! Das Wetter ist schön, es regnet nur manchmal. Ich habe schon so viel gesehen! Heute möchte ich das Hundertwasserhaus besichtigen.

Herzliche Grüße

...

Lösungen zu den Tests

Test zu Lektion 8

1 **a** Ärztin **b** als Flugbegleiterin **c** Studentin – als **d** Hotelfachmann

2 **a** Wann … **b** … wie lange / seit wann … **c** Seit wann …
d Wann **e** Wann … **f** Seit wann …

3 … gesucht. Ich habe viele Praktikumsbörsen gefunden und gleich mal ein paar Anzeigen gelesen. Dann habe ich die interessanten Angebote auf einen Zettel geschrieben. Das Angebot für ein Praktikum als Kindergärtnerin war besonders interessant. Ich habe sofort eine E-Mail geschrieben. Schon zehn Minuten später hatte ich eine Antwort von der Chefin. Sie war sehr freundlich. Ich bekomme die Stelle. Juchu! Ich war sehr glücklich und habe im Zimmer getanzt. Ein toller Tag!

4 **a** falsch **b** richtig **c** falsch **d** richtig **e** falsch **f** richtig **g** richtig **h** richtig

Test zu Lektion 9

1 *Musterlösung:* lesen; unterschreiben; abgeben …

2 **a** Seid … **b** Esst … **c** Gebt … **d** Zeig … **e** Lies … **f** Gib … ab

3 *Musterlösung:* … Dann muss ich zur Arbeit gehen. Jeden Tag muss ich acht Stunden arbeiten. Dann muss ich noch einkaufen. Zu Hause muss ich für meine Familie das Abendessen machen. Jeden Abend muss ich spätestens um 23 Uhr im Bett sein.

4 wollen – muss – müssen – Können – Möchten – darf – muss – Können – Können – müssen – Kann – dürfen

Test zu Lektion 10

1 **a** Ihre … **b** Deine … **c** … mein … **d** Dein … **e** Ihre …
f Mein … **g** Ihr … **h** … eure ..

2 **a** Sein Hals … **b** Sein Fuß … **c** Ihre Ohren … **d** Ihr Bein …

3 **a** … soll viel trinken. **b** … soll eine Diät machen.
c … soll mehr Obst essen.

4 2 Guten Morgen. Hier ist Bremer. Ich habe Zahnschmerzen. Wann kann ich vorbeikommen?

3 Hm, diese Woche haben wir keinen Termin mehr frei. Aber Sie können nächsten Montag um 8 Uhr kommen.

4 Das ist zu spät. Ich habe starke Schmerzen. Kann ich bitte heute noch kommen?

5 Heute geht es nicht mehr. Der Herr Doktor ist nur noch eine halbe Stunde in der Praxis.

6 Kann ich dann vielleicht morgen kommen?

7 Mal sehen! – Ja, morgen von 16 bis 18 Uhr ist offene Sprechstunde. Da können Sie gern kommen.

8 Gut, dann komme ich morgen Nachmittag um 16 Uhr vorbei! Danke. Auf Wiederhören!

9 Bitte. Auf Wiederhören!

Test zu Lektion 11

1 **a** der **b** dem **c** dem **d** dem **e** dem

2 geradeaus – zum – Am – links – geradeaus – zum – Am – rechts – in – geradeaus – erste – links

3 **b** D **c** C **d** A **e** F **f** E **g** B

4 *Musterlösung:* **a** Um 13.46 Uhr. **b** Mit der Straßenbahn Nummer 27. **c** … in Hannover. **d** … er hat Verspätung. **e** Gleich da drüben. **f** 6,5 Stunden. **g** Hin und zurück 84,60 Euro.

Test zu Lektion 12

1 **a** bei der **b** Vor dem **c** nach der **d** nach dem **e** Vor der **f** nach dem **g** beim **h** beim

2 **a** Könnten Sie bitte das Fenster zumachen?
b Könnten Sie ihn bitte reparieren?
c Würdest du bitte das Licht anmachen?
d Könntest du das Radio bitte leise drehen?
e Würdest du sie bitte ausmachen?
f Könnten Sie später noch einmal anrufen?

3 **a** Bis … **b** In … **c** … ab … **d** Bis … am … bis … **e** In …
f Ab … **g** In … **h** … bis …

Test zu Lektion 13

1 | links | rechts |
|---|---|
| die Jacke | die Bluse |
| der Pullover | das Kleid |
| | der Schuh |

2 **a** die Gürtel **b** die T-Shirts **c** die Hemden **d** die Hosen **e** die Mäntel

3 **a** Das **b** Den **c** Das **d** Den – der **e** der **f** Das

4 **a** dir **b** mir – mir **c** dir **d** euch **e** Uns **f** Ihnen

5 **a** lieber – am liebsten **b** besser **c** besser **d** mehr **e** am meisten

Test zu Lektion 14

1 **a** siebzehnte vierte **b** dreiundzwanzigste fünfte **c** dreißigste dritte **d** erste zwölfte **e** siebenundzwanzigste neunte **f** neunundzwanzigste elfte

2 **a** Der **b** Am **c** Vom … bis (zum) **d** Am **e** der

3 **a** es **b** ihn **c** mich – dich **d** sie **e** Sie **f** euch **g** sie

4 **a** Sebastian darf nicht Tennis spielen, denn der Arzt hat es verboten. **b** Maryam lernt Deutsch, denn sie möchte in Deutschland eine Arbeit finden. **c** Robert macht viel Sport, denn er will fit bleiben. **d** Selma geht am Samstagabend in die Disko, denn sie tanzt gerne. **e** Karin muss zum Zahnarzt, denn sie hat schon seit drei Tagen Zahnschmerzen. **f** Elke hat gestern viel eingekauft, denn sie macht heute eine Party.

5 *Musterlösung:* **a** Herzlichen Glückwunsch! **b** Frohe Weihnachten. **c** Viel Glück! **d** Frohe Ostern! **e** Alles Gute für euch.